人文教育读本

RENWEN JIAOYU DUBEN

主　编◎德铁婴　张雪峰
副主编◎杨翠兰　王丽娜　徐丽达
参　编◎陈素娥　王慧卉　葛　剑
郭沛超　宋庆慧

中国人民大学出版社
·北京·

序

关于人文教育，透过邈远的时空，往哲先贤们都曾在漫漫探索之路上留下思考的痕迹。我们的先祖在《周易》中曾做过“观乎人文，以化成天下”的深刻表达。《礼记·大学》开篇便提到“大学之道，在明明德，在亲民，在止于至善”，其大意是：大学的宗旨，在于彰显光明的品德；在于反省提高自己的道德并推己及人，使人人都能改过自新、弃恶从善；在于让整个社会都能达到完美的道德境界并长久地保持下去。2014 年 5 月 4 日，习近平总书记在北京大学师生座谈会上讲话时曾引用这句话。习总书记说：“古人说：‘大学之道，在明明德，在亲民，在止于至善。’核心价值观，其实就是一种德，既是个人的德，也是一种大德，就是国家的德、社会的德。国无德不兴，人无德不立。如果一个民族、一个国家没有共同的核心价值观，莫衷一是，行无依归，那这个民族、这个国家就无法前进。这样的情形，在我国历史上，在当今世界上，都屡见不鲜。”在西方，英国 19 世纪维多利亚时期著名神学家、教育学家、语言学家约翰·亨利·纽曼在其《大学的理想》中发人深省地提出了大学之道在于“提高社会的思想格调”“提高公众的智力修养”“纯洁国民的情趣”等观点，提倡博雅教育、心智教育，注重大学生的精神成人。

19 世纪实证科学取得巨大发展，然而在某种程度上，科学理性虽然能够驱除我们认知的障碍，却难以抚慰我们精神的创伤；虽然能够验证科学的真伪，却难以理解人类智慧与价值追求。在经济全球化和高等教育大众化的大背景下，在短期功利主义和工具理性的驱使下，一些高等院校大学精神迷失、人文精神失落、价值理性式微。这些都引起了人们对高校人文教育的普遍关注和对大学精神的深入思考。康德说：“世界上只有两样东西值得我们景仰，一个是我们头上的灿烂星空，另一个是我们内心崇高的道德法则。”大学教育的一个重要使命就是培养学生的人文精神。人文教育的根本目的是人的心智解放和成长，大学教育必须超越大学校园，显示自己是最高使命的教育——为人的一生塑造完整人格。“科学”与“人文”是人类生存和发展不可或缺的两个价值向度。人文教育与科学教育一样，是大学教育不可或缺的组成部分，两者殊途同归、相辅相成。

人文教育由人文知识、人文精神和人文行为构成，即通过养成人文知识、彰显人文精神、外化人文行为实现人文教育的目标。课堂教学是人文教育的主要形式，构建有效的人文教育课程体系，是高校人文教育的有力保障。青岛滨海学院 2006 年开始开设大学人文素质教育课程，在德铁婴副教授的主持下，编写出版了《大学人文教育》教材。他们坚持“明德、践行、善事、创新”之现代公民的培养目标和“要学做事，先学做人”以及“以学生为本，追求每个人的个性发展和充分发展”的育人理念，积极构建大学人文教育课程体系，探索大学人文教育的路径与方法，取得了可喜的成绩。在此基础上，他们总结十几年来人文教育教学实践经验，按照时代发展要求和高校人才培养目标，对《大学人文教育》教材进行了重新编写，便有了呈现在我们面前的这本《人文教育读本》。

《人文教育读本》体例新颖，内容丰富，体系完整，不仅通过文史哲艺等方面的知识让学生感知人文精神，注重对学生人生追求的理想、智慧、境界等层面的引导，而且把启发式、互动式的教育理念贯穿于整个教材的编写过程之中，注重“知道”与“体道”的统一，在教材的可读性、趣味性和学生的参与性方面做了积极的探索和尝试。

愿耕耘在高校人文教育这片土地上的老师们，坚持不懈，早日用人文教育的生命之水，浇灌出娇艳的人文精神之花、丰硕的人文精神之果。

谭业庭

2020 年 4 月 5 日

前言

人文教育是对受教育者所进行的一种旨在促进其人性境界提升、理想人格塑造以及个人与社会价值实现的教育，其实质是人性教育，其核心是涵养人文精神。教育本来是关乎人的教育，但是在经济社会快速发展的今天，它在不知不觉中放弃了育“人”的责任，人的教育被忽略了，知识的教育、专业的教育被强化了。而教育一旦离开了人，离开了人的灵魂或人的精神，严格说来就不成其为教育。正如雅斯贝尔斯所说：“教育是人的灵魂的教育，而非理智知识和认识的堆积。”从这个意义上说，教育的重要本质特征就是人文性，人文教育是不可以从教育中抽出的，尤其是在大学教育中，人文教育具有重要的基础性地位。

人文精神的养成需要通过多种途径，包括广博的文化知识滋养、高雅的文化氛围陶冶、优秀的文化传统熏染和深刻的人生实践体验等。这一教育既重视由外而内的文化养成，更强调自我体悟与心灵觉解。它使人理解并重视人生的意义，并给予社会多一份人文关怀，从根本上体现教育的本质：人与理想。

我国教育家张岂之先生认为，一所大学如果没有人文文化的浸润，就好像没有草坪、没有树木、没有喷泉一样，干枯贫乏，教育功能将难以实现。不论科学技术、经济社会如何发展，人文教育的主要功能是不会改变的。教育能够使人掌握认识和改造世界的理论、知识和技能，但更重要的是能够使人在接受教育的过程中改变自己，走向更高的精神境界。

为了实现教育部提出的素质教育的目标，丰富学生的人文知识，开启学生的心智，启迪学生心灵的真善美，开展多学科、多层次的大学人文教育，已是摆在高等院校面前亟须解决的问题。许多综合性大学已实施本科通识教育，开设“大学人文教育”课程，如北京大学的“元培计划”、中山大学的“博雅教育”、武汉大学的“国学实验班”等，已经使大学教育中的人文教育发挥出积极的作用。

正是基于以上认识，我们编撰了这本《人文教育读本》。该教材分为上下两篇，上篇为“精神成人篇”，下篇为“人文感知篇”。上篇通过对人文思想、人文精神的探讨，培养学生的人文情怀，拓展其思想境界；下篇通过文、史、哲、艺等方面的人文知识触动学生的精神内核，涤荡学生的心灵世界。全书共十五讲，每一讲的内容相对独立，既具备一定的深度和广度，又能引起学生的兴趣。在每一讲灵活设置“名人名言”“课堂讨论”“思考与实践”“推荐书目”“推荐欣赏”“名篇导读”等模块，帮助学生从文学、历史、哲学、艺术、环保等角度思考人文精神，启发学生对人生问题、情感问题、历史发展问题、环境保护问题、艺术感知等的思考，提升学生的人生境界。

本教材由德铁婴、张雪峰任主编，杨翠兰、王丽娜、徐丽达任副主编，参编人员还有陈素娥、王慧卉、葛剑、郭沛超、宋庆慧。大家同心协力，倾注心血，于 2014 年完成了本教材初稿，经专家审定后作为校内通识教育选修课讲义使用。经过六年的修订、完善，终于付梓印刷。

另外，在教材编写过程中，我们采用了报纸、杂志、网络和新近出版的著作中的一些资料、观点等，在此对这些作者表示诚挚的谢意。

因水平有限，教材中存在不足之处，敬请诸位专家、学者批评指正。

编者

2020 年 4 月 6 日

目 录

上篇 精神成人篇

下篇 人文感知篇

上篇

精神成人篇

第一讲　大学与大学精神

名人名言

1. 大学应当是充满光明、自由和知识的地方。 ——迪斯雷利

2. 重要的不是你从哪里来，而是你能去哪里。重要的不是你毕业于什么大学，而是毕业后你能过什么样的生活。重要的不是你认识哪些大人物，而是那些人谁会认识你。重要的不是你现在多优秀，而是你还能优秀多久。 ——刘同

3. 学校教不了你人生观，也教不了表达方式，这些东西教不了，但是大学非常重要，大学是人生最重要的时期，因为你的很多东西都是在大学这段时间形成的，但是不能指望谁能教育你，或者从谁那儿得到启发，最本质的是自我教育。 ——廖一梅

课堂讨论

你理想中的大学是什么样的?

一、何谓“大学”

（一）关于“大学”

大学是什么？大学应该培养什么样的人？好大学的标准是什么？谁最能代表大学？大学以谁为主？关于大学，还可以问出许多问题。

我国古代经典《大学》云：“大学之道，在明明德，在亲民，在止于至善。”我国近代以来关于“大学为何”“大学何为”的探讨也一直没有停止过。

德国当代教育思想家雅斯贝尔斯说：“大学是公开追求真理的地方。”法国哲学家德里达解释道：“大学是什么？大学就是无条件追求真理的地方，是研究和传授科学的殿堂，是教育新人成长的世界，是个体之间富有生命的交往，那里学术勃发。”历史学家哈罗德·珀金说：“大学是人类社会的动力库。”英国高等教育思想家纽曼更是形象地描绘道：“一大批年轻人自由融合，他们敏感、心境开阔、富有同情心、善于观察，每个人的谈话对其他人都是一次讲座——这，就是大学！”

也有人对大学文化进行了阐释。耶鲁大学的校长对学生说：“你们就是大学。”短短六个字折射的是一种教育理念和教育信仰，也宣示了大学培养青年才俊的根本宗旨。这种强调，一方面是对学生地位的纠偏，即对过去学生“被动的受教育者”地位的纠正；另一方面也使学生认识到大学生活已成为其人生的一个组成部分。

不同的人，对大学有不同的认识和理解，但有一点是相通的：大学是人类社会文明的结晶，它是社会的文化承诺。它不但承载着传播文化、探究真理的社会使命，而且继承了

呵护和坚守人文价值，培养大学生的“文化自觉”的历史责任。它集中了一些有文化素养与精神追求的知识分子，不仅传播知识、造就人才，而且传递和发展这个社会的核心价值。1929 年，陈寅恪在所作的王国维纪念碑铭中，首先提出了以“独立之精神，自由之思想”为追求的学术精神与价值取向。

为此，我们对大学作如下总结：大学作为一种物质存在，是大师云集、追求真理、启迪智慧的场所；作为一种精神存在，是各种文化的高度凝练和养成；作为一种文化现象，充满自由、意趣和学术氛围。大学是融知识技能教育、成人教育于一体的神圣学府。

（二）关于“大学精神”

大学精神是一所大学文化的集中呈现，是大学在自身存在和发展中形成的具有独特气质的精神形式的文明成果，它是科学精神的时代标志和具体凝聚，是整个人类社会文明的高级形式。大学精神的本质特征可概括为创造精神、批判精神和社会关怀精神。以育人为第一要旨是大学精神的核心，进行全面人才教育是大学的使命。育人的重点是，培养学生对国家、对民族的责任感，培养有抱负、有政治远见、有广博知识、有责任心的人。

作为人文精神的传承地，没有什么机构比大学更有责任培养全面发展的人。但是，在市场经济充斥各个角落的现代生活中，很多情况我们是难以判定的。面对人文教育边缘化的现代性困境，是顺应现代性的逻辑，还是保持必要的警惕，这是当代大学必须做出的抉择。

首先，大学应该时刻对现代性持有一种批判的态度，在一定距离之外清醒地审视当今时代以及活动在其中的各种角色。

其次，一所现代化的大学，还必须具有很高的文化品位，要营造出富有活力的高尚的人文环境，充满求真的科学精神与求善求美的人文精神。一所大学，如果没有积淀形成固定的、良好的人文环境氛围，缺乏人文精神的浸润，就好像没有生机的沙漠，水枯绿乏，教育目的将难以全部实现。“泡菜的味道取决于泡菜的水的味道”，受教育者所处的外在的环境、氛围，就像泡菜的水。

从另一个角度讲，在虚妄浮躁、充满诱惑的现代生活中，当今的大学生也面临着诸多选择。当我们拼尽全力在残酷的高考独木桥上杀出一条血路冲进了这个理想中的天堂，准备抖落身上的风尘，让自己在轻松与自由中慢慢忘记疲累的时候，殊不知，大学是另外一个战场，甚至竞争更激烈、更多层面。“我到底需要什么?”“我要做些什么?”第一次与自己的内心作战，苦与难的滋味难以名状。但是，走进大学，我们就成了自己的主人，必须学会掌控自己的全部生活。因此，即便有了更多的困惑、更多的迷茫、更多的挫折、更多的泪水，我们也在不断的选择中，收获了真正的成长。

有位学者曾讲过这样一个故事。一个非常优秀的学生，理科成绩几乎是满分，被麻省理工学院录取。而且他很有音乐天赋，小提琴演奏水平足以直接进入纽约交响乐团，所以同时被朱丽亚音乐学院录取。朱丽亚音乐学院是美国最好的音乐学院。但是这个学生没有选择这两个学校，而是选择了哈佛大学神学院，选择跟虚无的神去对话。对于这样的选择，神学老师、人文学科的老师是理解的，其他专业的老师，特别是麻省理工学院的老师不太理解：他去学那样的专业干什么呢？很多记者来采访，那个学生说：我还很年轻，我的智商也不会跑掉，要赚钱多的是机会。我现在还没搞清楚我生命的意义和价值到底在哪里，我该怎样实现自我的超越。这些问题不搞清楚，我一天到晚睡不好觉，所以选择了哈佛大学神学院。当然，我们无意要求大家也像他一样选择去神学院，但这个学生面对生命起源、宇宙起源问题，在困惑、反思之后做出的选择，应该对我们有所启发。

大学拥有了精神，就不会唯唯诺诺，而会像参天大树，在适其生存的环境中欣欣向荣、蓬勃生长，在逆其生存的条件下亦能坚韧不拔。

据报载，牛津大学曾拒绝了一位富翁 1 000 多万英镑的捐款。原因在于这位富翁在捐款时提出了附加条件，要求牛津大学办一所以他的名字命名的商学院。牛津大学董事会经过讨论，认为不能因为钱而放弃大学独立自主的传统，不能开大学受制于个人的先例，于是毅然拒绝了唾手可得的巨额钱财。牛津大学并不是不需要钱，而是不愿意把自己的命运交给别人，所以，当资金的获得需以自由研究和独立决策的丧失为代价时，牛津大学毅然地“望而却步”了。

二、何谓“人文”

中国文化对人的评价很高，认为人在宇宙中占据了很高的地位，人为万物之灵，所以中国文化其实就是研究“人学”的文化，研究的重点是人。因此，谈及大学，必须谈及“人文”。

什么是“人文”？这一概念的内涵丰富多彩而又歧义丛生。《辞海》的释义是“人类社会的各种文化现象”。在古代汉语中，“人文”一词有三个基本的含义：第一，与“天文”相对，指诗书礼乐等以人自身为观察和思考对象的文化内容（关于人的思考的文化）；第二，泛指人世人伦之事，意味着与人生事物的某种关联；第三，与人道相通，指为人之道或道德规范。

在现代社会，人文是与自然科学相对的概念，有两个基本的含义：一是指人文学科；二是指人文精神（人文主义）。教育的重要本质特征就是它的人文性，人文教育是不可以从教育中抽出的，人文教育在大学教育中具有重要的基础性地位。正因为如此，人们才不断地呼吁加强人文教育。

三、关于“人文教育”

关于“人文教育”，至今没有一个非常确切的定义。众多定义中，最常见的有三种：一是人文主义教育；二是人文学科教育；三是关于“成人”的教育。我们将人文教育的基本内涵定位于第三种，即关于“成人”的教育。故对人文教育作如下定义：是指对受教育者所进行的旨在促进其人性境界提升、理想人格塑造以及个人与社会价值实现的教育，其实质是人性教育，其核心是涵养人文精神。这种精神的养成一般要通过多种途径，包括广博的文化知识滋养、高雅的文化氛围陶冶、优秀的文化传统熏染和深刻的人生实践体验等。这一教育重视由外而内的文化养成，更强调自我体悟与心灵觉解。归根结底，它使人理解并重视人生的意义，并给社会多一份人文关怀，在根本上体现教育的本质与理想。

四、什么是“成人教育”

成人，即“成长为真正意义的人”。德国哲学家费尔巴赫说过：一个婴儿生出来严格地讲不是人是动物，尽管他身上具备日后成长为人的全部生命基因，但是他并不懂得做人的道理，不懂得做人的道理的人还称不上是真正的人。

成人有三个维度：生理的、法学的、精神的。真正的成人不是法学与生理上的跨越，主要是精神成长，这是不可或缺的成人标志和过程。法学上的成人和生理上的成人并不意味着精神成人。

五、精神成人——成人教育的关键

精神成人是指一个人能将有助于人类历史进步的普世价值谱系内化为自己的德性——具体到每个大学生，便是看他能否在大学这人生中至关重要的几年中敏感地、认真地且持续地问自己这样一些问题：怎样做人？做怎样的人？怎样生存才可能真正活出人之所以为人的独立精神与自由思想？

大学人文教育的实质就是“成人教育”，而“精神成人”乃成人教育的关键。为什么要强调大学生精神成人？

第一，精神成人在大学生的成长中居核心地位。大学一年级到三、四年级，十八岁到二十一二岁，是一个人生命史上最重要的时期。在这个阶段，有关做人的道理或尺度开始在人的心中扎根。做人的道理明白得越多，精神的发育就越完整健康，所以说：精神成人，即懂得做人的道理。这对大学生来说非常重要，甚至是全部大学学习生活的重中之重。

第二，精神成人是专业成才的前提和保障。这主要表现在专业氛围的营造与熏陶上，同时也表现在对大学生的积极引导上。大学固然是专业成才的地方，但专业成才绝对离不开精神成人。

现在的大学扩容太厉害，师生比悬殊。许多高校在一线上课的老师，只有很少一部分居住在校区周边，要让 1 个老师面对 100 个学生的人生迷茫和困惑，根本忙不过来。大部分老师住在城区，他们下了课就走，步履匆匆，学生的烦恼很难引起他们的注意。所以有的学生说：“大学真的大啊，大得让我们着凉。”之所以有“着凉”的喟叹，恐怕就是因为在其精神“感冒发烧”时找不到“良医”，他们内心有很多困惑，找不到信任的人来倾诉，这也是 18～22 岁的大学生们困惑多多、迷茫重重的原因。精神层面上的问题，若得不到及时的指点，就会“感冒着凉”，甚至小病成大疾，病入膏肓，积重难愈！即使专业学得再好，又有何益呢？

第三，当代大学生精神成人现状堪忧。

首先，是因为 20 世纪 90 年代以来流行的三大负面社会思潮的腐蚀作用。

一是无边消费主义。有的人不顾自己的家境，盲目攀比，超前消费，并把这看成是人生格局里最值得追求的目标。假如你穿得比人家差一点，觉得心里不自在，希望穿得好一点，却用不干净的手段去赚钱，那么这大概就是消费主义，再进一步就是拜金主义。消费主义源于虚荣、攀比、享乐。美国心理学家马斯洛说过，人的第一需求是生理需求，人首先当然要吃、要喝、要睡，到了一定的年龄要谈恋爱、要结婚；第二需求是安全需求；第三需求是社交需求；第四需求是自尊和他尊的需求；第五需求是自我实现的需求。自我实现才是更值得大学生去追求的。什么叫自我实现？自我实现就是用自己的有生之年实现自己梦想的过程，把自己的生命潜能转化为真才实学的过程，让这个社会因为有了你这个人的自由全面发展而获得进步。马克思认为，最好的社会是这样的社会：人的自由的全面的发展是社会进步的前提。一个美国哲学家说过："一个人很难伟大到让历史为你折腰，但是假如世界上所有的人都把自己的日子过得很认真的话，世界往往为此而改观。"鲁迅要立人，要一个个地立人，原因也就在这里。

二是历史虚无主义。具体表现在：认识上的碎片性、评判上的非理性、情感上的漠然性等。历史是一个民族精神之魂，它不仅有助于民族素质的提升、民族自信心和凝聚力的增强，而且可以察往知来、兴利除弊。因此，古往今来，所有民族和国家都十分重视自己的历史，不允许忘记或篡改历史。然而，近年来一股历史虚无主义思潮蔓延，成为当前对我国高校影响较大的社会思潮之一。这种思潮质疑中国近代以来的历史选择和发展道路，给人们的思想造成了极大的混乱。

三是狭隘的民族主义。爱国主义和狭隘的民族主义是两回事。爱国其实是一种很天然、很纯美的感情，"9·11"事件发生后，有的校园发出欢呼声——虽然我们能理解大学生对某些强国在国际舞台上表现出的傲慢很愤懑，为中国在进入世界发达国家行列的过程中遭遇的一些不公而"心存忧患"，但是这种面对许许多多无辜生命的毁灭而欢呼雀跃的表现实在称不上泱泱大国之风范，这就是一种狭隘的民族主义。我们也有身怀爱国情怀却不狭隘的优秀典范，篮球健将姚明即是。他初涉国外篮球赛场，绝对没少受歧视、挑剔和打压，但他将这一切解读为篮球架下的竞争所致。他成功了，成了火箭队的"擎天柱"。他不仅是中国的优秀运动员，也是世界体育王国的杰出代表。我们一定要坚信：正在和平崛起的中国绝对不会重蹈覆辙，闭关自守，她绝对需要打开国门，吸纳世界精华。

其次，是因为大学本身人文建设严重缺失，具体表现是"五精五荒"：精于科学，荒于人学；精于电脑，荒于人脑；精于网情，荒于人情；精于商品，荒于人品；精于权力，荒于道力。"五个荒于"的根本在于"荒于人学""荒于人文"，其严重后果是荒于个人的社会责任。正因为如此，中外许多著名的教育家与著名大学的领导人均在呼唤，现代大学须高度重视学生的人文素质教育、人文精神教育。他们期待大学人文教育能够重新得到加强，希望在大学能找回失落的人文精神，重构人们的精神家园。

第四，精神成人是当代大学生肩负的历史责任的必然要求。21 世纪的大学生已经逐渐把步入社会，参与社会实践，加强与社会的紧密联系，培养自身的综合能力，提高自身整体素质作为大学阶段学习生活的最高目标。21 世纪的人才，不仅要掌握知识，更要有完善的人格，要关心环境、关心社会、关心他人，具有对环境、对社会的责任感。

因此当代大学生必须深刻认识到我国的基本国情、历史机遇和严峻挑战，认识到自己的不足和落后，奋起直追，脚踏实地地履行我们的历史使命。

六、 大学生怎样提高人文素养

第一，要确立做人的基本品德。其核心有三点：知耻、守信和气节。

第二，培养审美情趣与艺术精神，博览群书。历史使人聪明；逻辑修辞使人善辩；数学使人精确；哲学使人深刻；伦理使人庄重；而艺术，最能潜移默化地影响人。

第三，培养感恩意识、奉献意识。当代大学生要对帮助自己的所有人、这个时代、这个社会心存感激，并为之奉献。

第四，加强内外兼修，注意涵养功夫和仪表风度。涵养功夫内涵丰富，最关键的就是谦虚。至于仪表，当然是要注重生活、学习、工作中的大方得体。

第五，展现才华，投身公益，发挥潜能。人文素养要落实到对于生命意义和人生价值的认定中，从小事做起，"勿以恶小而为之，勿以善小而不为"。范仲淹的名句"先天下之忧而忧，后天下之乐而乐"，就表现了这样一种精神，以及一种对生命意义、人生价值的认识。立做人品貌，知耻守信懂道理——这也是人文素养的落脚点。

西方哲学家海德格尔说："人要诗意地栖居在大地。"生命于我们每个人来说都是一个奇迹，但并不是每个人都叩问过这偶然而至的生命。一个人该如何为俗世的日常生命存在注入意义，从而使生物学层面的混沌的生命，真正转化为文化层面的自省的主体，并超越自在的生命，走向自由的精神境域？又如何通过繁华喧嚣的欲望市井，锤炼自己的心志，为自己拓展一方可以安身立命的诗意空间？让我们在这块教育的热土上，一起解放自我、超越世俗、创造自我、升华自我、拓展情志，点燃生命的火花吧！请你相信：美好的人文情怀一旦形成，你就真的长大了，真的成人了，你的生命将因此变得丰富、充盈、优雅、绚丽！

思考与实践

1. 结合实际谈谈你对大学文化的认识。
2. 说说你对学校文化的感受，以校训、校牌标语、学校建筑、办学理念、道德模范等为例。
3. 请收集世界各国高校的校训，选出你认为最好的两则校训。
4. 你打算怎样提高自己的人文素质？（书面作业）
5. 请组织一次人文类活动，如读书会、演讲会、辩论会、诗歌朗诵会等。

推荐书目

1. 《大学精神》（杨东平，文汇出版社）。
2. 《中国的大学》（梅贻琦，北京理工大学出版社）。
3. 《逝去的大学》（谢泳，同心出版社）。
4. 《读大学，究竟读什么？》（覃彪喜，南方日报出版社）。
5. 《谁动了我的奶酪？》（斯宾塞·约翰逊，中信出版社）。

名篇导读

1.《何谓“大学”》（郭汾阳）。
2.《老清华教授面面观》（唐少杰）。
3.《一个文艺复兴式的人物》（韩石山）。
4.《大学生活琐忆》（李开复）。
5.《把平凡的日子堆砌成伟大的人生》（俞敏洪）。

何谓“大学”

郭汾阳

过去闹得沸沸扬扬的“青年必读书目”，今天又在一些高校实行了。抛开鲁迅、胡适、梁启超他们争论的“语境”，在今天不仅仅是“弘扬传统优秀文化”和“汲取世界一切文明成果”，对今天的莘莘学子来说，在当下世界“机器人”与“人机器”的交替运作中，“重理工，轻人文”已经积重难返，“人有病，天知否?”这已不是危言耸听的新闻了。

清晨绿茵草坪上，学子们喃喃的会是“烽火连三月，家书抵万金”的浓情诗句吗？黄昏碎石小径下，学子们切切攀谈的会是“生抑或死是一个问题”的怅惘猜想吗？对异国语言的苛求、阵阵相因陈词滥调的机械背诵、读死书死读书读书死的传统方式……活生生窒息了那么鲜活跳跃的头脑。“老师呵，你说的那些书我真的一点也看不进去呢!”“老师哟，功课太重，你不要诱惑我们可好？那些书有什么用呢?”这是时常听到的话。初，与之辩；继，默默；终，还是我“迂”吧。你看：毕业要通过外语什么什么“级”的考试，可曾有母语的“水平考试”？求职要专业成绩外加关系，要党票、要公关，还要面容姣好、口齿伶俐，可曾瞧你是否有终极关怀、大慈大悲之心？

百年了，大家都在加紧做着“世纪回眸”的工作。有人说：“清华园里可读书。”有人问：“百年校庆庆什么?”有人怅怅：“过去的教授。”有人自审：“我们这是怎么了?”

大学，怎么叫“大”？蔡元培说是“囊括大典，网罗众学之学府也”，斯乃有“思想自由，兼容并包”的“五四”新文化发源地的北大；竺可桢说大学就是“求是”之地，“办大学者不能不有哲学中心思想”，正德厚生利用，还要有“真理的蕲求”与“但知是非不计利害”的做人原则，“君子盖有举世非之而不顾，千百世非之而不顾者，亦求其是而已矣，岂以一时毁誉而动其心哉，此为我校求是精神之精义”，斯乃有“东南民主堡垒”之誉的浙大；张伯苓说，“教育之事，非独使学生读书习字而已，尤要在造就人才，三育并进而不偏废”，这才有涌出周恩来的南开；梅贻琦说，“大学者非谓有大楼之谓也，有大师之谓也”，这才有水木清华大师如林的场面，这才有“通才教育”的有力支撑。这些话，暌违已久了，大概是背时的迂腐话了，可怎的新世纪的今天听起来却沁人心脾，让人缅想不已？今天的大学，可曾再有如是的磅礴大气？

大学，当然不独是大教室、大图书馆、大操场、大食堂、大实验室，它的应有之义，一是要有“大校长”，起码是个教育家，不单单是大会计师和大乞丐，他须有“大气”。

二要有“大师”，不独是各抓着各领域的“大师”。竺校长说得好：“教授是大学的灵魂，一个大学学风的优劣，全视教授人选为转移。假使大学里有许多教授，以研究学问为毕生事业，以作育后进为无上职责，自然会养成良好的学风，不断地培育出来博学敦行的学者。”他是深谙吾国传统道德和彼岸民主自由思想的精魂的，且身体力行，于是一校乃有向心力和凝聚力。苏步青说：“凡竺校长要我干的事，我都干。”为什么？谭其骧说：“我相信，浙大若能像竺老当校长时那样继续办下去，我是不会离开浙大的。”为什么？回首今天周遭，上海王晓明愤愤：“知识界中竟有这么多卑琐、狭隘、怯懦和无耻!”充斥着这么些人，又如何转移风气、培塑新人呢？很多人说：社会如此，学校自非世外桃源。然而他们忘了“出淤泥而不染”的道理。竺校长在抗战西迁途中，目睹时艰，有一番对学生的讲话，今天听来仍觉亲切：“乱世道德堕落，历史上均是，但大学犹如海上灯塔，吾人不能于此时降低道德之标准。切记：异日逢有作弊机会是否能涅而不缁、磨而不磷，此乃现代教育试金石也。”那么，今天大学教育能算得上是成功的吗？不止一次为了“教授”们的功利而汗颜、嗟叹，没有操守的人却大讲着“人文精神”，令人想起鲁迅沉痛而又耐人寻味的话：“中国其实并没有俄国之所谓知识阶级。”不要说执着坚忍的俄国了，庶几连“过去的教授”都可望而不可及时，那实在是一种大悲悯。今天的“教授”，已非个体的沉沦，而是群体的堕落，湖南曾国藩“风俗厚薄实视乎一二人之心之所向而已矣”还有震顽立廉的力量吗？

大学之三，是“大学生”。校长、教授，其“大”当视其培育之大学生能称“大”否。“学得文武艺，卖与帝王者”，是宵小。工匠专能，罕能称大。竺校长标高清响：“尤在乎养成公忠坚毅、能担当大任、主持风会、转移国运的领导人才。”这个“领导人才”其实绝非心存魏阙的痴想和野心，实在就是说“国家为什么要花费这么多钱来培植大学生”这样一个简单的问题。鄙校有个好传统，每届新生入校，大门前必悬一醒目语，即竺校长当年向新生所发问：“诸位为什么来本校?”“诸位出校后将何所为?”意味深长。在他看来，以中国之贫弱，大学生之可怜人数，当仁不让需为“社会上各业之领袖”，然而“即要成为领导人才，社会栋梁，那么只是掌握一些专门知识、专门技能是不够的，应该知识广博，拥有科学头脑，做到明辨是非、静观得失、缜密思考，而不致盲从”。今天很难有更多的大学生这样要求自己了。许是时代已变迁，竺校长的“一个民族内忧外患、贫穷落后并不可怕，可怕的是人民，特别是大学里培养出来的知识分子没有科学头脑，轻信、盲从，这样的民族有亡国的危险”，在今天国运昌盛时很难入耳，然而一旦有事难免不露出窘相，庶几也可以用“单向度”“空心人”这些话称今天的大学生了。那么，他们“幸福”吗，“丰满”吗，还会把“求是”不仅限于求知的态度和方法且去定位于一个人的责任、理想、处世立身的要义吗？

大学是出知识分子的地方。从上世纪中叶有了这个称谓始，什么是“知识分子”一直以来颇多歧义。以眼前的现实来说，就是指受了相当程度的教育、从事脑力工作而已，像西方学者标榜其为“一些对神圣事物具有特殊的敏感、对其所处环境的本质和导引他们的社会规律具有不寻常的反思能力的人”对我们尚感“奢望”，人们也乐于津津于自己绍兴臭豆腐闻着臭吃着香的“知识分子”社会地位旱涝保收无下岗之虞但脑体倒挂囊中羞涩的小乐惠处境。“过去的校长”气局是可观的，1926年《京剧》评选“新中国柱石”十佳人选，蔡元培获首选就是一个证明。理想的知识分子称号，应有之义是包含科学、人文、民主、自由以及浪漫主义、民粹主义气质的，他是以求知识为目的而不是下降它为手段的，他也能够“以研究学术为天职，不当以大学为升官发财之阶梯”的，他的思想原则是“能保我性，则所得于外国之思想、言论、学术吸收而消化之，尽可为‘我’之一部而不为其所同化”，综合百家，超越背景的局限和世俗的顾虑，以了解、解决社会问题为职志的。这中间，大学应有的品位，如李敖所说，是应“真正培养出一些智慧的才具，培养出一些有骨头，有判断力，有广博知识，同时又有影响力的知识分子”，而现在恰有人主张知识分子的分解、缩小、专业化，也就是鼓励他们成为工具化的单一角色。

掌声响起，人们散去。“我鼻子一酸，含在眼眶了的眼泪要跟着蔡先生的微笑一齐出来，我不知道巍然在我面前的是高山呢还是大海”（川岛）；“李（叔同）先生教图画音乐，学生把图画音乐看得比国文更重要。这是有人格作背景的缘故。因为他教图画音乐，而他所懂的不仅是图画音乐，他的诗文比国文先生的更好，他的书法比习字先生的更好，他的英文比英文先生的更好……这好比一尊佛像，有先后，故能令人景仰”（夏丏尊）。“过去的学生”也真有福气，得一代宗师沾溉，沐浴“后先”，让一生有了底气。

回眸世纪，亡羊补牢，又有了“必读书目”（复旦、清华）。从美国撰文纪念竺校长的谢觉民先生说：“现在大学教育只注重各种专门知识的传授，而忽略品性德行的陶冶，积重难返，流弊甚深。”他怀念的竺校长，是“庄敬自强，有为有守，既有国学素养，又具科学脑筋”，这样的人今天是不多了。当几所知名高校世纪末幸逢华诞的时候，喜庆之余，也应该沉思一下了。

资料来源：郭汾阳．何谓“大学”[J]．出版参考，2006（2）.

编者导引：作者对“大学”进行了全面的思考和总结，大学之大有“三”：一是要有“大校长”，二是要有“大师”，三是要有“大学生”。大学是出知识分子的地方。大学应有的品位，是“真正培养出一些智慧的才具，培养出一些有骨头，有判断力，有广博知识，同时又有影响力的知识分子”。

老清华教授面面观

唐少杰

编者导引：作品呈现了老清华的学生对教授们诙谐、深情的回忆。在学生的心目中，每个教授都是独特的、最棒的，一人一种风范，一人一个世界。我们不得不为当时学生的大胆惊叹，更不得不为那时宽松的师生氛围惊叹。今天读来仍然兴味无穷，从中能够感受到浓浓的人文气息。

请扫码阅读

一个文艺复兴式的人物

韩石山

请扫码阅读

编者导引：作者总结了对文学家、诗人、舞台美术家、建筑师林徽因的评价。林徽因有着过人的才华、惊人的美丽、高雅的气质，在多方面都有杰出的贡献，是一个完美的天才，是中国二十世纪文艺复兴运动的女神。全面地认识林徽因及其象征意义，不仅是对过去的中国新文化运动价值的肯定，而且对中国今后的文学艺术，甚至社会的和谐进步，也是有启示作用的。

大学生活琐忆

李开复

编者导引：作者回忆了与向往的哈佛、选择的法律、自豪的数学一一挥别的经历，反映出青年学子在求学之路上的困惑、追求。人生奋斗的过程其实就是不断地选择和放弃、坚持的过程。

请扫码阅读

把平凡的日子堆砌成伟大的人生

俞敏洪

可以说，北大是改变了我一生的地方，是提升了我自己的地方，是使我从一个农村孩子最后走向了世界的地方。毫不夸张地说，没有北大，肯定就没有我的今天。北大给我留下了一连串美好的回忆，大概也留下了一连串的痛苦。正是在美好和痛苦中间，在挫折、挣扎和进步中间，最后找到了自我，开始为自己、为家庭、为社会能做一点事情。

学生生活是非常美好的，有很多美好的回忆。我还记得我们班有一个男生，每天都在女生的宿舍楼下拉小提琴，希望能够引起女生的注意，结果后来被女生扔了水瓶子。我还记得我自己为了吸引女生的注意，每到寒假和暑假都帮着女生扛包。后来我发现那个女生有男朋友，我就问她为什么还要让我扛包，她说为了让男朋友休息一下。我也记得刚进北大的时候我不会讲普通话，全班同学第一次开班会的时候互相介绍，我站起来自我介绍了一番，结果我们的班长站起来跟我说："俞敏洪你能不能不讲日语?"我后来用了整整一年时间，拿着收音机在北大的树林中模仿广播台的播音，但是到今天普通话还依然讲得不好。

人的进步可能是一辈子的事情。北大是我们生活的一个开始，而不是结束。有很多事情特别让人感动。比如说，我们有幸见过朱光潜教授。在他最后的日子里，是我们班的同学每天轮流推着轮椅在北大里陪他一起散步。每当我推着轮椅的时候，我心中就充满了对朱光潜教授的崇拜，一种神圣感油然而生。所以，我在大学看书最多的领域是美学。他写的《西方美学史》，是我进大学以后读的第二本书。

为什么是第二本呢？因为第一本是这样来的，我进北大以后走进宿舍，我有个同学已经在宿舍。那个同学躺在床上看一本书，叫作《第三帝国的兴亡》。所以我就问了他一句话，我说："在大学还要读这种书吗?"他把书从眼睛上拿开，看了我一眼，没理我，继续读他的书。这一眼一直留在我心中。我知道进了北大不仅仅是来学专业的，要读大量大量的书，你才能够有资格把自己叫作北大的学生。所以我在北大读的第一本书就是《第三帝国的兴亡》，而且读了三遍。后来我就去找这个同学，我说："咱们聊聊《第三帝国的兴亡》。"他说："我已经忘了。"

我也记得我的导师李赋宁教授，原来是北大英语系的主任，他给我们上《新概念英语》第四册的时候，每次都把板书写得非常完整，非常美丽。永远都是从黑板的左上角写起，等到下课铃响起的时候，刚好写到右下角结束。我还记得我的英国文学史的老师罗经国教授，我在北大最后一年由于心情不好，导致考试不及格。我找到罗教授说："这门课如果我不及格就毕不了业。”罗教授说：“我可以给你一个及格的分数，但是请你记住了，未来你一定要做出值得我给你分数的事业。”所以，北大老师的宽容、学识、奔放、自由，让我们真正能够成为北大的学生，真正能够得到北大的精神。当我听说许智宏校长对学生唱《隐形的翅膀》的时候，我打开视频，感动得热泪盈眶。因为我觉得北大的校长就应该是这样的。

我记得自己在北大的时候有很多苦恼之处。一是普通话不好，二是英语水平一塌糊涂。尽管我高考经过三年的努力考到了北大——因为我落榜了两次，最后一次很意外地考进了北大。我从来没有想过北大是我能够上学的地方，她是我心中的一块圣地，觉得永远够不着。但是那一年，第三次考试时我的高考分数超过了北大录取分数线七分，我终于下定决心咬牙切齿填了“北京大学”四个字。我知道一定会有很多人比我分数高，我认为自己是不会被录取的。没想到北大的招生老师非常有眼光，料到了三十年后我的今天。但是实际上我的英语水平很差，在农村既不会听也不会说，只会背语法和单词。我们班分班的时候，五十个同学分成三个班，因为我的英语考试分数不错，就被分到了 A 班，但是一个月以后，我就被调到了 C 班。C 班叫作“语音语调及听力障碍班”。

我也记得自己进北大以前连《红楼梦》都没有读过，所以看到同学们一本一本书在读，我拼命地追赶。结果我在大学差不多读了八百多本书，用了五年时间。但是依然没有赶超上我那些同学。我记得我的班长王强是一个书癖，现在他也在新东方，是新东方教育发展研究院的院长。他每次买书我就跟着他去，当时北大给我们每个月发二十多块钱生活费，王强有个癖好就是把生活费一分为二，一半用来买书，一半用来买饭菜票。买书的钱绝不动用来买饭菜票。如果他没有饭菜票了就到处借。后来我发现他这个习惯很好，我也把我的生活费一分为二，一半用来买书，一半用来买饭菜票。

毫不夸张地说，我们班当时在北大，真是属于读书最多的班之一。而且我们班当时非常活跃，光诗人就出了好几个。后来挺有名的一个诗人叫西川，真名叫刘军，就是我们班的。我还记得我们班开风气之先，当时是北大的优秀集体，但是有一个晚上大家玩得高兴了，结果跳起了贴面舞，第二个礼拜被教育部通报批评了。那个时候跳舞是必须跳得很正规的，男女生稍微靠近一点就认为违反风纪。所以你们现在比我们当初要更加幸福一点。不光可以跳舞，而且可以手拉手在校园里面走，我们当时如果男女生手拉手在校园里面走，一定会被扔到未名湖里，所以一般都是晚上十二点以后再在校园里面走。

我也记得我们班五十个同学，刚好是二十五个男生二十五个女生，我听到这个比例以后当时就非常兴奋，我觉得大家就应该是一个配一个。没想到女生们都看上了那些外表英俊潇洒、风流倜傥的男生。像我这样外表不怎么样、内心充满丰富感情、未来有巨大发展潜力的，女生一般都看不上。

我记得我奋斗了整整两年希望能在成绩上赶上我的同学，但是就像吕植老师说的，你尽管在中学高考可能考得很好，是第一名，但是北大精英人才太多了，你的前后左右可能都是智商极高的同学，也是各个省的状元或者说第二名。所以，在北大追赶同学是一个非常艰苦的过程，尽管我每天几乎都要比别的同学多学一两个小时，但是到了大学二年级结束的时候我的成绩依然排在班内最后几名。非常勤奋又非常郁闷，也没有女生来爱我安慰我，这导致的结果是，我在大学三年级的时候得了一场重病，这个病叫作传染性浸润肺结核。当时我就晕了，因为当时我正在读《红楼梦》，正好读到林黛玉因为肺结核吐血而亡的那一章，我还以为我的生命要从此结束了，后来北大医院的医生告诉我现在这种病能够治好，但是需要在医院里住一年。我在医院里住了一年，苦闷了一年，读了很多书，也写了六百多首诗歌，可惜一首诗歌都没有出版过。从此以后我就跟写诗结上了缘，但是我这个人有丰富的情感，却没有优美的文笔，所以终于没有成为诗人。后来我感到非常庆幸，因为我发现真正成为诗人的人后来都出事了。我们跟当时还不太出名的诗人海子在一起写过诗。后来他写过一首优美的诗歌，叫作《面朝大海，春暖花开》，我们每一个同学大概都能背。后来当我听说他卧轨自杀的时候，号啕大哭了整整一天。从此以后，我放下笔，再也不写诗了。

记得我在北大的时候，到大学四年级毕业时，我的成绩依然排在全班最后几名。但是，当时我已经有了一个良好的心态。我知道我在聪明上比不过我的同学，但是我有一种能力，就是持续不断地努力。所以在我们班的毕业典礼上我说了这么一段话，到现在我的同学还能记得，我说："大家都获得了优异的成绩，我是我们班的落后同学。但是我想让同学们放心，我决不放弃。你们五年干成的事情我干十年，你们十年干成的我干二十年，你们二十年干成的我干四十年。"

有一个故事说，能够到达金字塔顶端的只有两种动物，一是雄鹰，靠自己的天赋和翅膀飞了上去。我们这儿有很多雄鹰式的人物，很多同学学习不需要太努力就能达到高峰。很多同学后来可能很轻松地就能在北大毕业以后进入哈佛、耶鲁、牛津、剑桥这样的名牌大学继续深造。有很多同学身上充满了天赋，不需要学习就有各种才能，比如说我刚才提到的我的班长王强，他的模仿能力就是超群的，到任何一个地方，听任何一句话，听一遍模仿出来的绝对不会两样。所以他在北大广播站当播音员当了整整四年。我每天听着他的声音，心头咬牙切齿充满"仇恨"。所以，有天赋的人就像雄鹰。但是，大家也都知道，有另外一种动物，也到了金字塔的顶端，那就是蜗牛。蜗牛肯定只能是爬上去。从底下爬到上面可能要一个月、两个月，甚至一年、两年。在金字塔顶端，人们确实找到了蜗牛的痕迹。我相信蜗牛绝对不会一帆风顺地爬上去，一定会掉下来、再爬、掉下来、再爬。但是，同学们所要知道的是，蜗牛只要爬到金字塔顶端，它眼中所看到的世界，它收获的成就，跟雄鹰是一模一样的。所以，也许我们在座的同学有的是雄鹰，有的是蜗牛。我在北大的时候，包括到今天为止，我一直认为我是一只蜗牛。但是我一直在爬，也许还没有爬到金字塔的顶端。但是只要你在爬，就足以给自己留下令生命感动的日子。

我常常跟同学们说，如果我们不为自己留下一些让自己热泪盈眶的日子，那生命就是白过的。我们很多同学凭着优异的成绩进入了北大，但是北大绝不是你们学习的终点，而是你们生命的起点。在一岁到十八岁的岁月里，你听老师的话、听父母的话，现在你真正开始了自己的独立生活。我们必须为自己创造一些让自己感动的日子，才能够感动别人。我们这儿有富裕家庭来的，也有贫困家庭来的，我们生命的起点由不得你选择出生在富裕家庭还是贫困家庭，如果你生在贫困家庭，你不能说老爸把我收回去，我不想在这里待着。但是我们生命的终点是由我们自己选择的。我们所有在座的同学过去都走得很好，已经在十八岁的年龄走到了很多中国孩子的前面去，因为北大是中国的骄傲，也可以说是世界的骄傲。但是，到北大并不意味着你从此大功告成，并不意味着你未来的路也能走好，后面的五十年、六十年，甚至一百年你该怎么走，是每一个同学都要思考的问题。就本人而言，我觉得只要有两样东西在心中，我们就能成就自己的人生。

第一样叫作理想。我从小就有一种感觉，希望穿越地平线走向远方，我把它叫作“穿越地平线的渴望”。也正是这种强烈的渴望，使我有勇气不断地高考。当然，我生命中也有榜样。比如我有一个邻居，非常有名，是我终生的榜样，他的名字叫徐霞客。当然，是五百年前的邻居。但是他确实是我的邻居，江苏江阴的，我也是江苏江阴的。因为崇拜徐霞客，直接导致我在高考的时候地理考了九十七分。也是徐霞客给我带来了穿越地平线的这种感觉，所以我也下定决心，如果徐霞客走遍了中国，我就要走遍世界。而我现在正在实现自己的这一梦想。所以，只要你心中有理想，有志向，同学们，你终将走向成功。你所要做到的就是在这个过程中要有艰苦奋斗、忍受挫折和失败的能力，要不断地把自己的心胸扩大，才能够把事情做得更好。

第二样叫作良心。什么叫良心呢？就是要做好事，要做对得起自己、对得起别人的事情，要有和别人分享的姿态，要有愿意为别人服务的精神。你的良心会通过你生活中所做的事情体现出来，而且你所做的事情一定会对你未来的生命产生影响。我来讲两个小故事：

第一个小故事。有一个企业家和我讲起他大学时候的一个故事，他们班有一个同学，家庭比较富有，每个礼拜都会带六个苹果到学校来。宿舍里的同学以为是一人一个，结果他是自己一天吃一个。尽管苹果是他的，不给你也不能抢，但是从此同学留下一个印象，就是这个孩子太自私。后来这个企业家做得很成功，而那个吃苹果的同学还没有取得成功，就希望加入这个企业家的队伍里来。但后来大家一商量，说不能让他加盟，原因很简单，因为在大学的时候他从来没有体现过分享精神。所以，对同学们来说在大学时代的第一个要点就是你得跟同学们分享你所拥有的东西，感情、思想、财富，哪怕是一个苹果也可以分成六瓣大家一起吃。因为你要知道，这样做你将来能得到更多，你的付出永远不会白费。

我再来讲一下我自己的故事。在北大当学生的时候，我一直乐于为同学服务。我这个人成绩一直不怎么样，但我从小就热爱劳动，我希望通过勤奋的劳动来引起老师和同学的注意，所以我从小学一年级起就一直打扫教室卫生。到了北大以后我养成了一个良好的习惯，每天为宿舍打扫卫生，这一打扫就打扫了四年。所以我们宿舍从来没排过卫生值日表。另外，我每天都拎着宿舍的水壶去给同学打水，把它当作一种体育锻炼。大家看我打水习惯了，最后还产生这样一种情况，有的时候我忘了打水，同学就说“俞敏洪怎么还不去打水”。但是我并不觉得打水是一件多么吃亏的事情。因为大家都是同学，互相帮助是理所当然的。同学们一定认为我这件事情白做了。又过了十年，到了 1995 年底的时候新东方做到了一定规模，我希望找合作者，结果就跑到了美国和加拿大去寻找我的那些同学，他们在大学的时候都是我生命的榜样，包括刚才讲到的王强老师等。我为了诱惑他们回来还带了一大把美元，每天在美国非常大方地花钱，想让他们知道在中国也能赚钱。我想大概这样就能让他们回来。后来他们回来了，但是给了我一个十分意外的理由。他们说：“俞敏洪，我们回去是冲着你过去为我们打了四年水。”他们还说：“我们知道，你有这样的一种精神，所以你有饭吃肯定不会给我们粥喝，所以让我们一起回中国，共同干新东方吧。”这才有了新东方的今天。

人的一生是奋斗的一生，但是有的人一生过得很伟大，有的人一生过得很琐碎。如果我们有一个伟大的理想，有一颗善良的心，我们一定能把很多琐碎的日子堆砌起来，变成一个伟大的生命。但是如果你每天庸庸碌碌，没有理想，从此停止进步，那未来你一辈子的日子堆积起来将永远是一堆琐碎。所以，我希望所有的同学都能把自己每天平凡的日子堆砌成伟大的人生。

资料来源：俞敏洪．把平凡的日子堆砌成伟大的人生［J］．秘书工作，2015（4）．

编者导引：作者用诙谐幽默的语言回忆了自己在北大的求学生涯。尽管他不够聪明，但是他有一种能力，就是持续不断地努力。他认为，只要有两样东西在心中，我们就能成就自己的人生：第一样叫作理想，第二样叫作良心。人的一生是奋斗的一生，如果我们有一个伟大的理想，有一颗善良的心，我们一定能把很多琐碎的日子堆砌起来，变成一个伟大的生命。

第二讲　知识分子考

名人名言

先天下之忧而忧，后天下之乐而乐。——范仲淹

横眉冷对千夫指，俯首甘为孺子牛。——鲁迅

课堂讨论一

你认为什么样的人是知识分子？

一、知识分子的概念

“知识分子”是个使用非常广泛的概念，经常见诸报端、新闻网络，甚至口语中也经常使用。它究竟指的是一种职业、一种学历，还是一种修养、一种仪态？不同的人给出的答案也不同。我国最大的综合性词典《辞海》将其解释为：“有一定文化科学知识的脑力劳动者。如科技工作者、文艺工作者、教师、医生、编辑、记者等。”在近现代社会，人们许多时候将“知识分子”作为一种敬语，敬指那些学历较高、读书较多的人。

但学历究竟得多高、读书得多多才能称得上是知识分子呢？这仍然是一个模糊的解释。本讲我们无意于深入探究“知识分子”这个概念的表面意义，我们更关切其内涵意义，正是因为这种特殊的内涵意义，我们才称之为知识分子。

我们这里所说的“知识分子”概念是20世纪形成的。对社会的强烈批判意识以及改造意识是知识分子的两大显著特色。即知识分子勇于并善于运用所掌握的知识批判社会的不合理现象，并用新思想、新观念推动社会改造。

这里的批判不是一种斗争，不是把一切打倒，不是全面否定，而是通过批判来肯定某种事物、某种观点以及某些人的价值所在，并了解他们的局限。

因此，真正的知识分子应该有这样的特质：有丰富的知识，在某一领域有一定的建树；思想独立，有独到的批判能力；有高度的责任心和强烈的社会责任感；有较强的抗拒压迫的能力。

二、知识分子观念的来源

近代知识分子的观念主要源于法国和俄国。

在法国，知识分子的观念源于“德雷福斯事件”。犹太人德雷福斯是法国的一个陆军上尉，1894年，他突然被政府认定为德国的间谍，被判了无期徒刑。但过了两年，有一个陆军上校向他的上级打报告，说德雷福斯是被冤枉的，提供情报给德国的另有其人。但这

个上校揭露的内幕不被他的上司所接受，而且他还被调职到别的地方，免得再生事端。这件事在社会上被传得沸沸扬扬，许多学者在报刊上发表文章揭发这件事情的真相，但法国政府担心事件真相会影响政府权威，非但无意纠错反而对真相进行层层掩盖。1898 年，当时的法国大文豪左拉发表了著名的《我控诉》一文，强烈抨击政府及整个司法制度的不公正性。随后，纪德、左拉等法国作家以及巴黎的知名教授们联合发表了《知识分子宣言》，要求政府重审案件。在此过程中，左拉为了这场正义的抗争被判刑，最终被迫流亡英国。但他的正义举动却唤醒了法国民众的良知，人们纷纷要求平反冤狱。由于巨大的社会舆论压力，以及真正做间谍的人在投案自首后自杀身亡，案件最终被重新审理。在重新审理的过程中，政府不肯判德雷福斯无罪，而是改判为 10 年徒刑，之后又搞总统特赦。而左拉他们要求政府无罪释放德雷福斯，因为他没有罪，不需要什么特赦。在 1906 年，蒙冤 12 年的德雷福斯终于得到昭雪，一场正义对强权的斗争终于获胜。

由于左拉、纪德以及巴黎大学的教授们在这场正义的抗争活动中扮演了政府批判者的角色，并自称为知识分子，因而这场运动被认为是近代知识分子诞生的运动，1898 年被公认为现代知识分子的诞生年。

而在俄国，一些文人在批评农奴制度的过程中，也产生了知识分子的观念，如托尔斯泰、屠格涅夫、果戈理、普希金等对农奴制度进行了非常激烈的批判。这也为列宁领导俄国革命奠定了基础。在俄国黑暗的农奴制度时期，文学家们勇敢地站出来抨击农奴制，是对近代意义的知识分子的一个很好的诠释。

三、 中国知识分子的演变史

在中国，知识分子的概念形成的时间虽然晚，但知识分子的角色很早就有了。

如孟子所说的“大丈夫”就是近代所说的“知识分子”。儒家道德理想的人格应具备的条件是“富贵不淫、贫贱不移、威武不屈”，即富贵了不淫乱、不腐败，不得意时不丧失自己的志向和理想，在任何压力、暴力面前为了自己的理想不屈服，这非常接近近代知识分子的观念。

除此之外，儒家所讲的“士”也非常接近近代知识分子。不同的是近代知识分子在道德之外还强调知识，特别强调运用知识进行社会批判的精神。

至于古代所谓四民“士、农、工、商”中的“士”一般指“士大夫”，这里的“士”不能算严格意义上的知识分子，他们为了“出仕”，必然要遵守一套政治伦理，“士”的理想就很难实现了。当然，古代的“士大夫”中也不乏真正意义上的知识分子，他们不畏皇权、不依附权贵，常因直言相谏而获罪，甚至牺牲生命也不改心中大义。

真正符合近代意义的中国知识分子在 20 世纪初才出现，这其中有深厚的历史因素的影响。例如，中国古代的知识分子深受儒家“学而优则仕”“经世致用”“修身齐家治国平天下”的入世思维的影响，对政治和权力系统的靠拢和依附一直存在；再者，中国古代的知识分子无论在精神上还是社会角色上都无法独立，他们要么被怀疑，要么被改造。

华东师范大学教授许纪霖曾将 20 世纪的知识分子划分为六代，如下所述。

（一）第一代——晚清一代知识分子，也被称为中国最后一代士大夫

这批知识分子多出生在1865年到1880年间。如康有为、梁启超、严复、章太炎、蔡元培、王国维等都属于这一代知识分子。

（二）第二代——“五四”知识分子

这批知识分子是1915年《新青年》杂志创办以后崛起的新一代知识分子。这一代知识分子大多出生在1880年到1895年间。而1905年后科举制度便被废除了，士大夫过去的那条入仕道路被封闭了，知识分子、读书人拥有了更多发展的空间，所以从这个意义上讲，这一代知识分子可以算得上是中国现代意义上的第一代知识分子。“五四”知识分子中的很多人，比如胡适，不是留学日本，而是留学欧美，他们的西学知识是直接获取的，而且这代人中许多人早年还通过私塾或洋学堂读过四书五经。因此，他们这代人国学基础普遍较好，对西方文化也有所了解，通常都是些通才。如鲁迅、胡适、陈独秀、李大钊、梁漱溟、周作人、陈寅恪等这些大名鼎鼎的人物都属于“五四”知识分子。

（三）第三代——“后五四”知识分子

“后五四”知识分子的概念由台湾学者殷海光先生提出。这代知识分子跨度比较长，前一批人出生在1895年到1910年间，其中很多人经历过五四运动，大多都是五四运动的追随者，如傅斯年、顾颉刚、罗隆基、闻一多等。他们通常为某一个领域的专家，如哲学家冯友兰、历史学家傅斯年、社会学家费孝通、文学家朱自清等。在他们所处的时代，知识开始分化，他们往往是先在自己的专业领域里树立了权威地位，然后才在社会上产生影响的。

“后五四”知识分子中还有一批出生晚一些的人，他们通常出生在1910年到1930年间，同样也接受了较好的现代教育，受到新文化运动的熏陶。但这部分知识分子由于各种政治运动的影响，一直到20世纪70年代末以后，才开始崭露头角，成为80年代以后中国知识界的领袖人物、各个学科的权威。如华罗庚、杨绛、钱学森、顾准、吴敬琏、王元化等。

（四）第四代——“十七年”知识分子

“十七年”知识分子是指1949—1966年十七年间培养的一代知识分子。这一代知识分子由于受当时各种各样政治运动的影响，在知识传统上被称为“无根的一代”，直到70年代末以后才有了进行学术研究的可能，所以，这代人中有些人思想比较僵化，也有些人到80年代成为思想解放运动的旗手，不断进行反思，如李泽厚、王蒙等。

（五）第五代——“文化大革命”时期的知识分子（也称为“老三届”）

所谓“老三届”，即“文化大革命”之初1966年、1967年、1968年三届的高中和初中生。为响应毛主席的号召，1969年以后其中的大多数人都上山下乡去了，1978年恢复高

考后，其中的诸多佼佼者考进了大学。这代知识分子的知识非常庞杂、非常开放，如史铁生、梁晓声、张承志、张抗抗等都属于这一代知识分子。

（六）第六代——“后文革”知识分子

“后文革”这一代知识分子通常出生在 20 世纪 60 年代或稍晚一些，他们对“文化大革命”的印象非常平淡，大部分接受过比较完整的学院知识训练，专业知识基础比较扎实，知识结构比较完整。现在大学里的教授、博导大部分属于这一代知识分子，他们已经慢慢地成为中国学术事业的中坚力量。

四、真正的知识分子及其优秀代表

在历史发展的进程中，知识分子历来是最开化、最进步的群体，是人类社会发展进步的“火车头”。真正的知识分子对世界怀有强烈的责任感，认同人类、人类的尊严和人类前景；真正的知识分子虽在各种运动中屡屡成为迫害对象，却仍然能胸怀祖国、胸怀天下，时刻与邪恶、暴力抗争；真正的知识分子追求真理，批判现实，不与权势、俗世轻易合流；真正的知识分子具有独立的人格，把公平、正义看得比生命还重要，他们是社会的良心，民族的脊梁。

（一）坚持真理，不避风涛

1. 顾准

顾准（1915—1974）：中国思想家、历史学家、经济学家，中国最早提出社会主义市场经济理论的学者。

在“文化大革命”中，顾准不论在肉体上还是精神上都遭受了残酷迫害。当时，迫于社会压力，顾准的妻子汪璧与其离婚，更在 1968 年 4 月含恨自杀；顾准的五个子女也先后与其断绝关系。尽管如此，顾准仍坚持独立思考，关注民主问题，坚持民主社会主义的理想，完成了著作《希腊城邦制度》《从理想主义到经验主义》。

1974 年 12 月 3 日，顾准因肺癌在北京病逝。临去世前，他跟病床前的学生吴敬琏做了最后一次长谈，告诉他“中国的神武景气终将到来”，并要他“待机守时”，继续研究工作以报效国家。

1994 年和 1997 年，《顾准文集》和《顾准日记》相继出版，在中国知识界、思想界刮起了“顾准旋风”。

顾准在“文化大革命”中两次被打成右派，但仍然坚持理想和信念不动摇，坚持研究创作。顾准不仅为我们留下了他的著作和思想，更为我们留下了一种独立思考的精神。学者李慎之说，顾准其实是拆下自己的肋骨当作火把，用以照亮黑暗。

2. 马寅初

马寅初（1882—1982）：中国当代经济学家、教育学家、人口学家，有当代“中国人口学第一人”之誉。

从20世纪50年代末一直到“文化大革命”结束，马寅初因坚持“计划生育理论”受到了不公正的批判。面对来自四面八方的暴风骤雨般的批判，他始终坚信自己的理论的正确性，并通过实地调查不断证实和完善自己的理论。

1959年，全国再次掀起“批右”高潮后，马寅初依然坚持科学与真理，他在仔细梳理了《新人口论》的基础上，认真阅读了报刊上关于批判他的文章，并对这些批判文章一一进行了反驳，写成5万余字的《我的哲学思想和经济理论》，并在文后附言：“我虽年近八十，明知寡不敌众，自当单身匹马，出来应战，直到战死为止，决不向专以压服不以理说服的那种批判者们投降。”

马寅初在《新人口论》中，不避风涛，坚持科学与真理，坚持“计划生育理论”，在气势汹汹的大批判、大围攻面前，其言行表现出了一个社会主义科学家维护学术尊严，为真理献身的勇气和品德，体现了知识分子的高风亮节。

（二）胸怀苍生，谱写大爱

1. 高耀洁

高耀洁（1927—　）：河南省文史研究馆研究员、妇科肿瘤病专家，被媒体誉为“中国民间防艾第一人”。

1996年，一次偶然的机会，高耀洁发现了一名因输血感染艾滋病的妇女，自此意识到血液传播艾滋病的严重性。之后，她便开始搜集各种关于预防艾滋病的资料，并自费编印知识手册，在此后的两三年间，陆陆续续散发到河南许多地方，开始自费进行艾滋病防治和救助的工作，并积极曝光河南省因采血而导致艾滋病急速传播的事实。在此过程中，一方面，人们普遍缺乏艾滋病知识，不了解其传播途径，不了解其潜在的严重危害；另一方面，当地的一些官员为了掩盖政府的失职，对“说太多真话”的高耀洁进行阻挠甚至威胁，但她冲破重重阻力，仍然坚持“一个人的战斗”。

高耀洁怀着对人间的大爱投身到艾滋病防治和救助工作中，在家人不理解、政府不支持的情况下，无怨无悔，体现了一位知识分子的高贵品质。国外媒体称其为“德兰修女的化身”。

2. 袁隆平

袁隆平（1930—　）：中国著名农学家，中国工程院院士，曾获国家最高科学技术奖和多项国际奖，中国杂交水稻研究领域的开创者和带头人，被誉为“中国杂交水稻之父”。

20世纪，绝大多数中国人在经历了三年严重困难时期和十年“文化大革命”之后，直到70年代末才真正重新吃饱饭。据说以前的稻子高高的，风一吹就倒，换了矮水稻以后，粮食才开始增产。报纸曾引述当时农民的话说：“我们吃饱饭，靠的是两‘平’——邓小平和袁隆平。”

袁隆平的水稻南优2号，增产20%，在1976年开始推广。20世纪90年代曾有人预言“袁隆平”这个品牌市值已达千亿元，但他的生活依然简朴如初。他用个人获得的各类奖金设立科技奖励基金，奖励那些做出科学贡献的人。

袁隆平热爱祖国、一心为民、造福人类的崇高品德，与时俱进、勇攀高峰的创新精神，不畏艰险、执着追求的坚强意志，严以律己、淡泊名利的高尚情操，体现了知识分子的时代精神，是当代中国人学习的楷模。

（三）关心社会，履行责任

1. 林徽因

林徽因（1904—1955）：中国著名建筑师、诗人、作家。

1937 年 9 月，梁思成与林徽因夫妇携老将雏开始向大西南后方撤退，最后到达长沙。幼小的儿子梁从诫曾问母亲为什么要逃，林徽因说，不愿当亡国奴，不愿看日本旗。不久之后，林徽因全家又移居到重庆乡下。战事紧逼，重庆告急。抗战胜利后，梁从诫曾问林徽因如果日本人真打到重庆，会做何打算。林徽因轻描淡写地说："我们家门口不就是扬子江吗？"林徽因平静的一句话饱含民族大义。

和平建设时期，林徽因又一次显现了她的优秀品质。新中国成立后，为了建公园供人们休憩，老北京的城墙和城门楼被一一拆掉。这些古老的建筑没有毁于八国联军，没有毁于日寇侵华，却在共和国时代一点点消失，林徽因感到心如刀绞。为此，林徽因和梁思成夫妇在 20 世纪 50 年代前期上演了一场"北京城保卫战"。为了保护北京的古建筑群，他们在多次会议上向中央、北京的众位领导力陈保护古建筑的重要意义，最终保留了部分古建筑。曾有人提议天坛面积太大了，可以把那些古柏全砍了，只留下一部分。林徽因据理力争，天坛才被保留下来。

今天，当我们再次看到那庄严肃穆的城墙和高大美丽的城门楼时，希望也能受到这位美丽的知识分子精神的熏陶，成长为一名真正的知识分子。

2. 蔡定剑

蔡定剑（1955—2010）：中国政法大学教授、博士生导师，中国政法大学宪政研究所所长，有"中国人大制度研究第一人"之称。

蔡定剑全心致力于中国宪政理论和实践、法制建设理论、人大制度和选举问题等领域的研究与探索，关心民众疾苦，关注社会问题。他研究宪法不是书斋里的文本考据，而是关注现实生活中的真实问题，如反对就业歧视、制止对居民土地房产的低价强征、呼吁对乙肝病毒携带者提供权利救济、努力促进村民自治、推进司法改革等，他所做的学术研究和实践探索都始终紧紧系于解决当今公民尤其是弱势利益群体的权利保障和实现之上。

2010 年 11 月，蔡定剑告诉前去看望他的《财经》记者："宪政民主是我们这一代人的使命。"2011 年 2 月 22 日，蔡定剑凭借"中国就业歧视现状及反歧视对策"的研究成果，获"首届中国软科学奖"。

苏州大学法学院教授、博士生导师周永坤曾这样评价蔡定剑："定剑的文章不发虚言，直指中国问题；定剑的文章言辞犀利，没有无病呻吟。定剑从不阿谀奉承，保持了一个学者的独立与良心。尤其难能可贵的是，在'唯官是求'的学界，定剑教授反其道而行之，他放弃自己在权力机关的高位抽身而退，做一个纯粹的学者，这不是常人所能企及的。"

中国政法大学教授、法学院副院长何兵将其比喻为中国宪政道路上一枝明亮的蜡烛，燃烧自己生命的最后一段，滋养学生，照耀社会。

蔡定剑教授为我们留下了一种知识分子的精神：即使面对再多的责难，即使面对再多的压力，我们也一样要推动中国向前走。

（四）不与世俗合流，坚持道义

杨绛（1911—2016）：我国著名作家、翻译家，凤凰网评论“其文干净明晰，其人朴素绚烂”。

在中国现代文学史上，尤其是戏剧史上，杨绛的《称心如意》《弄真成假》等都具有独特的地位；在翻译界，杨绛通晓英语、法语并自学西班牙语，翻译了巨著《堂吉诃德》。

杨绛十分欣赏英国诗人兰德的诗句“我和谁都不争，和谁争我都不屑”。在20世纪风雨如晦的日子里，杨绛以自己的方式保持了知识分子的尊严，与诸多共遭劫难的学者共同筑起了中国知识分子不倒的脊梁。

百岁寿辰之际，杨绛先生曾说要心静如水，洗净这一百年沾染的污秽回家。然而这不代表对是非问题失声，因为钱钟书书信手稿拍卖问题，杨绛先生公开发表声明反对，表示愿意诉诸法律途径。最终在杨绛先生的坚持下，拍卖一事才未成行。

2013年7月17日，杨绛先生102岁生日。低调的老人，却高调地给社会送上了礼物。人民文学出版社透露，杨绛夫妻两人的稿费和著作权，已交给清华大学托管，成立“好读书”基金，用以资助困难学生。

杨绛先生用岁月中积累下来的品格告诉我们，人格应该如何去建立，该怎样跟一个时代保持关系，在诱惑与利益面前又该如何做，更重要的是，如何去做一个让人尊重的知识分子。

课堂讨论二

上述优秀知识分子给了你什么样的启发？

五、 堪忧的知识分子现状

没有知识分子，社会就缺少了批判的声音，就会停步不前。纵观当今中国社会，有相当一部分伪知识分子，他们玩弄权威、学术剽窃、不为民说话，甚至连基本的道德底线都失守。

2009年，某高校法学院教授在接受采访时说：“老上访专业户，我负责任地说，不说100%，至少99%以上精神有问题，都是偏执性精神障碍。”一句话引起轩然大波。

近年来，类似的事情时有发生，从“买房就是爱国”到“大幅提高农药化肥价格，让农民用不起”，从“农民的孩子最好不要上大学”到“40岁挣不到4 000万就别来见我”，所谓的“学者雷语”层出不穷，引发了人们对当代知识分子的担忧。

2012年5月，一家媒体做了一个题为“知识分子，你让中国失望了吗？”的调查。其中，“近年来，你对知识分子的印象是在变好还是在变坏？”的调查，结果显示持“变好说”态度的为8.9%，持“变坏说”态度的为70.4%，选择“不好说”的为20.7%。在“你对知识分子群体最不满意的地方是什么？”这个问题上，排名最高的是学术浮躁、急功近利。针对“你认为知识分子应该具备哪些基本品行？”这一问题，被调查者给出的排行顺序是：正直、责任、博学、专业、务实、理性。这一调查说明了当代知识分子恰恰缺乏知识分子应有的品质。

有人说，这个时代，“知识分子”这个词如“同志”“小姐”等词一样正在沦陷，从某种程度上来看，知识分子的现状确实堪忧。

六、如何建构自己的知识分子形象

课堂讨论三

你认为怎样做才能成为一名真正的知识分子？

早在几百年前，范仲淹就向我们展示了一个社会的知识分子应有的风采——“先天下之忧而忧，后天下之乐而乐”。白岩松在《新闻1+1》节目中也曾说知识分子如果用鸟去比喻，应该是啄木鸟，而不是喜鹊。因为知识分子不管生活在怎样的时代，都应该以爱做最大的底色，永远对现实提出建设性的意见，永远期待明天变得更好，并且不被利益所绑架，永远做一个正方向的推动者，就像啄木鸟一样，通过掏出树上的虫子，去维护树木以及整个森林的健康，而不是像喜鹊一样，只是天天去说很多好听的话，但是于森林的健康无益。

望广大青年学子，在中国这片广袤的森林里，做一只只为维护森林健康而忙碌的啄木鸟，使我们的祖国森林成长得更为丰盈、茂盛。

思考与实践

1. 搜集两个古今中外知识分子的典型事例。
2. 你知道哪些知识分子的楷模？
3. 当代知识分子存在哪些问题？

推荐书目

1. 《我们仨》（杨绛，生活·读书·新知三联书店）。
2. 《钱学森传》（叶永烈，中国青年出版社）。
3. 《傅雷家书》（傅雷，当代世界出版社）。
4. 《林徽因传》（张清平，百花文艺出版社）。

名篇导读

1. 《知识分子》（吴念真）。
2. 《季老往事》（节选）（唐师曾）。
3. 《蚕丝：钱学森传》（节选）（张纯如）。

知识分子

吴念真

我定义的知识分子，是在一群人里面知识比大家多一点点，而且会把多的那一部分奉献给大家，那才叫知识分子。我们村庄里有一个人，他到底念过多少书我们都不知道，可是他知道很多东西。他知道矿工的许多事情，他常常坐在矿坑边看书，他看的书是《文艺春秋》，还是日文的。

他会做一些让村里人感到奇怪的事情，比如在日文杂志上看到盘尼西林，就会跟人家讲这个消炎很管用。小孩子在夏天被蚊子咬，伤口烂了，晚上哇哇哭。他就去买了盘尼西林，跟大家说要交钱，又说这个不能直接用，要试验。大家不相信，就围着看他怎样试验。他往针头加一点儿水，然后注射，看皮肤有没有肿胀。最先打针的是他儿子，他儿子很疼，就大哭。大家都说会死，他说书上说不会死。那天晚上他儿子没事了，第二天所有小朋友都把裤子脱下来让他打针。

他会帮全村人写信，经常有很多女人在村口拿着信纸等他。大家都对他很恭敬。他帮人家写信，先要端端正正地坐下来，头发亮亮的，拿出一支很旧的派克笔，然后问人家要写什么。村里的妈妈说话很粗鲁的，就说，你跟我那个在台北的死小孩讲，他自己在台北逍遥没关系，全家都快饿死了。他弟弟妹妹的学校要注册了，如果钱再不寄回来，全家上吊，我真的死给他看……他就开始写，写完后还会念给人家听，说你看我这样写对不对。他会写，比如说，吾儿，最近家中有一点困难，如果有一点余钱就寄回来，弟妹也要念书要注册，都是父母无能才造成今天这样的。然后祝平安，讲身体要保重。然后问妈妈，这样写对不对。妈妈说，对。他通常扮演这种角色。

有一天他看到我，就把我叫过来。他说，有一天我会老，会死掉，就没有人帮邻居写信了，你要接替伯伯帮大家写信。然后掏出一样东西，用报纸包得好好的。我打开看，是《尺牍》，古代的应用文。

村子里的人知道我被他训练着写信，看到我就说，你出师了没？其实才一两个礼拜而已。渐渐地，就有很多人找我写信，有人高兴地跟伯伯说，你的徒弟现在可以写信了，写得很好。他就说，这样啊，他很认真，我就可以轻松一点儿了。

有一天发生了一件大事，影响了我一辈子。我们那边是矿区，很多人的女儿十五六岁就去工厂做工，我姑妈就有这样一个女儿。有一次她带了个男人回来，说要结婚。姑妈就劝她，说你再忍耐几年，让弟弟妹妹都念完书，你再结婚好不好。她说好，就哭着回去继续工作。两三年以后，她又带了一个男人回来。这个男人是一个公家单位的秘书，他认为姑妈的女儿很单纯，想跟她结婚，来请求姑妈把女儿嫁给他。

那天，村里的男人们陪他在外面喝酒，女人们在厨房忙。姑妈跟女儿说，那个人很好，但是妈妈也求你，弟弟还小，再等两年。后来那男人就走了。过了五六天，他寄来一封信，我还记得是公家用的黄色信封，上面的毛笔字非常漂亮。打开后是很长的国画宣纸，行书。我真的看不懂，信里说，他来我们这里，被我们招待得很好，很感谢。后面我看到几个字，非常清楚，叫“虎毒亦不食子”。我就跟姑妈说，老虎再凶也不会吃自己的小孩。我姑妈听了就开始撞墙，开始哭。谁不希望自己的孩子幸福？可是她必须要拜托女儿给家里帮忙，结果一个男的竟然写信来指责她。最后所有女人都来抱着她劝，说我根本看不懂，是乱看的，骂我。

后来教我写信的伯伯回来了，他看了信后，对大家说："那个男人信里说，他受到招待很感谢，这里的人都很诚恳，每个人都把他的对象当作自己的女儿疼爱。不管怎样，他都默默等待。"然后就说，信里没有"虎毒亦不食子"的话。于是大家都骂我，姑妈也骂我，说差点被我害死。可是我真的看见了啊，我就哭着回家。

有一天，我不晓得他是蓄意等我还是怎样，他把我叫到一棵树下，坐下来说，你没有看错，但是要知道，话可以这样讲，也可以那样讲。他的意思是，姑妈的女儿会不会嫁给这个男的，谁也不知道；那个男的会不会等，谁也不知道，反正都不知道，就慢慢等嘛。就这样解释好了啊，你干吗要去讲那个"虎毒亦不食子"，让你姑妈去撞墙，万一死了怎么办啊？

我那时候不觉得怎么样，长大了才知道，那就是知识分子的典型。他不但知道如何奉献，还知道如何传承，知道在这个过程中把苦难转化。除他之外，我所受的教育，包括老师、教授，从来没有跟我讲过这样的道理。

资料来源：吴念真．特别的一天［M］．南京：江苏文艺出版社，2012.

编者导引：作者回忆了少年时期的知识分子伯伯在日常生活中从帮助大家用盘尼西林对皮肤消炎到帮助乡邻写信，直至通过善意的谎言化解乡亲的悲痛并解答作者的疑惑等一连串小事，勾勒出了一个知识分子平凡而高大的形象。

季老往事（节选）

唐师曾

整整30年前，一位刚刚考取北大的学兄兴高采烈地到北大报到。由于初进京城，人地生疏，战战惶惶。一个人肩扛手荷，好不容易找到设在大饭厅的新生报到处，注册、分宿舍、领钥匙、买饭票……手忙脚乱中他把行李托付给了一位手提塑料网兜路过的老者。东奔西走，待忙过一切，已时过正午，这才想起扔在路边托人照看的行李，当即吓得灵魂出窍。一路狂奔着找回去，只见烈日下那位光头老者仍呆立路旁，手捧书本，悉心照看地上懒洋洋的行李。学兄对老者千恩万谢，庆幸自己吉人天相，头一次出远门，就碰上好人。次日开学典礼，只见昨天帮他看管行李的那位慈祥老者，竟也端坐主席台上。学兄找人一问，原来就是大名鼎鼎的北大副校长季羡林，学兄再次差点吓死过去。

许多年后，季老对这段故事记忆犹新。他说一位由穷乡僻壤乍到京城的穷学生的全部财产只有一个铺盖，能将自己的全部财产托付给素昧平生的我，不亚于以身相许，是对我的极端信任。对信任，得认真对待。

季老对事认真，对人认真，对学问更认真，事事讲资料、讲考据。一日我与两位校友到季老先生家闲坐，一学兄说起张中行应算季老同学，季老侧首思索半天，认真答道，张中行年龄比我大，上学比我早，毕业比我晚，应称校友，不是同学。该学兄又问钱钟书学问如何，季老再次侧首思索半天，说虽是同学，但隔行，从未研究过。对未研究过的东西，无法评论。这种刻板的认真，也许是季先生早年留德的印记。季羡林现在能操8种语言，印度梵文、小乘巴利文、隋唐吐火罗文、俄文、南斯拉夫文、德文等。问其哪种外语最最擅长，答曰应该是德文。第二次世界大战期间，季羡林在德国住了十年，身上的语言功夫，大多是当年在德国奠定。

1911 年 8 月，季羡林先生出生在山东临清一个“五代赤贫之家”。季老的父亲、叔叔都是孤儿，靠在枣树林里“捡落枣”长大。幼年的季羡林跟叔叔流浪到济南，千辛万苦才读完小学、中学，再以优异成绩同时考取北大、清华。1935 年，季羡林考取政府官费留学生，留学德国哥廷根大学，攻读梵文、巴利文、吐火罗文等南亚古语，获博士学位。

季羡林是北大历史上最年轻的正教授，1946 年第二次世界大战结束后，35 岁的季羡林从德国回国，立即被北大校长胡适、傅斯年聘为教授。在北大一代大学问家陈寅恪的影响下，季羡林走上了印欧古典语言的治学之路。“现在人常讲机遇，佛家叫‘因缘’，我的一生全然由于因缘。”至于选中梵文，“全因偶然旁听了陈寅恪先生的梵文课”。一直到现在，每说到恩师陈寅恪都免不了珠泪潸然。此后半个多世纪的燕园教学生涯里，季老在东西比较文学、原始佛教语言学、印度中世纪语言学、吐火罗语义学、梵语文学诸多方面做了深入研究，奠定了泰斗地位。

几十年来，季老每天凌晨 4 时准时工作，直到晚 10 点，认真得让人无法置信。紧张工作之余，季老对国内外来信，每信必复，透着贯穿一生的严肃认真。

资料来源：唐师曾．季老往事 [J]．青年文摘，2009 (8)，有删节.

编者导引：作者通过几件日常生活小事向我们展现了季羡林老先生真挚、淳朴、坦然、睿智的人生态度，展现了季老一生爱国、爱生、爱家的知识分子情怀。

蚕丝：钱学森传（节选）

张纯如

编者导引：钱学森是怎样从一名中国青年学子一跃成为美国航天业界最杰出的火箭动力专家，后来又摇身变为新中国航天事业的奠基人，成为中国的“导弹之父”的？从本文内容中可了解概况。今天，钱老身上那种刻苦钻研、认真勤勉的科学精神更是我们年轻一代知识分子需要学习的。

请扫码阅读

第三讲　叩问生命

名人名言

人生最终的价值在于觉醒和思考的能力，而不只在于生存。——亚里士多德

人只有献身社会，才能找出那实际上短暂而有风险的生命的意义。——爱因斯坦

我们只有献出生命，才能得到生命。——泰戈尔

一个人从呱呱坠地来到这个世界上的那一刻起，便开启了他独一无二的生命旅程。生命就如同飞火流萤一样美丽！我们歌颂它，我们热爱它，我们熟悉它，因为它属于我们只有一次，因为它是那么美好。虽然如此，但我们中的许多人却并不了解它存在的价值，甚至有的人因为生活中无足轻重的小事就轻易地抛弃它。

2015 年 6 月，中国某大学外语系大三学生常某因网购花光了两年的学费，“不敢面对亲友”，从 13 层楼上坠亡；同年 7 月，武汉某大学一男生因学业不理想，找不到如意的工作跳楼身亡；2019 年 12 月，江苏一位 25 岁的大学生因考研压力大跳楼身亡……近几年来此类案例不绝于耳，从某种程度上说明当今的教育是不成功的，而其中的一个重要原因就是对学生生命教育的缺失。

在人生旅途中，我们的人生活动与我们的人生意义是密不可分的，如何通过对人生意义的深刻理解来正确定位我们的人生价值取向，指导生命活动，是个严肃的人生命题，不容忽视。然而，在我国从小学到大学，关于这方面的教育却是严重缺失的。

一、 我国生命教育缺失的原因及亟待解决的问题

（一）我国生命教育现状及其成因

我国的生命教育是贫乏的，这是一个不争的事实。生命教育活动也只是近几年才在部分省市局部得以展开。应该说，生命教育现状令人担忧。

青少年漠视生命的问题，近几年来已引起了社会的广泛关注，生命教育的呼声越来越高。青少年不把生命当回事，草率处理自己神圣的生命，已经成为一个严重的社会问题。他们急需塑造正确的“生命观”，家长和老师必须采取科学的“生命教育”方式，尤其要加强传统文化中有关生命的人文精神灌输，以此丰厚孩子们的生命底蕴，培养他们正确的生命价值观，不能让他们形成一有问题就自杀，甚至“义气”陪死的生命观。

综观当今的教育，过分地物化教育对象以及过分地追求教育的科学性，忽略人文精神，是我国当前教育存在的最大问题。

1. 物化教育对象

物化教育对象是指将学生当作培训的工具而忽视学生作为具体生命的存在。这种教育的结果就是关乎学生一切发展的评价都由考卷上的分数来决定。

2. 过分追求教育的科学性

过分追求教育的科学性是现代教育最大的悲哀。一系列量化指标和既定程序把人的生命发展人为地变成了各种数字游戏。一个个鲜活的生命变成了预定的程序工具。

3. 传统的人文精神在现代教育中严重缺位

我国学校教育长期忽视人文精神教育，尤其是儒家的人文思想教育在现有教学体系中严重缺位，致使当今大学生甚至中小学生自伤、自残、自杀和杀人等恶性事件层出不穷，缺乏对生命的敬畏。

（二）当代生命教育亟待解决的问题

1. 引导学生对生命进行反思，构建和谐的生命环境

引导学生学会敬畏生命，进行生命反思，学会对于生的礼赞、颂扬、崇敬、祈望。我国儒释道思想系统都非常重视对生命意识的反思，以及对生命价值的认识与领悟，当今的学校教育应汲取传统思想精华，引导学生对生命进行反思，构建和谐的生命环境。

2. 必须端正以人为本理念，丰满生命教育的价值体系

现在有些青少年唯我独尊，目无尊长，不敬天，不敬人，不孝敬父母，不爱同胞，只在乎自己——这是现代生命教育最大的失败。为此，必须加强“人本”教育，丰满生命教育的价值体系。

3. 必须加大生命教育力度，提升生命的品质

生命教育应包括生命与生存、生命与尊严以及生命与价值等内容。通过对学生开展青春期教育、心理健康教育、生存训练等教育教学活动，引导学生树立正确的生命观，培养学生对自身及他人生命的敬畏，使其获得人格的健全发展。

二、生命的意义

课堂讨论一

你认为生命有意义吗？意义何在？

（一）生命的定义

广义上的生命泛指一切具有稳定的物质和能量代谢现象，能回应刺激，能进行繁殖的半开放物质系统。狭义上的生命专指人的生存及人的生活，其中生存是基础，生活是动态发展，包括出生、成长、死亡三个基本过程。

生命的意义是什么？往哲先贤们论之又论，但它如同“美是难的”一样，似乎永无定

论，成了一个千古未解的命题。人们在绝望的时候会思考它，在困顿的时候会思考它，在孤独寂寞、百无聊赖中也会思考它，甚至获得看似圆满的人生时仍然会思考它。

正因如此，人类在探索“生命意义”的路途中留下了长途跋涉的足迹，构成了一部生命意义的漫长的探索史。那些古今中外关于生命意义的探讨，也不断丰富着我们对生命的认知，丰满着我们对生命真谛的理解。

（二）生命意义对人类的重要作用

课堂讨论二

人类为什么要纠结于生活过得是否有意义？

生命意义是个古老而深刻的概念，它对一个人的幸福至关重要。

具体来说，心理学家认为生命意义对人类的重要功能有四种：一是为我们提供生活的目标；二是提供评断我们行为的价值标准；三是提供一种对生活事件的控制感；四是提供自我价值感。

（三）国外关于生命意义的探讨

1. 亚里士多德：生命意义在于有灵魂、精神和理性

人之所以不同于动物，是因为人有逻辑思维，即人有理性、理智。人之为人，不仅仅在于有生命，还在于有灵魂、精神和理性，后者才是人之为人的本质所在。

2. 笛卡尔：我思故我在——人生的意义在于“思”

这个命题以前曾遭到笃信经验主义和唯物主义的人们的严厉批判。但这个命题本身既不唯心也不唯物，这里笛卡尔所讲的存在，不是指我们人作为生物体的存在，而是人作为精神的存在。如果一个人失去了思想，那他便成为一个纯粹的肉体动物，即我们所说的“行尸走肉”，他就失去了人之为人的主体性，从这个层面上说，他失去了人存在的基础，他的人生也就不成其为人生，笛卡尔强调了人“思”的意义。

3. 爱因斯坦：人生意义在于能摆脱自我和有益社会

爱因斯坦的言论，展现了他的人生目的，即把摆脱自我和有益社会作为判断人的价值的标准；他反对向青年人鼓吹以习俗意义上的成功作为人生的目标。这种超越现实生活的对生命意义的追问和遵循是建立在对物质的超越以及感官享乐的超越之上的，是以心灵能够得以安顿、获得真正的幸福感为宗旨的。这种幸福感是在主动的创造、积极的行动中逐渐获得的，必须建立在人生活出意义的基础上，具有持久性，不是稍纵即逝的。没有深刻意义的人生难以成就幸福人生。

（四）中国传统的生命智慧

儒家、道家、佛家所蕴含的生命哲学，普遍和谐、圆融无碍，特别是儒家生命哲学，对我们的生命认知有着十分重要的价值和意义。

1. 儒家生命哲学

儒家生命哲学主要体现在以下三个层面：

第一，天人关系问题——自然界是人类生命之源。具体包括四方面的思考：人是从哪里来的；人道与天道的关系；人与禽兽之别；人与天地自然的关系。其中，“天人合一”构成了中国哲学的基本问题和基本精神。它最深刻的内涵之一，就是承认人和自然界具有同样的生命意义，具有内在的价值。

第二，群己关系问题——按照“礼”的规范修身养性，以达到“仁”的境界。儒家关怀群体生存，孔子主张“爱人”“务民之义”“博施于民而能济众”。为此，他最重“礼”。合乎“礼”是社会的理想境界，而作为“礼”的内化意义的“仁”则是心灵的理想境界。

第三，身心关系问题——生命的存在与精神的超越。肉体生命是有限的，但人总是在追求生命的无限，因而人总要追求超越。儒家讲求的生命超越，是诉诸群体，讲求立德、立功、立言，即在群体存在的无限中追求个体生命的不朽。此外，儒家还主张“杀身成仁”（孔子）、“舍生取义”（孟子），这其实都是将个体有限的生命融入生生不息的群体无限的生命之中。

2. 道家、释家生命哲学

（1）道家生命哲学。道家生命哲学用“道”来解释生命的根源。道家高扬个体生命价值，认为在世界万物中，个体生命是一种十分宝贵的存在。道家主张“见素抱朴，少私寡欲”的人生，倡导减少私心与欲望，使人心纯朴，达到社会安定的目标；主张人生的意义不在于无限地追求实际利益，而是节制与自我束缚，只有这样，方可过上真正有意义的生活。

（2）释（佛）家生命哲学。佛教认为人生即苦，而苦的根源在于无明、爱欲。所谓无明，就是不了解人生存在的本质、现象世界的本性，也就是看不破、没有智慧的意思。所谓爱欲，就是因为无明，对现象世界生起执着、贪求，对虚幻的现象生起贪、嗔、痴。人的生老病死、六道轮回便是从无明、爱欲而次第生起的。

佛教主张每个人都应当做出适当的努力，打碎束缚自己的枷锁，通过坚持、努力和智慧，从枷锁中获得自由解脱。只要求解脱而自己却不努力的人，是无法获得解脱的。

综合三家之说，我们认为生命的意义在于“正心”“明心”“炼心”，在于“治世齐家”“修身立德”“自由超越”。

三、 生命境界

生命是有境界的，生命境界具体是指人在精神生活上的不同等级，是对人生意义的不同层次的划分。不同层次的人生意义指引着不同等级的生命活动，为生命活动提供了不同的价值判断标准。

就儒家思想而言，其价值观环绕着“自我”生命展开，人生境界由低到高，自成一个体系。

第一层，以“自我”为中心，顺着本能需要，表现为生存和发展。如孔子曾说“饮食男女，人之大欲存焉”，也曾感慨“吾未见好德如好色者也”。由此可见，孔子深刻体悟到好德需要教化。

第二层，注意自我与他人的互动，讲究礼法与情义。人与人互动时，最基本的要求是“法”，较高尚的安排是“礼”，儒家兼顾二者。这个层次的特征是尊重别人与要求自己，促进人际关系安定和谐。礼法与情义是人类社会普遍认同的价值，提倡“恕”人，“己所不欲，勿施于人”，以及“推己及人”，要处处设想人我之间的适当关系应如何安顿。

第三层，超越自我，达到无私与至善。处于此境界的人能“老吾老，以及人之老，幼吾幼，以及人之幼”，能“禹思天下有溺者，由己溺之也；稷思天下有饥者，由己饥之也”。即肯定儒家“爱有差等”是基于人性的情义要求，同时强调无私是人群社会的崇高理想。

课堂讨论三

你处于哪种生命境界？举例说明你知道的古今中外的名人所处的生命境界并解释原因。

四、诗意人生的建构

课堂讨论四

如何让自己的人生更有意义？

《六祖坛经》记载：“因二僧论风幡义，一曰风动，一曰幡动，议论不已。慧能进曰：‘不是风动，不是幡动，仁者心动。’”六祖慧能告诉我们：一切都源自心，幸福的钥匙更是藏在心灵的走向里。

德国诗人荷尔德林说：人生并非纯属辛劳，只要你的心中良善和纯真依旧，只要你的心灵时常澄澈似春日的小溪，湛蓝如雨后的天宇，只要你的双眼还时常遥望璀璨的星空，你就依然诗意地栖居在这片大地上。

人只有用心经营生命，积极建构生命的意义，不断提升人生境界，才能获得“诗”一样的美好的人生。诗意人生的构建与生活领域或物质层面的高低无关，而与我们的心灵息息相关，作为一个有着高级精神活动的人，应该诗意地栖居于大地！

“诗意的人生”，其表面的意思是指人要惬意地栖居在伊甸园式或者桃花源式的环境里。在当今通信日益发达、交流日益国际化、生活节奏日益加快的时代，“诗意的人生”具有更为丰富的内涵，主要指以超脱世俗的心融入自然、欣赏自然，感悟和怀抱诸多美丽的情感，坦然面对生活的波峰浪谷，让人生充满艺术的意味。

第一，建构与自然和谐相处的生存状态。

人与自然相亲，未必非要居于宁静山野、优雅园林，只要有热爱自然的心灵，就可以诗意地栖居于大地之上。

人与自然相通、相融乃是天性，如果因为忙碌而忽视了自然的存在，那么我们的情感便会慢慢干涸、枯萎，直至麻木。即使工作忙碌，不能徜徉于名山大川，行吟于江河湖海，我们也可以在居住的高楼上，远望群山迤逦，斜晖脉脉，也可以怀着喜悦的心情，去凝视一朵花的开放，一棵树的新绿，还有那不用钱买的明月清风。或在小区假山下，看蚂蚁搬家，在林荫道上，听鸟鸣蝉噪；还可以将植物的种子植于碗里，静静地等待它发芽，一片，两片，三片……这也是一种诗意。

第二，感悟和怀抱诸多美好的情感。

世界上任何强力都无法摧垮的是人的情感，可以摧垮世界上任何事物的也是人的情感，所以它最阳刚，也最柔韧。人的情感包括恋人之爱、亲人之爱、朋友之爱、国家之爱、民族之爱、人类之爱等。

只有珍惜与珍视情感，诗意才能够从心灵深处汩汩地漫溢出来。即使是神话传说中的人物，只要我们感动于他们美好的情感，为主人公的际遇感叹唏嘘，我们的心也是诗意的。能理解牛郎之于织女、柳梦梅之于杜丽娘、阿诗玛之于阿黑哥，能听懂《华山畿》的深情吟唱，能悲悯《雨霖铃》的无语凝咽，能体悟汪伦送李白、王维送元二、王勃送杜少府的深厚情谊，进而产生强大的共鸣，这时我们的内心一定是空明澄澈的。

此外，在这个世界上我们还应该怀抱一种情感，就是博爱，它是一种至善至美的情感。如果我们能在人生旅途中，给予陌生的微笑一个积极的回应，给予友情帮助一份真诚的感谢，给予儿童的天真烂漫一种欣赏的目光……这亦是一种诗意的情怀。

第三，坦然面对生活的波峰浪谷。

在人生路上，不只有阳光、坦途、彩旗、鲜花、欢声、笑语……有时还有阴霾、坎坷、雷电、荆棘、泥泞……

真正的强者不一定是多有力，或者多有钱，而是他的内心特别坚强，能够坦然地面对苦难与不幸。残疾人邰丽华因领舞《千手观音》而家喻户晓，她曾说："我感觉残疾不是不幸，只是不便，其实每个人的人生都不一样，有圆、有缺……这是你没有办法选择的，但是你可以去选择为人处事的态度，然后带着一颗坦然的心去面对人生的不圆满！"

在人生的旅途上，生老病死、得失荣辱如同天有阴晴、月有圆缺，使生活充满了必须承受的波峰浪谷。只有坦然面对生命中形形色色的际遇和悲喜，才能让生命更有意义。

第四，让人生充满艺术的意味。

艺术是人类超越了现实世界的美好意境与思想结晶。18 世纪英国著名哲学家大卫·休谟曾说过："最能改善人的气质的莫过于对各种诗歌美、绘画美、音乐美的研究，能使人产生一种怡人的忧郁感，这种情感最能与他人为善，与他人为友。"诗意地活着，就要让生活更加艺术化。

读遍天下诗书，尽赏人间美画，聆听经典名曲，从而让灵魂与灵魂完美交融，让古人与今人同喜同悲，让历史与现实时空交错，便是走向艺术人生的最佳途径。

总之，当我们读懂了自然的真，体会到人情的善，品味到艺术的美，诗意人生便由此建构而成。

思考与实践

1. 搜集两位名人关于生命意义的经典论述。
2. 你认为在自我实现的道路上有哪些阻力？

推荐书目

1.《命若琴弦》（史铁生，求真出版社）。
2.《病隙碎笔》（史铁生，湖南文艺出版社）。
3.《幸福的方法》（泰勒・本-沙哈尔，当代中国出版社）。

名篇导读

1.《生命的意义》（林清玄）。
2.《越来越接近精神的天空》（李汉荣）。
3.《病隙碎笔》（节选）（史铁生）。

生命的意义

林清玄

坐计程车，司机正好是我的读者。在疾驶的车上，他问我："林先生，请问你，生命的意义是什么？"

这是第一位问我关于生命意义的计程车司机，一时之间我怔住了。

我的脑海中浮现出我读中学时，学校大礼堂门口的对联。

"生活的目的在增进人类全体之生活"

"生命的意义在创造宇宙继起之生命"

如果一个人的生命，在一生中都没有开展，没有对世界有益，那么他就白活了吧？

我对计程车司机说："生命的意义就是使自己每一天都有一些心灵与智慧的增长，每一天都对世界有一些奉献与利益。"

当我这样说着，车子正好穿过有美丽行道树的仁爱路，我看到春天的木棉花是多么美呀！

我们增长自己的智慧，是为自己开一朵花；我们奉献世界的心，是为世界开一朵花。

资料来源：林清玄．心若香茗 静听花开［M］．北京：新世界出版社，2013．

编者导引："生命的意义就是使自己每一天都有一些心灵与智慧的增长，每一天都对世界有一些奉献与利益。"林清玄用质朴的语言道出了生命的真谛，同时，也用这句话阐释了自己的人生观。

越来越接近精神的天空

李汉荣

编者导引：这是一篇思考现代人的精神世界、审视人类自身痼疾、呼唤人们追求更高更美的精神境界的美文。文章表达了对现代人精神世界的警醒与反思：人活在这个世界上应该超越世俗，需要登高望远的精神追求。作者主张人应该超越对名利欲望的群体痴狂，保持个体的理智，对个体与群体、人与自然、物质与精神、存在与真理等诸多方面展开了哲学思考。

请扫码阅读

病隙碎笔（节选）

史铁生

请扫码阅读

编者导引：这些闪烁着智慧光芒的句子，是作者在苦痛挣扎中对生命最直观的体悟。史铁生一直在解一道生命的难题，他以不同寻常的角度在观照生命，以难以想象的意志在探求生命。本文凝聚了作者对于生命本体的感悟，可以润泽我们在尘世中疲惫的心灵。

第四讲　走近爱情

名人名言

爱情的快乐不能在激情的拥抱中告终。爱，必须有恒久不变的特质，要爱自己，也要爱对方。

——波普

爱情之中高尚的成分不亚于温柔的成分，使人向上的力量不亚于使人萎靡的力量，有时还能激发别的美德。

——伏尔泰

春天没有花，人生没有爱，那还成个什么世界？

——郭沫若

爱情使人心的憧憬升华到至善之境。

——但丁

人们常常用“人生一世，草木一秋”来形容生命的短暂，这句话也从另一个角度暗示着每一个作为独立生命个体的人都将经历幼年、童年、少年、青年直至中年到老年，就像草木要经历春天发芽、夏天长大、秋天枯萎、冬天凋零一样，每个阶段都有独特的色彩。那么，处于青春年华的大学生，面对那些懵懂的情怀，该怎样在宝贵的大学时期为将来的爱情美满、婚姻幸福备下厚厚的积淀？毫无疑问，诸如此类的关于爱的思考，其实也就是“人”的系列问题，不仅是学生们关心的问题，也是家长们、老师们乃至全社会都很关心的问题。为此，本讲我们将探讨爱情，通过对爱情的认识，继续丰富我们对人生的理解。

课堂讨论一

你向往什么样的爱情？

一、爱情本质论

（一）爱情的定义

爱情是人与人之间强烈的依恋、亲近、向往，以及无私、专一并且无所不尽其心的情感。在爱的情感基础上，爱情在不同的文化中也形成了不同的特征。

马克思认为，爱情是指一对男女基于一定的客观物质基础和共同的生活理想，在各自内心形成对对方的最真挚的倾心爱慕，并且渴望对方成为自己终身伴侣的一种最强烈、最稳定、最专一的感情。在马克思主义者看来，爱情就是客观的物质基础，加上共同的生活理想与最真挚的倾心爱慕，再加上与之结为终身伴侣的渴望。

客观物质基础：爱情不能完全以急功近利的标准来做物质上的要求，但也不能完全不考虑物质基础，过精神上的乌托邦式的生活。并不是只要有了感情就可以解决一切，当恋爱过了一定时期，更多的是实际的物质生活上的问题。

共同的生活理想与最真挚的倾心爱慕：这一点很重要，双方一定要有共同的生活理想，其实就是有共同语言，如果双方没有共同语言，很难持久地沟通下去。另外，双方的感情要真挚，没有感情支撑的爱情是不会长久的。

与之结为终身伴侣的渴望：很显然，我们最好能将爱情和婚姻视为一体。单纯为了爱而爱，而不要婚姻这个结果对自己和他人都是不负责任的态度，是不道德的。

（二）爱情的本质

在西方，关于爱情的本质主要有“肉体之爱说”“精神之爱说”“肉体精神结合说”。

1. 肉体之爱说

“肉体之爱说”认为爱情的全部内容就是性欲的满足和两性的结合。如休谟曾把爱情归结为“美感”、“性欲”和“善意”三种不同印象或情感的结合，把爱情视为人的自然属性，是人追求异性的生理需要，是男女之间的情欲。休谟的主张忽视了爱情的社会内容和时代色彩。弗洛伊德认为爱情的核心就是性欲，他把人类的爱情和纯粹动物的性欲等同起来。当代社会出现的许多否定爱情真实存在的言论，便是这种泛性论影响的结果。

2. 精神之爱说

“精神之爱说”认为爱情是一种丝毫不带有兽性的高尚的精神活动，与性没有任何的关系，性欲是低级的兽性。如柏拉图主张爱情应该是纯粹的精神体验，是没有肉体基础的灵魂融合。这种超越肉体的爱情被定义为“柏拉图式的精神恋爱”。这种观点否定了爱情的自然基础——性欲，将性欲排斥在爱情之外，漠视人的欲望。持这种观点的代表人物有古代的苏格拉底、近代的黑格尔等。

3. 肉体精神结合说

“肉体精神结合说”肯定爱情本质上是美好和谐的性爱与有感情、有理智、有道德的精神生活的统一。如罗素说：“男女之间最高尚的爱是自由的、无畏的，是肉体和精神平等的结合；这种爱不应当因为肉体关系而失去其理想色彩，人们也不应当因此对肉体关系产生恐惧之心，认为肉体之爱必定阻碍理想关系的实现。爱，正像一棵大树，她的根要扎在泥土之中，但树枝却高可参天。”

不同时期的爱情状态总是同那个时代的精神文明水平相适应的。中国从古代到近代几千年来，对爱情本质的认识和理解，往往通过历代文学家所写的与爱情有关的诗词歌赋以及小说等文学作品反映出来。

中国古代最理想的爱情是“执子之手，与子偕老”；其次就是两情相悦，自由相爱；再就是封建纲常礼教影响下的夫唱妇随。门当户对、父母之命、媒妁之言的“爱情”是传统社会天经地义的爱情模式。由于人们的社会政治经济地位不同，社会权势和家族利益迫使古代爱情和传统爱情成为当时社会制度下的功利性爱情，即政治爱情和经济爱情，自由恋爱成为奢望和理想。正因如此，千百年来许多文人墨客赋诗填词，一方面表达对爱情悲剧的揭示以及同情，另一方面也表现出对自由美好爱情的向往。中国古代许多诗歌、词曲、小说等都深刻反映了中国古代爱情的这一本质特征。

关于爱情的本质，各学科也有深入的探讨。社会学认为：爱情的本质是爱情的社会属性。爱情是一种特殊的社会关系，是男女之间相互吸引倾慕的两性关系。现象学认为：爱情的本质就在于相爱双方所具有的、渴盼彼此的生活能够结合为一的强烈欲望。生态学认为：爱情的本质是一个过程，即从两性相吸的生理需要，到两情相悦的审美情感，再到心心相印的道德情感，最后到生死相依的过程。哲学认为：爱情的本质是使人的社会属性与人的自然属性相结合的异性间的崇高感情。家庭学认为：爱情的本质是人的性爱和情爱的和谐统一。婚姻家庭学认为：爱情的本质是性欲和精神恋爱的结合和统一，性欲是爱情的动力，是爱情的初级形式，情爱是爱情的高级形式。

综上所述，爱情的本质是人类自然属性和社会属性的统一。其自然属性是指成熟健康的男女自身的性欲和性需求以及性爱，它们是爱情产生的最基本的生理前提；其社会属性是指人的性需求不是以一种自然方式来满足，而是以一种内容丰富、不断发展变化的社会方式来进行的，是情爱。爱情意味着性爱和谐，理想一致，外加对对方忘我付出的责任意识。

（三）爱情的类别

关于爱情的类别，从不同的角度有不同的分类方法，现代爱情通常采用六分法。

1. 浪漫式爱情

其特征是将爱情理想化，强调形体美，追求内心与肉体融合为一的境界。

2. 游戏式爱情

其特征是视爱情为游戏，只求个人需求满足，不肯负仁义道德责任，因而频繁更换恋爱对象，并视之为常。

3. 伴侣式爱情

其特征是在缓慢了解中从友情发展为爱情，故也可称为友谊式爱情。在这种爱情中，温存多于热情，信任多于忌妒，感情平淡而深厚。

4. 占有式爱情

其特征是把人和人的爱情当作物品一样严格控制、强烈占有。这种爱情常表现为霸道和不尊重、不信任，自私成分比较多。

5. 奉献式爱情

其特征是信奉爱情只求付出不求回报的原则，甘愿为爱人付出一切。

6. 现实式爱情

其特征是将爱情视为生活实际日用品，但求彼此实际需求的满足，不求理想追求，此为典型的一般爱情。

还可以根据爱情的主体将爱情划分为以下六种。

1. 冲动式爱情

受到对方直接而强烈的身体吸引，总是想得到对方，总想尽可能与对方在一起，总是对对方做出不客观的判断。

2. 自我中心式爱情

这种爱情中的人并不希望被爱恋对象束缚，也不希望爱恋对象被自己束缚，把爱情看成是一系列挑战和解决难题的过程，避免因承诺而造成负担。

3. 依赖式爱情

这种爱情中的人常表现为焦虑不安、寝食不佳、妒忌心强烈，在心理和情感上十分依赖所爱的人，结局多为悲剧性。

4. 实用式爱情

爱恋者寻找在个性、宗教信仰、兴趣、背景等方面相配的爱恋对象，希望一旦找到合适的爱恋对象，双方感情便能进一步发展。在父母安排的婚姻中，这种爱情形式较为多见。

5. 结伴式爱情

不像冲动式爱情或依赖式爱情那样激动人心，双方开始时是朋友，具有相同的兴趣爱好，在一起工作，逐渐发展产生爱情。具有这种爱情关系的双方，即使后来分手了，可能仍然保持朋友关系。

6. 利他式爱情

一种典型的基督教爱情观念，带有忍耐性和仁爱色彩，不要求得到回报。

（四）爱情的特征

真正的爱情具有自主性和互爱性、专一性和排他性、持久性和阶段性。恰如莎士比亚所说：“真正的爱，非环境所能改变；真正的爱，非时间所能磨灭；真正的爱，给我们带来欢乐和生命。”

二、大学生爱情

课堂讨论二

大学生谈恋爱有何利弊？

爱情，多么美好的情愫，古往今来的风流才子、浪漫诗人留下了无尽的咏叹。卢梭在《忏悔录》中写道，他还是 15 岁的中学生时，爱上了德·维耳松小姐，却被无情地抛弃了，心中十分痛苦。普希金 14 岁时写下了“一颗火热的心被征服了，我承认，我也坠入情网”。当这种奇妙的体验出现时，男女青年会忽然听见心底响起一种最甜蜜、最温柔的音乐，这是青春的苏醒，是爱情的召唤。

大学生正值青春年华，对美好的爱情总是充满了憧憬。在当今的大学校园，恋爱已成为一种很正常的现象。而且我国对大学生婚姻也不再做要求，这就使大学生恋爱更加常态化。但爱是一种遇见，结果却无法预见。两个思想还未完全成熟的年轻人，因为爱情走到一起，时间一长可能会形成矛盾，最终变为一场无结局的“闹剧”，甚至引发恶性事件。所以说，大学恋爱绝不能随便尝试。当然，大学期间处理得当的恋爱关系也可以促进学业、增强自信、激发潜力。当代大学生应树立怎样的恋爱观？应注意哪些恋爱误区？在真爱来临时，又该怎样发展，让恋爱成为学习生活的助跑器呢？下面我们不妨做些探讨。

（一）大学生恋爱心理分类

大学生的爱情五彩缤纷，大学生的恋爱心理也是五花八门，概括起来，主要有如下几种。

1. 性爱的好奇心理

这种恋爱心理由生理发育成熟导致的性冲动与性亲近要求的产生而形成。

2. 急于求成的占有心理

这种恋爱心理的形成与高校聚集着才华、风度、美貌于一身的特殊人群直接相关。有些男大学生固执地认为，毕业后还没有男朋友的女孩都是别人挑剩下的。

3. 依赖心理

这种恋爱心理由独生子女的孤独感和习惯了他人的呵护与关爱所致，属于“情感寄托型”的恋爱动机，缺乏独立意识和自立能力，易受挫。

4. 补偿心理

这种恋爱心理由功利型的恋爱动机所引发，即希望在所爱的人那里获得社会地位、经济等方面的补偿。

5. 游戏人生心理

其恋爱动机是满足与异性交往的欲望，寻求刺激，填补精神上的空虚。有这种恋爱心理的人见一个爱一个，将爱情视为一种游离于婚姻之外的享受和消费。

对大学生这个特殊的社会群体来说，毕业和就业还是个未知数，生活还不稳定，即使获得了真爱，毕业后也有可能天各一方。

（二）当代大学生恋爱观存在的问题

1. 因为空虚而爱

有的大学生进入大学以后，思想很消极，什么目标都没有，终日无精打采，人生仿佛没有了意义，失去了前进动力，心中苦闷，于是将精力转到谈情说爱上，以消磨时光、寻求快乐。

2. 择偶动机不纯

有些大学生在选择交往对象的时候，考虑的不是对方适不适合自己，是不是为了真正的爱情，而是对方能不能在学习期间、生活上、将来的就业和发展上给自己提供帮助。如果发现有利用价值，就会采取一切措施，为达目的不择手段。个别大学生也利用自己家庭和社会地位去寻找爱情，有的甚至同时与多个异性交往。

3. 仅为满足好奇心

大学生正处于青春期后期，生理机能基本成熟，心理机能趋于成熟，精力充沛，渴望异性交往。在中学时因学习压力较大，其各方面需求未充分显现出来，大学时主体意识发展了，个体发展必然会在个人生活中得以体现。对异性的渴望使大学生在心理上产生了好奇，想试着探究异性之间的秘密，在恋爱观上表现出不负责任的态度，仅仅停留在爱情表层的好奇与渴望，没有考虑恋爱的后果和将来的发展。

4. 不注重恋爱的后果

当代大学生大多心存这样的想法：两个人在一起开心就好，“只在乎曾经拥有，不在乎天长地久”。很多大学生带着这样的心理与异性进行交往，把恋爱当成“爱的初体验”，只是为了“充实大学的生活”，而不是为了将来的婚姻和组建家庭。两个人在一起想的是如何浪漫地度过每一天，所以“毕业那天一起分手”也成为常见现象。在乎爱的过程，轻视爱的结局，体现了当代大学生对爱情的不负责任。

5. 道德观念淡化

长期以来，中国的传统道德对大学生产生了深远的影响，但随着西方思想的传入，大学生接受新思想的速度极快，开放的思想对大学生的性观念及婚姻观念产生了影响。大学生在理智与情感方面处于矛盾的旋涡中，性观念逐渐开放，而忽视了结果和道德。加之生理和心理的原因，出现了对“性”的好奇与大胆尝试，但在尝试之后面对的往往是尴尬和无尽的悔恨。

6. 物质至上

功利性、权利性的恋爱建立在对方的家庭、社会地位上，或者以自己优越的条件作为双方感情的基础。传统观念认为女性依赖性强，大多数女性希望把自己的未来托付给一个既可靠又安稳的人。但随着社会的发展，功利性、权利性的爱情不仅仅表现在女性身上，当代男女大学生功利性、权利性的爱情色彩都越来越多。当然，这种功利性、权利性的恋爱观的形成也与社会就业压力、个人心理上的成熟有关系。

（三）大学生恋爱中常见的问题

（1）爱情至上，将爱情过分理想化、情绪化。

（2）混淆好感与爱情、异性友谊与爱情、激情与爱情。

（3）恋爱双方不成恋人便成仇人。

（4）将恋爱看成“练爱”。

（5）选择恋人的标准较为肤浅。

（6）恋爱中的男女双方在公众场合的不文明行为增多。

课堂讨论三

你选择恋人的标准是什么？

（四）当代大学生应如何认识爱情

总体来说，爱情不是大学生活必不可少的，更不是唯一的；大学不是爱的禁区，也非谈情说爱的主场地；爱包含着激情，更意味着珍惜和责任！爱情具有审美性、道德性、纯洁性。具体而言：

第一，高尚的爱情来自崇高的生活目标。

崇高的生活目标是爱情的道德基础，没有崇高的生活目标，人是不能体验高尚的爱情的。

第二，真正的爱情必须建立在互相尊重和充分信任的基础上。

爱情以相互信任为前提，信任是爱情的姊妹。恋爱中的双方应真诚地向爱人倾诉衷肠，交流丰富的思想感情，相互洞察对方的内心世界，做到忠贞不渝。

第三，真正的爱情关乎男女双方心灵的共同成长。

杨澜曾说："婚姻需要爱情之外的另一种纽带，最强韧的一种不是孩子，不是金钱，而是精神的共同成长，那是一种伙伴的关系。在最无助和软弱的时候，在最沮丧和落魄的时候，有他（她）托起你的下巴，扳直你的脊梁，命令你坚强，并陪伴你左右，共同承受命运。那时候，你们之间的感情除了爱，还有肝胆相照的义气，不离不弃的默契，以及铭心刻骨的恩情。"真正的爱情建立在共同的生活追求的基础之上，是双方心灵共同成长的结果。没有这种共同的基础，爱情之火就失去了"燃料"，很快就会熄灭。

第四，美满的爱情应与审美相结合。

只有把内心世界的一切美好向对方展示出来，外在美才能升华为更高尚的美，这样的爱情也才更加深沉而美满。

第五，爱情是两个人心灵上的契合，与物质无关。

恋爱并不一定要男女双方经常出入影院舞场，沉湎在花前月下的卿卿我我之中，否则学期结束后两个人可能会因为成绩下降或挂科而陷入痛苦之中。恋爱中的双方应尽可能地去了解对方，同时也了解自己的恋爱心理和恋爱观，在挑剔别人的同时也反省一下自己，努力自我增值，在学习上互相鼓励、支持，改正自己的缺点，发扬自己的优点，使爱情成为大学生活的助推器。

总之，一个大学生在爱神光顾的时候，既要自然洒脱地迎接它，又要处理好恋爱与其他方面的关系，用诚挚纯洁的心迎接丘比特之箭，用彼此的爱共同奏出幸福的乐章。

三、 大学生如何培养爱的能力

古今中外，凡是能立大志、树大业的人都能正确处理爱情与事业的关系。作为青年大学生，更应利用自己的"黄金时期"多多积累知识，培养自己在各个方面的能力。大学生不能因为好奇而过早涉入爱情，更不能以爱情为托词来满足自己寻求刺激的心理，必须树立正确的恋爱观，处理好爱情与学业的关系。

（一）充分认识到恋爱要受法律法规的约束

对于恋爱中的一些过激行为，大学生应该有一个清醒的认识，要意识到规范和约束自己的行为不仅仅是社会主义道德的要求，同时也是社会主义法律的要求。

（二）对爱情有崇高的定位

人的一生是丰富多彩的，爱情不是人生的全部内容，就短暂的人生而言，伟大的事业、崇高的理想更具有意义。当代大学生只有把爱情融入理想、事业，才能给自己的人生及爱情赋予真正的意义。

（三）加强恋爱过程中的道德责任感

恋爱与道德有着密切的关系，对大学生道德的影响具有双重性。积极高尚的爱情对正确的道德观念的形成和发展具有显著的促进作用；而庸俗的爱情则会使大学生留恋或追求低级趣味，甚至出现越轨行为。大学生树立正确的恋爱道德观念是事业、爱情奋发向上的源泉。

（四）学会识别爱情，注意保护自己

在爱情里，鲜花、美言的背后可能是不纯洁的恋爱动机，大学生尤其是女大学生更应该注意。

（五）学会正确理解和处理几种关系

1. 正确理解和处理学习与恋爱的关系

青年大学生应该利用自己的“黄金时期”多多积累知识，培养自己在各个方面的能力。当爱情真的降临到身上时，要进行理智的思考，处理好爱情与学业之间的关系。

2. 正确理解和处理爱与孤独的关系

爱能促进人与人之间关系的亲密，而孤独却制造人与人之间的距离。人的社会属性使得孤独带给人们渺小感、局限感，而爱的拥有却能使人在某种程度上摆脱孤独感。

3. 正确理解和处理爱与自由的关系

爱与自由可以说是一枚硬币的两面，一方面，自由为爱提供了宽松的外部环境；另一方面，爱为这种自由的环境提供了可能和前提。因此，爱意味着尊重、宽容与平等。你爱一个人，意味着你要去倾听他、了解他、关心他、尊重他，而不是蛮横地打断他、干涉他、阻止他、打击他。爱就意味着让对方做他自己。如果你爱的人不爱你，你不应在委屈、强迫、仇恨与报复中埋葬自己的情感，而是要心存感激，感谢你爱的人让你成长。如果你不爱对方了，应坦诚相告，不要在抱怨和指责中结束你们的爱情，要尊重对方的感受，感谢对方曾带给你爱情的种种美好，感谢对方带给你的成长经验。

张幼仪在15岁时便辍学嫁给了徐志摩，但徐志摩对其态度并不好，认为娶她只是“媒妁之命，受之于父母”。不久徐志摩便留洋去了。在英国，徐志摩爱上了林徽因，不久便向已经有两个月身孕的张幼仪提出离婚，张幼仪毅然同意。随后，张幼仪带着一颗破碎的心辗转到了德国。在那里她边工作边学习，学得一口流利的德语，她严肃的人生理念契合了德国严谨的工作作风，最终在那里找到了自信，找到了人生的支撑点。面对爱人的离去，张幼仪没有死缠烂打，反而化悲痛为力量，为自己赢得尊严的同时也完成了一次华丽的转身。

4. 正确理解和处理给予与索取的关系

爱作为一种积极主动的情感，它是给予而非索取。一个在爱情中一味索取的人缺乏爱

的能力，也没有领悟到爱情的真谛。当然，爱情里的给予不是一种自我放弃和自我牺牲，而是自我潜能的一种展现。在爱情的给予与付出里，人克服了先天的依赖性、自恋的癖好，摆脱了剥削别人和储藏财富的欲望，不断创造着美和新的爱。从这个意义上讲，在爱情中，给予比索取更快乐、更幸福。

哲学家金岳霖深爱才女林徽因，但在得知林徽因的丈夫梁思成在几经矛盾痛苦之后决定退出时，反而做出了退出的承诺。无论是梁思成还是金岳霖都深明爱情的真谛，爱情不是一味地索取对方的爱，而是深情地给予对方自由和幸福的生活。金岳霖在对林徽因的爱情里，不祈求回报，自始至终都以最高的理智驾驭自己的感情，显示出一种超脱凡俗的襟怀与品格。

四、婚姻与责任

随着我国经济的腾飞、人们思想的解放，有些人开始鼓吹“婚姻是爱情的坟墓”，婚姻关系的维系面临着严峻的社会考验。面对婚姻，无论我们抱有一种什么样的态度，都要做出一种选择，并且要坦然承担选择所带来的结果。对每个青年人来说，为了对自己的婚姻负责，在真正走入婚姻殿堂之前能够对婚姻有一定的认识与思考，或许会对自己未来的选择有所帮助。

课堂讨论四

你理想的婚姻伴侣和婚姻生活是什么样的？

（一）什么是婚姻

1. 婚姻是社会生活的避风港

婚姻是心灵休憩之所。美满的婚姻生活能够让你释放压力，让你的心灵放松、充盈，让你禁得住外在的诱惑，抵挡得住外界的风雨飘摇。

2. 婚姻是男女之间的契约

婚姻意味着永久的责任，相对于爱情的享受与满足，婚姻是赡养上辈、延续后代的承诺，是男女之间的契约。

3. 婚姻的基础应该是爱情

婚姻的基础应该是爱情，但它不仅仅涉及爱情，还关乎亲情、友情，包含着尊重、关爱、容忍、珍惜，需要每个人用一生的精力、心血、智慧来经营它。美好婚姻的实质是彼此人格上的相互尊重，以及肉体、心理和精神上深切的亲密联系。因此，即使是婚姻这种亲密的关系，也仍然要遵循人际关系的基本原则——平等、信任、宽容、人格自由。

4. 婚姻使得一个人即使独自一人时也不会觉得孤独

婚姻的伟大之处在于，它能使一个人即使独自一人也不会觉得孤独。幸福的婚姻里，妻子是气候，丈夫是风景，生活是两个人的交响乐。

5. 婚姻也是有风险的

现实生活中的诱惑、琐碎、平淡以及夫妻双方所谓的“审美疲劳”，都可能成为婚姻的“杀手”。因此，处在婚姻关系中的人，应注意发展自己的个性，充实自己的心灵，丰富夫妻双方交流的思想和素材，这样，婚姻才不至于被日常琐事湮没，也才更幸福。

（二）幸福婚姻的秘籍

幸福婚姻的秘籍可概括为：男女平等，夫妻恩爱；家庭和睦，尊老爱幼；真诚相待，坚守责任。

马克思认为：要想美好地度过一生，就只有两个人结合，因为半个球是无法滚动的，所以每个成年人的重要任务就是找到和自己相配的一半。爱情和婚姻是人生中不可缺少的，要让它成为推动我们前进的加速器，而不是工作、学习的绊脚石。只要我们好好把握，就一定能够收获美好的爱情和婚姻！

思考与实践

1. 搜集两个关于爱情、婚姻的典型事例。
2. 幸福婚姻的相处之道是什么？

推荐书目

1.《中外名人的青春故事》（陈渔，吉林人民出版社）。
2.《爱情是什么》（张彩鑫、高敬，九州出版社）。
3.《婚姻是什么》（谢志强、滕刚，九州出版社）。

名篇导读

1.《青春》（塞缪尔·厄尔曼）。
2.《美丽的胡萝卜》（刘心武）。
3.《一丈之内》（池莉）。

青　春

塞缪尔·厄尔曼

请扫码阅读

编者导引： 作者以理性深湛的思考、简练诗化的语言和高亢激越的旋律对“青春”作出了完美的解释，发人深省地告诉我们，青春要拥有“勇锐”，拥有“进取”，青春不应是易逝的一段，而应是永恒的心态。这篇短文首次在美国发表时，曾在广大读者中引起轰动，成千上万的读者把它抄下来当作座右铭收藏，许多中老年人也用它来追忆逝去的年华。

美丽的胡萝卜

刘心武

亲爱的女儿，今天是你二十岁的生日，继你爸爸上周出差，今天我也要出差，我把这封信留在生日蛋糕旁边，这样你一回家就可以先读它了。你上月整整一个月没有回家，却来了封信。你在信上问：妈妈，究竟什么是爱情？你是大学生，你们这一代人有些不屑于向我们这一代人请教这类问题的，但是，从你闪烁的字句和颤动的笔触中，我感觉到了你的困惑和焦灼。我亲爱的女儿啊，你一定遇到了任何书本都没专为你准备的现实问题……

什么是爱情？老实说，我答不出。但我想到了二十岁时候的自己。那一天，我在师范学院的大门口转来转去，活像热锅上的蚂蚁。我在等他，可他没有在预期的时间范畴里出现。我觉得太阳是绿的，而树木是红的，从我身边经过的熟人或生人全都惊异地望着我，有的还过来说几句询问或打趣的话语，但这一切对于我来说都没有丝毫的意义。在那一段时间里，我心头充满不祥的预感，我想他搭乘的那一趟长途汽车肯定半道翻车了……我觉得自己心里空空的，我突然前所未有地痛楚地意识到他对于我的极端重要性。

他竟然突然出现了，我感到太阳依然是红的，树木依然是绿的，我的心因为过分充实而显得有些憋闷。我把他引到校园的一角，他从挎包里，取出一根胡萝卜，塞在我手中，对我说："原谅我，原谅我，原来是三根，可只剩下这一根了……"

他高我一届，毕业后分配在远郊县一所农村中学教书。他乘长途汽车进城途中，汽车抛锚了，那车足足修了两个多钟头才重新行驶。当乘客们坐在路边田坎上等候时，有个妇女晕倒了，是饿晕的。亲爱的女儿，那年头在我们共和国历史上被称为"三年严重困难时期"，因饥饿而浮肿而晕倒的事并不罕见……当人们摇醒她以后，他给了她一根胡萝卜，而她立即嚼着吃了，脸上恢复出一个笑容……没想到另一位看上去并不虚弱的老人伸手向他要胡萝卜，他不愿给，他说："您知道吗？我们一个月只发十五根胡萝卜，这是我带进城……给我妈的礼物。"

他妈妈其实早去世了，他是为我带来的。但临下车时，他心里过意不去，又主动把一根胡萝卜给了那老人，而那老人也就道谢着收下了。他只剩下一根胡萝卜给我，那真是世界上最美的胡萝卜……亲爱的女儿啊，对于我来说，爱情是和三根胡萝卜联系在一起的，而后来所出现的爱情结晶，你猜到了，就是你。

你成为一个独立的个体了。你们这一代对于爱情一定有许多新的发现和新的理解，然而，依我想来，既然自古就有爱情这么一种东西，那么，它那最恒定的内核，一定是单纯而质朴的，犹如一根通红秀美新鲜结实饱含汁液的胡萝卜。

女儿啊，掀开蛋糕边盘子上的餐巾纸吧，希望你不但细细地看，深深地想，而且希望你吃上一根，那本是可以生吃的，富有特殊的营养……

资料来源：刘心武．美丽的胡萝卜 [J]．课外语文（初中），2009（Z2）．

编者导引： 本文告诉我们，爱情里可能没有海誓山盟、轰轰烈烈，许多时候或许它就像"一根通红秀美新鲜结实饱含汁液的胡萝卜"这般单纯而质朴。爱情里的男女不应该只有彼此的爱慕之情，还应有为人的高贵品质，诸如同情、宽容等高尚情感。

一丈之内

池　莉

请扫码阅读

编者导引： 幸福的婚姻是建立在爱情的基础之上的，而婚姻生活的持久幸福则依赖于夫妻双方的相互体谅、宽容和理解，以及夫妻双方的相互促进、共同成长。幸福的婚姻生活能够使夫妻任意一方多一个审视自己的视角，能够使夫妻双方不断完善自我，体会更加丰满的人生意义。

第五讲　绿的意味与诗意栖居

名人名言

只有服从大自然，才能战胜大自然。——达尔文

大自然是善良的慈母，同时也是冷酷的屠夫。——雨果

人们常常将自己周围的环境当作一种免费的商品，任意地糟蹋而不加以珍惜。——甘哈曼

大自然给予所有人的是物质的精华，而最后，它从人们那里得到的回赠却是这些物质的垃圾。——惠特曼

现代文明是一把双刃剑，它在给人类世界带来物质享受的同时，也冲击着美丽的大自然，冲击着人与自然紧密相依的关系。曾几何时，人与自然多么亲近、多么和谐、多么温馨、多么诗意。但是，如今，人类物质文明的进程却将这些亲近、这些和谐、这些温馨、这些诗意击得粉碎，人类在满怀信心沿着理性的文明之路一路高歌的进程中，意外发现我们赖以生存的大自然逐渐走向了枯萎和衰竭，我们赖以生存、我们为之欢歌的大地已是满目疮痍！2015 年，央视前记者柴静的《穹顶之下》又给我们狠狠敲响了警钟！生态环境的日益恶化严重影响着我们生命的质量，妨碍着我们孜孜追求的“诗意栖居”的梦想的实现。人类视大自然为母亲，而今母亲却在人类的现代化轰鸣声中颤抖哭泣！

当前我国的生态危机主要表现在能源短缺、生态破坏和环境污染等方面，这些生态危机在一定程度上严重阻碍了我国经济的可持续发展。这就要求人们重新审视人与自然的关系，唤起生态意识的觉醒和反思。了解生态现状，树立绿色环保意识，做绿色生命的使者当是每一个真正明晓生命意义、热爱生命的公民的自觉追求。大学生作为未来社会主义事业的建设者和接班人，其生态意识水平更是直接关系着社会的可持续发展，因此，加强大学生的生态意识培养显得尤为重要。

课堂讨论一

你理解的绿色生态与诗意栖居是怎样的一种状态？

一、　生态意识概述

（一）生态意识的含义

“生态意识”一词作为现代意义上的环境运动的产物，是个新概念，其英文为“environmental awareness”。美国环境伦理学创始人利奥波德在其代表作《土地伦理》一书中

首次使用了“生态学意识”一语，并指出：“如果在我们理智的着重点上，在忠诚感情以及信心上，缺乏一个来自内部的变化，在伦理上就永远不会出现重大的变化。”利奥波德强调生态学意识是人们尊重自然、保护生态的内在道德依据。

目前学术界对生态意识的含义还没有形成共识，对生态意识的概念也有着不同的观点。综合相关文献对生态意识的各种见解，可以对其作如下界定：生态意识是人们对人与生态环境之间反映社会和自然相互关系问题的诸观点、理论和情感的总和。生态意识既是人们对环境问题和环境保护的一种认识程度，又是人们为了保护环境而不断调整自身行为和活动、协调人与自然关系的实践活动的自觉能动性。

（二）生态意识的构成

对于生态意识的构成，可以从心理和内容两个层面来理解。

从心理层面来讲，生态意识应该是认知、态度、行为取向三部分的有机统一。

从内容层面来讲，其主要包括生态科学意识、生态价值意识、生态道德意识、生态法制意识、生态责任意识。

课堂讨论二

你身边的环境问题有哪些?

党的十八大以来，随着生态文明建设纳入“五位一体”总体布局，健康、美丽与可持续的理念逐渐深入人心，人们对生态环境保护与污染防治的重视程度也在不断提升。此外，政府也颁布了一系列的政策与法规，来加强生态文明建设，并提出了建设美丽中国的目标。

二、 我国生态环境现状

（一）水土流失严重

我国是世界上水土流失较为严重的国家之一。有关统计数据显示，我国水土流失的面积比例达到了30%以上，水土流失现象在黄土高原尤为严重。从自然因素的角度来讲，我国绝大部分地区在气候上属于季风气候，雨季的降水量大，土壤在缺乏植被保护的情况下，容易受到雨水的冲蚀而产生水土流失。从人为因素的角度来讲，人们在土地开发利用的过程中，由于开发利用的方式不科学，不仅使得原有地形结构受到破坏，而且对土壤表面的植被造成了一定的破坏，使得土壤得不到植被的固持。水土流失使得土地的生产力大大降低，流失的水土会大量淤积在河流、湖泊之中，不仅影响正常的航运交通，而且会带来一定的防洪隐患。

（二）沙漠化现象严峻

土地沙漠化是指土地逐渐退化并转变为沙漠的过程。近些年来，我国的沙漠化现象虽然得到了一定的抑制，但是，沙漠化现状仍然十分严峻。通常情况下，沙漠化现象发生在气候干燥、降水量少的地区，比如我国降水普遍偏少的西北干旱地区。另外，人们对土地的不合理使用若远远超过了土地的承受能力，也会使土地发生退化现象导致沙漠化。土地沙漠化不仅仅是一个单纯的生态环境问题，与人们的日常生活及社会的发展也有着密不可分的关系。一方面，土地沙漠化会引起诸如大气污染、水土流失等其他的生态环境问题；另一方面，沙漠化地区由于土地资源的缺乏，会导致该地区的贫困程度加剧。

（三）生物多样性降低

近些年来，人们对生物资源的过度开发利用，导致原有生态系统遭到严重破坏，使得原有生物的栖息地环境发生了一定的改变，该地区不再适合部分生物生存，从而影响该地区生物的多样性，甚至导致部分生物灭绝。另外，近些年来，部分地区的气候发生了一定的改变，不再适合原有生物生存，这也是造成生物多样性降低的重要原因。在当前阶段，我国已经制定了相关的法律法规对一些濒危的动植物进行保护，并采取了一系列的保护措施，比如：建立基因库与迁地保护等。这对于有效保护生物的多样性具有十分重要的作用，但是当前生物多样性降低的形势依然严峻，保护力度有待进一步加强。

（四）水资源减少与污染

我国是一个水资源严重缺乏的国家，而且水资源在时间与空间分布上也极为不均匀。近些年来，由于人们对水资源的不合理利用，产生了诸如地下水水位下降、河流断流等现象。一些企业将工业废水非法排入河流中，严重污染了水资源环境。另外，气候的变化也对降水产生了一定的影响。水资源现状与用水需求之间的矛盾比较突出。

（五）大气污染严重

一方面，在长期的发展过程中，由于不合理的发展方式对一些绿色植被造成了一定的破坏，使得这些绿色植被净化空气的重要作用得不到有效发挥；另一方面，随着社会的不断进步与发展，人们的生活水平得到了很大的提升，机动车也走进了人们的日常生活中，不断增多的机动车在给人们的生活带来便利的同时，其所排放的大量的尾气也对大气环境造成了严重的污染。除此之外，工业企业排放的大量有害气体以及固体颗粒物，也是近些年来雾霾天气时有发生的重要影响因素，严重影响着社会的正常发展以及人们的生活与生产活动。

三、　东方生态智慧与西方生态思想

既然我们已经认识到了生态环境破坏的严重性，认识到了可持续发展的重要性，那么，应该如何解决这些问题呢？其实，无论是在东方还是在西方，在生态方面，都有自己的智慧结晶。

东方生态智慧产生于农业社会，而西方生态思想产生于现代工业社会。这两种生态观念体系所表达的都是对自然的认识和体验。

（一）东方生态智慧

东方生态智慧是在生态环境和资源还没有发生危机的状态下产生的。东方生态智慧最具有原创性的地方就是它以人性的自然观的方式去观察和体验自然的神秘；同时，还怀有感恩自然和敬畏自然的情感，将自我的意识融入自然的怀抱。

课堂讨论三

结合实际谈谈东方生态智慧对当今环境建设的启迪意义。

（二）西方生态思想

西方古代哲学中也有丰富的“天人合一”思想，主要表现为生态整体性的思想。但是西方生态观一方面在近现代社会用科学技术和生产力创造了丰富的物质财富，给整个社会带来了从未有过的历史改变；另一方面也严重破坏了生态环境，让全球经受和面临着生态环境的危机与持续恶化。

1. 人类中心主义

人类中心主义认为人是万物的中心，是价值判断的主体，如：

亚里士多德：所有的动物肯定都是大自然为了人类而创造的。

笛卡尔：对于动物和植物来说，人是一种更先进的存在，因为人不仅有身体，更有灵魂和心灵，但动物和植物却仅限于拥有身体。

培根：知识就是力量。人应当驾驭自然，做自然的支配者。

康德：人是自然的最高立法者。

2. 非人类中心主义

非人类中心主义以肯定自然的价值和权力为中心思想，延伸出诸多不同流派：

（1）动物权利说：美国哲学家雷根《为动物权利辩》一书，将动物纳入道德体察的对象。

（2）敬畏生命说：法国思想家施韦兹提出“敬畏生命，就是与其他生命同甘共苦。这种同甘共苦是以所有的生命相互联系为前提的”。

（3）大地伦理说：美国科学家利奥波德提出，要“把人类共同体中以征服者的面目出现的角色，变成这个共同体中平等的一员和公民”。其中暗含着对每个成员的尊敬。

（4）自然价值论：美国哲学家罗尔斯顿认为，“所有生命个体、物体、生态系统都是‘大地共同体的成员’，都是‘生命的目的中心’”。

（三）东方生态智慧与西方生态思想的比较

与东方生态智慧相比，西方生态思想是在完全不同的背景下和历史进程中创生出来的。

从社会背景上看，西方生态思想基本上产生于近现代自然科学技术创造发明的时代。它表现为强大的科学技术创造的生产力，改变了人类社会的根本面貌。

从理论依据上看，西方生态思想产生的理论依据是科学。尽管科学对今日的生态危机负有不可推卸的责任，但科学也提出生态危机的证据从而给人类发出预警。

从理论内容上看，今日西方的生态思想更注重生存层面，它更多关注的是人的物质存在，强调的是人如果一味掠夺大自然将会遭到的报应，关注人怎样才能不被毁灭。

（四）东方生态智慧与西方生态思想的交融

从以上阐释中我们不难发现，东方生态智慧与西方生态思想无论是实践还是理论都截然不同，值得注意的是，就是如此不同的生态智慧与思想，今天却以全新的视点，同时出现在全球化时代的关注视野中，这充分说明生态整体已经成为人类文化和文明的新目标，不同的生态智慧与思想，其实呈现出共同的理想——诗意地栖居于大地之上，人类的未来应该是东方生态智慧与西方生态思想的一种融合，这种融合主要取决于以下一些共识。

第一，东方生态智慧是人类童年时代“天人合一”境界的完美体现，是一种人与自然的最高的智慧表达，它追求一种物我一体、天人相通、天地融贯的生命境界。这种生态智慧的视野就是将自然视为人类社会生活的本体，生命源于这里，也属于这里，人类生命不过是宇宙和自然智慧的体现。

第二，西方人对于自然的控制和征服，已经远离东方生态智慧中的“天道”“天德”，它超越了“天机”所能允许的界限，已经触动了自然生态系统的平衡，逾越了人与自然的界线。技术的生成力量，已经成为人与自然隔离和阻塞的根本原因。在一个难以回归到本源的状态下，人的智慧成为影响和阻碍自然和谐的原因。这就是技术理性对自然生机的破坏。

第三，西方回归东方生态智慧，并不是放弃已有的生态思想和文化形态及已经取得的人类物质文明成果，而是从东方智慧的后果和西方生态思想批判着手，去透视未来生态世界和谐之路，寻找远古东方民族生态智慧更高的生存境界，同时也超越当代生态危机和困境。这种历史发展境遇的差异，以及生态思想的相遇，就是要放弃西方一些科学技术理性中的人类中心主义思想，回归到东方生态智慧中的生态整体主义中来，解决全球化生态危机问题。

第四，西方人的生态思想批判与吸取东方人的生态智慧是一致的。他们共同追求“天人合一”的境界。而东方人要适当吸取西方人科学技术理性的成果，在相互融合和交流对话的基础上，在全球化进程中创造新的生产方式和生活方式。这就是最少地利用生态资源，最小限度地破坏生态环境，从而最大限度地享有人类丰富的精神文化成果，以可持续发展的理念解决人与自然的矛盾和问题；又保持多样的政治文化生态，将东西方生态智慧和思想融为一体，创造一种世界文化、文明的新格局。

第五，以自然的生机去发现生命智慧，以生命智慧去创造生态思想和生活的融合，以“天人合一”的生态境界去返回自然的原点，去理解生态的整体。人类生命的主要责任和义务就是替自然去呈现宇宙的精神和智慧，透过人的身心去发现“天德”、“天机”或“天人合一”的力量。这才是文明和文化史的结晶，也是自然诗性的一种抒情的表达。

四、 当前大学生生态意识培养路径

目前大学生生态意识方面存在一些突出的问题，主要表现为：生态意识淡薄；浪费现象严重；生态道德意识淡薄；生态责任感弱；不文明消费行为较多。这些问题是大学生生态意识缺失导致的。因此，培养大学生生态意识是一项紧迫的任务。

大学生作为社会主义事业的建设者和接班人，是传播和继承生态意识的重要力量。重视大学生生态意识的培养，在理论上，有助于推进生态文明建设的进程，有助于促进大学生的全面发展，有助于推进高等教育改革；在实践上，有利于大学生建立完善的生态意识体系，有利于指导和规范大学生生态道德行为，促进大学生生态道德行为的养成，有利于引导大学生践行绿色的生活方式。

大学生生态意识培养对于提高大学生的综合素质，促进大学生的全面发展以及生态文明建设具有重要的意义，关系到社会的可持续发展。我们应该根据社会要求和学生实际，在借鉴国外环境教育经验的基础上积极探索大学生生态意识培养的有效路径，不断发挥家庭教育、学校教育和社会教育的作用，形成有效合力，提高大学生生态意识培养的有效性。具体来说，大学生生态意识培养的路径应该包括：加强生态理论教育，提高理论水平和修养；优化生态教育环境，营造良好的社会氛围；注重实践养成教育，培养环保的行为习惯。

在西方文化中，绿色象征着自由与和平。在东方文明中，从中国古代的山水诗到现代环保意识，绿色文明有其特殊的历史轨迹和美学韵味。对于现代人来说，绿色文明比城市高科技文明更富吸引力。绿色，这一富含活力的颜色，让地球拥有健康的生命，让世界拥抱和谐与安宁；绿色，就像一个典雅而亲切的精灵，为人们的生活营造如诗如画的意境。这样的例子俯拾皆是："碧玉妆成一树高，万条垂下绿丝绦"说的是自然中的绿色；"苔痕上阶绿，草色入帘青"说的是生活中的绿色；"春风又绿江南岸，明月何时照我还?"说的是思念中的绿色；"日出江花红胜火，春来江水绿如蓝，能不忆江南?"说的是回忆中的绿色。可以说，生长在诗书礼仪之邦的中国人，自古就与绿色结下了不解之缘。

少了绿色，生命的航船危机四伏；少了绿色，人们的生活布满尘埃。保护绿色，让生命诗意栖居，是我们最佳的生活态度，更是我们义不容辞的责任和义务。我们期待着终有一天，你我他，整个人类，都能徜徉在绿色的生态环境中，都能诗意地栖居于大地之上。

思考与实践

1. 给自己制定一个环保规划。
2. 向五个人宣传环保的重要性。

推荐书目

1. 《寂静的春天》(蕾切尔·卡森，上海译文出版社)。
2. 《环球绿色行》(唐锡阳，内蒙古人民出版社)。

3.《伐木者，醒来！》（徐刚，吉林人民出版社）。
4.《亲历可可西里 10 年》（杨欣、邓康延、杨礁，生活·读书·新知三联书店）。

名篇导读

1.《一封信，一本书，一场运动》（余凤高）。
2.《这一生，至少当一次傻瓜》（节选）（石川拓治）。
3.《最后一只藏羚羊》（彭波）。

一封信，一本书，一场运动

余凤高

与一次战争、一场疾风暴雨般的政治运动甚至一次骚乱相比，书籍一般都难以产生那么大的作用。但是有时候，一本书的确能掀起一场运动，引起社会的改革，甚至重大的改革。就在美国的历史上，出生在英国的美国政论家托马斯·潘恩的一本只有五十页的小册子《常识》，于 1776 年 1 月出版后，几个月里即销售五十万册，在独立战争初期极大地刺激了人们的情绪，为半年之后通过的《独立宣言》铺平了道路。美国女作家哈里叶特·比彻·斯托夫人的小说《汤姆叔叔的小屋》，先是于 1851 年在哥伦比亚特区的报纸《民族时代》上连载发表，单行本出版第一天销售量即创下前所未有的三千册的纪录，第一年售出三十万册，至 1860 年就至少被译成二十三种文字，被公认为是美国"南北战争"的起因之一。据说，在 1862 年"南北战争"高潮之际，美国第十六任总统亚伯拉罕·林肯会见叶特·比彻·斯托夫人时，曾这么对她说："那么您就是写了那本书引发这场伟大战争的那个小女人了！"

别以为这类传奇式的故事都离今天太远了，事实是就在不到半个世纪之前，一位作家，也是美国作家，也是一位女作家的一本书，也起到了类似的作用。

春天是鲜花盛开、百鸟齐鸣的季节，春天里不应是寂静无声，尤其是在春天的田野。可是并不是人人都会注意到，从某一个时候起，突然地，在春天里就不再听到燕子的呢喃、黄莺的啁啾，田野里变得寂静无声了。美国的蕾切尔·卡森（Rachel Carson，1907—1964）却不一样，她有这种特殊的敏感性。

生于宾夕法尼亚州斯普林代尔的蕾切尔·卡森从小就对大自然、对野生动物有浓厚的兴趣。她的大部分时间都是一个人在树林和小溪边度过的，观赏飞鸟、昆虫和花朵。她总是想将来做一个作家，并在十一岁那年就发表了一篇短故事。她声称，是她的母亲将她引进了自然界，才使她对它们富有激情。

卡森最早按做一位作家的初衷进了当地宾夕法尼亚妇女学院，但不久便改变了主意，把主要学习的内容——英语改为生物学。接着，她在 1932 年获得约翰斯·霍普金斯大学的文科硕士学位，并一边教书一边在马萨诸塞州的伍兹霍尔海洋生物实验室读研究生，1936 年进了美国渔业局，担任"水下罗曼斯"这个专题广播的撰稿作家；美国渔业局于 1940 年改名为美国鱼类和野生生物署后，她仍留在这里直至 1952 年。

描绘和表现大自然的强度、活力和能动性、适应性是卡森最大的乐趣。自二十世纪四十年代开始，她根据自己对当时还不为多数人所了解的海底生活的观察开始写作，并取得相当的成绩。以她 1937 年发表在《大西洋月刊》上的一篇随笔为基础而写的《在海风的吹拂下》，于 1941 年出版后，因其一贯的科学准确性和深刻性与优美的抒情散文风格的奇妙结合而颇获好评，登上《纽约时报》的畅销书排行榜。1943 年、1944 年又出版了《来自海里的食物：新英格兰的鱼类和水生有壳动物》和《来自海里的食物：南大西洋的鱼类和水生有壳动物》。1951 年的《围绕我们的海洋》为她带来了很多荣誉：不但连续数十周登上《纽约时报》的畅销书排行榜，还获得了“国家图书奖”，被翻译成三十种文字。

卡森 1952 年离开美国鱼类和野生生物署是为了能够集中精力，把时间全都用到她所喜爱的写作上去。当然她获得的回报也是十分优厚的，她不仅写出了《海角》和她去世之后于 1965 年出版的《奇妙的感觉》，更主要的是写出了那后来被评价为“为生态运动发出起跑信号”的《寂静的春天》。

1958 年 1 月，卡森接到她的一位朋友——原《波士顿邮报》的作家奥尔加·欧文斯·哈金斯寄自马萨诸塞州的一封信。奥尔加在信中写道，1957 年夏，州政府租用的一架飞机为消灭蚊子喷洒 DDT 归来，飞过她和她丈夫在达克斯伯里的两英亩私人禽鸟保护区上空。第二天，她的许多鸟儿都死了。她说，她为此感到十分震惊。于是，奥尔加给《波士顿先驱报》写了一封长信，又给卡森写了这封信并附上那封长信的复印件，请这位已经成名的作家朋友在首都华盛顿找找什么人能帮她的忙，不要再发生像这类喷洒的事了。

DDT 是一种合成的有机杀虫剂，作为多种昆虫的接触性毒剂，有很高的毒效，尤其适用于扑灭传播疟疾的蚊子。第二次世界大战期间，仅仅在美国军队当中，疟疾病人就多达一百万人，特效药金鸡纳霜供不应求，极大地影响了战争的进展。后来，有赖于 DDT 消灭了蚊子，疟疾的流行才逐步得到有效的控制。DDT 及其毒性的发现者、瑞士化学家保罗·赫尔满·米勒因而获 1948 年诺贝尔生理学或医学奖。但是应用 DDT 这类杀虫剂，就像是与魔鬼做交易：它杀灭了蚊子和其他的害虫，也许还会使作物提高收成，但同时也杀灭了益虫。更可怕的是，在接受过 DDT 喷洒后，许多种昆虫能迅速繁殖抗 DDT 的种群；此外，由于 DDT 会积累于昆虫的体内，这些昆虫成为其他动物的食物后，那些动物，尤其是鱼类、鸟类，则会中毒而被危害。所以喷洒 DDT 只是获得近期的利益，却牺牲了长远的利益。

在美国鱼类和野生生物署工作时，卡森就了解了有关 DDT 对环境产生长期危害的研究情况。她的两位同事于四十年代中期就曾经写过有关 DDT 的危害的文章。她自己在 1945 年也给《读者文摘》寄过一篇关于 DDT 的危险性的文章，在文章中，她提出是否可以在该刊上谈谈这方面的故事，但是遭到了拒绝。现在，奥尔加提到大面积喷洒杀虫剂的事使她的心灵受到极大的震撼，只是奥尔加的请求，她觉得自己无力办到，于是，她决定自己来做，也就是她自己后来说的，奥尔加的信“迫使我把注意力转到我多年所一直关心的这个问题上来”，决定要把这个问题写出来，让很多人都知道。

本来，卡森只是计划用一年的时间来写本小册子。后来，随着阅读资料的增多，她感到问题比她想象的要复杂得多，是并非一本小册子所能够说得清楚和让人信服的。这样，从 1957 年开始“意识到必须要写一本书”，到尽可能搜集一切资料，阅读了数千篇研究报告和文章，到 1962 年完成《寂静的春天》由霍顿·米夫林出版，卡森共花去五六年时间。

而在这五六年的时间里，卡森的个人生活正经受着极大的痛苦。她收养的外甥——五岁的罗杰因为得不到她的照顾，在 1957 年差点儿死了。之后，她母亲得病和去世也正是在这个时候，她自己又被诊断患了乳腺癌，进行乳房彻底切除的手术和放射治疗。她还因负担过重，身体十分虚弱、难以支撑，被阻止继续工作。但是卡森以极大的毅力实现了她的目标。

《寂静的春天》从一个“一年的大部分时间里都使旅行者感到目悦神怡”的虚设城镇突然被“奇怪的寂静所笼罩”开始，通过充分的科学论证，表明这种由杀虫剂所引发的情况实际上正在美国的各地发生，破坏了从浮游生物到鱼类到鸟类直至人类的生物链，使人患上慢性白细胞增多症和各种癌症。所以像 DDT 这种“给所有生物带来危害”的杀虫剂，“不应该叫作杀虫剂，而应称为杀生剂”。卡森认为，所谓的“控制自然”，乃是一个愚蠢的提法，那是生物学和哲学尚处于幼稚阶段的产物。她呼吁，“需要有十分多种多样的变通办法来代替化学物质对昆虫的控制”。《寂静的春天》通俗浅显的术语，抒情散文的笔调，让人读来趣味盎然，连续三十一周登上《纽约时报》的畅销书排行榜。

《寂静的春天》的结论是严峻的，它就像旷野中的一声呐喊，在人们中间所兴起的不仅仅是震惊，还有恐慌，特别是来自化学工业界中的愤怒嚎叫。随着作品的出版和发行，这攻击的火力更为猛烈，尤以农场主、某些科学家和杀虫剂产业的支持者为最。

伊利诺伊州农业实验站的昆虫学家乔治·C. 德克尔在最有影响的《时代》周刊上发表文章说：“如果我们像某些人所轻率地鼓吹的那样，在北美采取让自然任其发展的方针，那么，两亿过剩的人的生存问题如何解决?”总部设在新泽西州，从事除草剂、杀虫剂生产的美国氨基氰公司主管领导斥责说：“如果人人都忠实地听从卡森小姐的教导，我们就会返回到中世纪，昆虫、疾病和害鸟害兽也会再次在地球上永存下来。”工业巨头孟山都化学公司模仿卡森的《寂静的春天》，出版了一本小册子《荒凉的年代》，分发五千册。该书叙述了化学杀虫剂如何使美国和全世界大大地减少了疟疾和伤寒等病症，并详细描绘了由于杀虫剂被禁止使用，各类昆虫大肆猖獗，人们疾病频发，给人类尤其是女性带来很大的麻烦，在社会上造成了极大的混乱，甚至会导致千千万万的人挨饿致死。另一仿作《僻静的夏天》，描写一个男孩子和他祖父吃橡树果子，因为没有杀虫剂，他们只能像在远古蛮荒时代一样过“自然人的生活”。埃德温·戴蒙德谴责卡森“担忧死了一只只猫，却不关心世界上每天有一万人死于饥饿和营养不良”。

有些批评，包括几种著名的报刊，甚至不顾基本的道德要求，竟对卡森进行人身攻击。《生活》杂志因卡森曾经说过她喜爱猫是因为“它们本性之真”，便批评她怎能既爱鸟又爱鸟的天敌猫；更有人因此而诬蔑她是“恋鸟者”“恋猫者”“恋鱼者”。

是对事实的尊重和对人类未来的信心，使卡森面对如此强烈的批评、攻击和诬陷，以异常坚强的毅力和无可辩驳的论据——她的《寂静的春天》仅文献来源就多达五十四页，写出了这样一部人类环境意识的启蒙著作。不错，卡森或许不是一个经典意义上的女权主义者，但她完全可以以一个女性所取得的成就而骄傲。克林顿政府的副总统、环保主义者艾尔·戈尔在《寂静的春天》中文版的前言中这样评价此书：

> 《寂静的春天》播下了新行动主义的种子，并且已经深深植根于广大人民群众中。1964 年春天，蕾切尔·卡森逝世后，一切都很清楚了，她的声音永远不会寂静。她惊

> 醒的不但是我们国家，甚至是整个世界。《寂静的春天》的出版应该恰当地被看成是现代环保运动的肇始。

何等高度的评价！戈尔甚至公开承认，卡森的榜样激励了他，促使他“意识到环保的重要性并且投身到环保运动中去”。

卡森的著作掀起的的的确确是一场运动，的的确确是不限于美国，而是遍及全球。尽管有来自利益集团方面的攻击，但毕竟《寂静的春天》中提出的警告，唤醒了广大民众，最后导致了政府的介入。当时在任的美国总统约翰·肯尼迪读过此书之后，责成总统科学顾问委员会对书中提到的化学物进行试验，来验证卡森的结论。该委员会后来发表在《科学》杂志上的报告“完全证实了卡森《寂静的春天》中的论题正确”。同时，报告批评了联邦政府颁布的直接针对舞毒蛾、火蚊、日本丽金龟和白纹甲虫等昆虫的灭绝纲领。报告还要求联邦各机构之间协调，订出一个长远计划，立即减少 DDT 的施用，直至最后取消施用。此外，报告也揭露了美国法律的漏洞：虽然各机构都能证明杀虫剂的毒性，但生产者如持有异议，农业部就不得不允许其作鉴定证明，时间可长达五年。另外，报告还要求把对杀虫剂毒性的研究扩大到对常用药物中潜在毒性的慢性作用和特殊控制的研究上等。

于是，DDT 先是受到政府的密切监督。到 1962 年年底，各州的立法机关向政府提出了四十多项有关限制使用杀虫剂的提案；1962 年后，联邦和各州都从杀虫剂的毒性方面出发，通过了数十、数百条法律、法规，那种可拖延五年的所谓“异议注册”于 1964 年被停施，DDT 最后也于 1972 年被禁止使用。随之，公众的辩论也从杀虫剂是否有危险性，迅速地转向哪一种杀虫剂有危险性，究竟有多少种杀虫剂有危险性，甚至从阻止无节制使用杀虫剂转向阻止化学工业。

很快，卡森的影响已经不限于美国，还深刻地影响了全世界。至 1963 年，在英国上议院中就多次提到她的名字和她的这本书，导致艾氏剂、狄氏剂和七氯等杀虫剂的限制使用。《寂静的春天》还被译成法文、德文、意大利文、丹麦文、瑞典文、挪威文、芬兰文、荷兰文、西班牙文、日文、冰岛文、葡萄牙文等多种文字，激励着这些国家的环保立法。同年，卡森因在保护环境方面的成绩得到了承认，被授予以美国著名鸟类学家约翰·詹姆斯·奥杜邦的名字命名的“奥杜邦奖章”，她是第一位获此殊荣的美国女性。

资料来源：余凤高．一封信，一本书，一场运动 [J]. 书屋，2007 (9)，有删改.

编者导引：这篇文章不仅肯定了《寂静的春天》的价值，而且肯定了卡森的人生价值，与此同时，也向我们介绍了卡森的生平，内容全面，可读性强。

这一生，至少当一次傻瓜（节选）

石川拓治

请扫码阅读

编者导引：木村的苹果让我们发现，我们破坏自然已到了如此地步！这篇文章让编者印象最深的一句话是：“无论人再怎么努力，都无法靠自己开出一朵苹果花。”树完全可以自然生长的，既然如此，我们人类又何必画蛇添足、自作聪明地去帮倒忙？没有人类蛮横的干预，生态系统就不会被破坏到这种程度，让我们放开手，让树自己生长吧！那样结出的苹果才真正的香甜可口！

最后一只藏羚羊

彭　波

编者导引： 近些年，由于我国生态环境破坏严重，野生动物的生存空间已经被大幅度压缩。而野生动物濒临灭绝的最主要的原因，则是人们的滥捕滥杀。每一种动物都是生物链上不可缺少的一环，滥捕滥杀的结局将是毁灭人类自己。希望人类能放弃眼前的经济利益，能为长远考虑，为子孙后代留下一个良好的生存空间。

请扫码阅读

第六讲　全球化下的世界公民

名人名言

我荣幸地以中华民族一员的资格，而成为世界公民。我是中国人民的儿子。我深情地爱着我的祖国和人民。

——邓小平

一个在思想上、文化上和兴趣爱好上不适当地分裂开来的家庭，由于我们根本无法再分散地生活，所以必须懂得以某种方式共处。

——马丁·路德·金

如今，世界上的每一个人不仅是某个民族的、某个国家的一员，更是整个地球村的村民，即世界公民。无论哪个国家或地区发生灾难和危机，都可能得到全球的救助和关心。这些救助和关心或来自个人，或来自非政府组织，或来自某个国家，或来自国际组织。2014 年 3 月 8 日发生了马航 MH370 失联事件，飞机上共有 227 名乘客，其中中国乘客 154 名，其他乘客来自马来西亚、印度尼西亚、澳大利亚、印度、法国、美国、新西兰、乌克兰、加拿大、荷兰、俄罗斯、奥地利、意大利等 13 个国家。飞机失联后，26 个国家先后派出船舰并动用军用、民用卫星、雷达进行协助搜救。这次空难不是马来西亚的空难，也不是中国的空难，而是世界的空难。

课堂讨论

什么是全球化?

一、 什么叫全球化

（一）众说纷纭的全球化

有学者说，所谓的全球化其实就是国际化，如“跨国公司”“国际贸易”等。但在“跨国公司”“国际贸易”等国际化现象中，国家角色占据着主要位置，所以国际化与全球化还是有区别的，全球化在程度上比国际化要深。

全球化（globalization）既是一个概念，也是人类社会发展过程中的一种现象。通常意义上的全球化是指全球联系不断增强，人类生活在全球规模的基础上发展，以及全球意识的崛起。在这一过程中，国与国之间在政治、经济贸易上互相依存，文化上互动交融。

全球化发端于经济领域，又从经济、政治、文化、教育等领域深刻地影响了人类生活的方方面面，导致人们的社会生活发生了深刻变化，最终演化成了一种内涵极为丰富的社会运动和历史发展趋势。

（二）全球化就在我们身边

罗兰·罗伯森曾说：“全球化就意味着世界的压缩。”20 世纪末出现的信息革命，不仅改变了通信工具和传播手段，也开辟了文化传播与交流的新时代。巨大的全球性网络将世界各地的人们带入了一种互相依存的世界秩序中，人们对世界上发生的各种事情根本无法回避，所以“世界性”是全球化的标签。

民族界限的超越以及全球依赖性的增强是全球化带来的必然结果，同时也是全球化内在属性的必然要求。在全球化背景下，一个国家或地区对其他国家或地区的影响和依赖程度超过以往任何时候；任何一个国家或地区的重大事件，都可能给其他国家或地区带来重大影响，必然引起全球关注。如存在于不同国家和地区的恐怖主义问题、环境问题、毒品问题、艾滋病问题等已不仅仅是某个国家或地区的问题，已经成为世界性问题，需要人类共同应对。如 2011 年日本的福岛核泄漏事件引起了包括中国在内的亚洲多个国家的高度关注；2013 年发生在美国的斯诺登事件已经不仅仅涉及美国人民的隐私问题，更在世界范围内引发了美国外交地震。

实际上，全球化就在我们身边，已经融入我们的日常生活。如我们经常吃的薯片、巧克力以及麦当劳、肯德基都是全球化的产物；许多同学衣服上印着的也是“adidas”、“NIKE”以及“NB”等品牌标识；“玉兰油”“兰蔻”“雅诗兰黛”等国外化妆品品牌，深受爱美女性欢迎。全球化在我们的生活中已经无处不在。

二、全球化的历史追溯

全球化实际上起源于欧洲近现代工业文明的全球扩张，而欧洲近现代工业文明又是在古希腊、古罗马文明的基础上发展起来的。恩格斯曾经指出：没有希腊文化和罗马帝国奠定的基础，也就没有现代欧洲。

资本主义兴起后，引发了开辟市场的需要。15 世纪到 16 世纪，资本主义以惊人的速度发展，欧洲文明以民族国家为依托，开始以暴力或非暴力的手段向全世界扩张，至此，当今意义上的全球化进程正式开始。到 19 世纪中叶，欧洲各国相继完成了工业革命，生产力以前所未有的速度和规模发展，它们已经把全世界处于不同发展状态的社会联系在一起，形成了世界市场，在人员、物资、资金、技术、文化和制度等方面与世界各国开始了大规模的交流，世界进入了全球化的初级阶段。全球任何一个地方都无法再处于封闭状态，传统社会都在适应欧洲带给其的工业文明。封闭状态一旦被打破，人们自我意识的觉醒、思想的交流与开放、社会的变革等便成为世界的常态。

1840 年英国人用坚船大炮打开了中国封建王朝的大门，用暴力将古老的中国强行拖到了全球化进程中来。在血与泪的思考中，中国人抛弃了传统的封建体制，开始学习西方先进文明，从维新变法到辛亥革命，建立了亚洲第一个共和国，建立了近现代教育、近现代工商业、近现代新闻出版业等。到 1945 年，中国废除了绝大部分不平等条约，并在二战中赢得了战胜国大国地位，成为联合国的创始国和《联合国宪章》起草国之一，并成为联合国安理会常任理事国，成为国际社会的重要一员。1949 年后，受“冷战”影响，中国在经济和政治上一度游离于全球化主流进程之外。1971 年中华人民共和国在联合国取代台湾当局正式成为联合国成员后，中国才又开始正常地参与世界政治、军事等事务的规则制定和运行。1978 年后中国实行对外开放，中外经济、文化等各领域开始了大交流、大发展。20 世纪 90 年代中国政府签署了多种维护人权的国际条约。2001 年中国加入世界贸易组织，标志着中国在经济上已接受了全球统一的贸易规则，并在此框架下与世界各国进行平等互利的经济活动。如今，中国政府制定各项发展战略和规划都要参照“全球化”这个参照系，中国已经融入了全球化的潮流中。

不可否认的是，当今的经济全球化作为一个客观进程，西方发达国家仍起主导作用，发展中国家总体上仍处于弱势。但正如世界经济论坛创始人施瓦布所说，全球化就像新升的太阳，是一个无可争辩的事实。全球化对中国来说既是机遇也是挑战，我们应抓住机遇快速发展，缩小与发达国家的距离。

三、 如何认识全球化

全球化是一把“双刃剑”，尤其是对于发展中国家来说，既是机遇也是挑战。

（一）全球化的普世性意义

全球化可使世界范围内的资金、技术、产品、市场、资源、劳动力进行有效合理的配置。发达国家和发展中国家各取所需，使不同国家、不同地区的经济要素有效组合，客观上促进了全球社会生产力的发展，促进了发展中国家经济的发展，减少或避免了人类社会现有的各种资源的浪费。

（二）全球化之于中国的意义

全球化对于我国这样的发展中国家来说，是一次难得的机遇。全球化为发展中国家提供了一个摆脱落后面貌，缩小与发达国家之间经济差距的良好的发展契机。

第一，有利于吸引外资。外资的大量引入，对满足国内资本需求有巨大贡献，在一定程度上弥补了我国现代化建设急需的资金，促进了产业结构的改善和生产力的发展。在吸引外资的同时，我们还引进了一些先进技术和管理经验，也对我国现代化建设起到了积极的作用。

第二，有利于扩大对外贸易。经过多年的努力，对外经济贸易已成为我国国民经济的重要增长点。

第三，有利于吸收农村剩余劳动力。我国东南沿海地区的对外贸易加工带，吸收了大量的农村劳动力，在一定程度上推进了我国的工业化和城镇化进程。

总之，全球化促进了贸易和投资的自由化，有利于发展中国家利用外资和对外投资；全球化加速了技术转让和产业结构调整的进程，促使发展中国家不断吸收先进技术，并使出口商品结构不断优化；全球化迫使发达国家考虑发展中国家面临的问题，并帮助解决；全球化为世界各国人民提供了选择物美价廉的商品和优质服务的好机会；全球化促进了世界大文化的产生和发展。

（三）全球化的弊端

全球化，尤其是经济全球化，对发展中国家来说也是一次不得不面对的重大挑战。如果抓不住机遇快速发展，缩小与发达国家的距离，处境会更加不利。

第一，全球化进程加剧了世界经济的不平衡，使贫富差距拉大。经济全球化对发展中国家民族经济造成冲击，而且这种冲击是建立在不平等关系基础之上的。

第二，全球化使世界经济不稳定性加强。经济全球化使各国经济同世界经济的联系更为密切，各国国内经济的稳定将不仅仅取决于本国国内因素，还要受到国际因素的巨大影响。

第三，现行的全球经济运行规则不尽合理，大多有利于发达国家，而发展中国家所付出的代价巨大。在经济全球化进程中，由于国际经济组织大多是由欧美等发达国家操纵的，因此经济全球化的游戏规则主要由发达国家来制定。

第四，全球化还可能导致发展中国家生态环境遭到破坏。发达国家往往出于本国战略利益的考虑，为了保护本国的生态环境不受污染，而把大量的污染工业建在海外。

第五，全球化必然给民族文化带来一定的冲击。这将使得各个民族的文化特质消长不等、凸显不一。这种现象不利于文化的发展，更不符合百花齐放、百家争鸣的文化演进原则。

面对全球化的浪潮，发展中国家只有根据自己的实际情况，实行恰当的政策，采取有力的措施，扬长避短，迎接挑战，才能变不利为有利，加快发展。

四、 如何积极应对全球化

全球化是工业文明发展的必然结果。有人反对，有人支持。一部分发达国家的反对人士认为，国际资本流入发展中国家，会影响本国经济发展；还有一部分反对人士认为，全球化使更多的发展中国家的民众移民至本国，会影响目前的社会福利和社会秩序。一部分发展中国家的反对人士认为，全球化导致全球范围内的两极分化，使穷的越来越穷，富的越来越富；还有一部分反对人士出于传统的民族主义思维，认为全球化不利于本民族传统文化的发展。

对于全球化，可谓公说公有理，婆说婆有理，但一个不可辩驳的事实是在全球化问题面前，横亘着两个异常尖锐的问题：一是霸权主义，二是民族主义。

当前，全球都在不知不觉中追随着美国的生产方式、生活方式和思想文化，这种情况在欧洲也不例外。在国际社会上，许多时候美国甚至不顾《联合国宪章》，强行维持所谓的世界秩序。那么，作为发展中国家的公民，我们应该怎样应对全球化呢？

（一）做一个世界公民

何为世界公民？世界公民有多重含义，通常是指不只关心自己的社区和国家，也关心世界上其他地方的事情的人。他们关注世界上不平等的情况，了解不公正和贫穷的成因，亦愿意承担责任，身体力行挑战贫穷与不公正。世界公民一般要具备以下要素：在情感与价值观上要尊重不同的文化与价值；在知识与能力上要明确全球相互依存的关系；在行动上要身体力行，为个人的行为对世界的影响负责。

（二）自我发展，提高抗击能力

在当今以和平为主题的时代，中国应抓住改革开放的机遇，积极引进西方先进思想、制度、技术，加速政治、经济、技术、军事等各个领域的发展，实现中华民族的伟大复兴，提高国家的抗击能力。在此过程中，我们应不断提高现代化的两大指数——市场经济和民主政治。只有这样，中国才会成为不仅有经济实力，而且有政治、军事实力，以及在道义上的巨大感召力的现代民主国家，也才能真正拥有反对霸权主义、强权政治的能力。

在这一过程中，应做到理性爱国，抛却偏激和狭隘的民族主义。

历史上，民族主义在团结民众抵御外侮、激发民族情感形成凝聚力时起到了巨大的推动作用。如以 19 世纪拉美独立战争为发端，20 世纪初发展于中国、伊朗、印度、土耳其等国家的民族民主运动，给欧洲殖民体系以沉重打击，极大动摇了欧洲殖民统治，构成了 20 世纪民族主义的主要内容。

不可否认的是，民族主义是一把双刃剑。当民族主义走向极端，便蜕化成霸权主义和法西斯主义，给人类带来巨大灾难，20 世纪上半期的两次世界大战就是很好的证明。第二次世界大战期间，法西斯主义把狂热的民族主义和种族优胜观结合，民族主义成了残杀同类、导致文明大倒退的帮凶。

二十世纪八九十年代，以东欧剧变和苏联解体为源头，世界上兴起了第三次民族主义浪潮。与世界上的民族主义突起相呼应，在中国也发生了多次比较激烈的群众行为，反美、反日是主要目标。

华东师范大学历史系教授许纪霖曾批判过这种情绪化的民族主义，认为我们要建构现代、开放的民族主义。在此过程中，要明晰两个问题：一是西方文明与西方霸权的区别；二是现代化与西方化的区别。

在民族主义的问题上，我们应该明白，任何一个民族如果不学习更先进的事物，反而故步自封的话，就只能原地踏步甚至导致文明倒退。因为不断改善规则、除旧革新，是人类文明的基本法则。《周易》有言：“穷则变，变则通，通则久。”历史一再证明，拒绝接受外来先进事物的民族，只能自毁前程。

因此，在全球化进程中，我们应该保持充分的文化自知、文化自信，树立现代、开放的民族主义观，抛弃狭隘、偏激的民族主义，将爱国主义思想融入建设国家的热情和行动中，这才是真正的理性爱国。

（三）树立全球意识

面对不可抗拒的全球化潮流，我们要树立全球化意识，拥有世界化的胸怀。面对全球化的洪流，抵制全球化、拒绝现代文明的国家，往往是以贫困、动乱、专制为代价，以极端的民族主义或所谓的“国家利益”为幌子，使自己被抛在世界主流进程之外，自食苦果。

随着人类的发展进步，一方面，各国各民族之间的相互联系越来越紧密，相互依赖度越来越高；另一方面，人类面临的挑战越来越具有全局性、综合性和长远性，没有哪一国能够独善其身，也没有哪一国可以包打天下。比如核灾难，如果说常规战争的结果通常都是有输有赢的零和博弈的话，那么核战争就是两败俱亡的负和博弈，甚至那些没有参与战争的人们也会遭到毁灭。再比如气候变化，如果任由气候变暖，人类很可能遭遇难以承受的灭顶之灾。在这些面向整个人类的灾难面前，主权国家的利益已经显得微不足道，甚至主权已经变得没有意义。整个人类，不管何国何族，恐怕是欲存俱存、欲亡俱亡。在这样的现实状况下，人类已经命运与共，已经结成命运共同体。习近平总书记在阐述人类命运共同体时，用了“地球村”这个词来形容当今人类社会的状况，而地球村正是全球化进程中当今世界的真实写照。虽然人类生活在不同文化、种族、肤色、宗教和不同社会制度所组成的世界里，但是这个世界，各国相互联系、相互依存的程度空前加深，人类生活在同一个地球村里，生活在历史和现实交汇的同一个时空里，越来越成为你中有我、我中有你的命运共同体。

在全球化时代，我们需要站在世界的高度，抛弃一些狭隘的认识，用全球化的眼光和普世价值的标准来观察、理解、思考、行动，做开放、包容、负责的世界公民。

思考与实践

1. 结合所学专业，谈谈作为一名在校大学生应如何应对全球化。
2. 全球化给我们带来何种机遇与挑战？
3. 全球化时代我们应如何理性爱国？

推荐书目

1. 《全球化的威胁》（爱德华·赫尔曼，《马克思主义与现实》，1995 年第 5 期）。
2. 《失控的世界》（安东尼·吉登斯，江西人民出版社）。
3. 《什么是全球化》（乌尔里希·贝克，华东师范大学出版社）。

名篇导读

《冷视反全球化热》（钟伟）。

冷视反全球化热

钟　伟

编者导引：作者冷静批驳了几宗看似合理实则荒诞的反全球化理由，指出虽然在目前的进程中，全球化仍然带有强权主导性，但面对全球化的历史潮流，我们没有“第三条路”可走，而那些反对全球化，甚至认为“对全球化我们可以另有选择”的人只不过是在从理论和实践上给自己的怯弱找借口而已。

请扫码阅读

下篇

人文感知篇

第七讲　哲学智慧与人文

名人名言

认识你自己。——苏格拉底

我思故我在。——笛卡儿

人性一个最特别的弱点就是：在意别人如何看待自己。——叔本华

凡是现实（存在）的就是合理的，凡是合理（存在）的就是现实的。——黑格尔

我除了知道我的无知这个事实外一无所知。——苏格拉底

一、认识哲学

课堂讨论

什么是哲学？哲学有用吗？

（一）什么是哲学?

哲学是理论化、系统化的世界观，是自然知识、社会知识、思维知识的概括和总结，是世界观和方法论的统一。

哲学一词源出希腊语 philosophia，意即“热爱智慧”。智慧有两个特点：一是完整性，就是把生命视为一个整体；二是根本性，就是思考人生的根本问题，如生死、生命意义等。

哲学是社会意识形态之一，是关于世界观的学说，是自然知识和社会知识的概括和总结。哲学是研究根本性问题的，那么，哲学的根本问题是什么？就是思维和存在、精神和物质的关系问题。根据对这个问题的不同解释而形成两大对立派别：唯心主义哲学和唯物主义哲学。

马克思和恩格斯批判地吸收了过去哲学上的成就，总结了自然科学的成果和无产阶级斗争的历史经验，建立了马克思主义哲学，即辩证唯物主义和历史唯物主义。

古希腊哲学以人类的思想认识活动为对象，追求人类思想认识活动这个本源事物的知识是哲学具有的个性或特殊性规定。哲学就是人类为了提高认识思维能力，为了更有智慧而进行的思想认识活动。

哲学无处不在，哲学就在我们身边。学哲学，用哲学，是一个永恒的话题。有人说：“哲学是明白学。”学了马克思主义哲学，明白如何做人，如何做事，这样的哲学确实是“明白学”。但也不尽然，如西方的“经济哲学”，中国的魏晋“玄学”，就把简单的哲学问题搞得很复杂，很难懂，将哲学变成了“糊涂学”。

“哲人”专指那些善于思辨、学问精深者，近似西方“哲学家”“思想家”。一般认为中

国哲学起源于东周时期，以孔子的儒家、老子的道家、墨子的墨家及晚期的法家为代表。而实际上在之前的《易经》当中，已经开始讨论哲学问题。

(二) 哲学的价值

如前所述，哲学是理论化、系统化的世界观，是自然知识、社会知识、思维知识的概括和总结，是世界观和方法论的统一。古希腊哲人也认为哲学就是智慧之学。这就意味着在认识、改造世界方面，即使哲学不能对所提出的问题提供任何确定的答案，但是却带着仰望天空的人类求知的本性，褪去世俗的遮蔽，展现本真的力量，这就是哲学的价值功用。

第一，哲学是认知自然的基础，学习哲学可以丰富知识。"现实"的人，是指只承认物质需要的人，只知道肉体需要食粮，却忽略了为心灵提供食粮的必要性。即使人人都是经济充裕的，即使贫困和疾病已经减少到可以忽略的程度，为了创造一个有价值的社会，还是会有很多事情要做的；即使是在目前的社会中，心灵所需要的东西至少也是和肉体所需要的东西同样重要。只有在心灵的食粮中，才能够找到哲学的价值；也只有不漠视心灵食粮的人，才相信研究哲学并不是白白浪费时间。哲学和别的学科一样，其目的首先是要获得知识。哲学所追求的是可以提供一套科学统一体系的知识，和由于批判成见、偏见的基础而得来的知识。任何一门科学，在其知识体系搭建之初，总是属于哲学对世界的探讨的范畴。但是任何一门科学，只要关于它的知识一旦可能确定，这门科学便不再称为哲学，而变成一门独立的科学了。例如关于天体的全部研究现在属于天文学，但是过去曾包含在哲学之内；牛顿的伟大著作就叫作《自然哲学之数学原理》。同样，研究人类心理的学问，早期也是哲学的一部分，但是现在已经脱离哲学而变成心理学。因此，哲学的不确定性在很大程度上不但是真实的，而且还是明显的：有了确定答案的问题，都已经放到各种科学里面去了；而现在还无法提供确定答案的问题，便仍构成叫作哲学的这门学问的一部分。

第二，学习哲学可以增加智慧，滋润心灵。因为哲学不能对所提出的问题提供任何确定的答案，这一不确定性可以帮助人们从不同角度看问题，启迪智慧，滋润心灵，进而解决问题。

从前，有两个饥饿的人得到了一位长者的恩赐：一根鱼竿和一篓鲜活硕大的鱼。其中，一个人要了一篓鱼，另一个人要了一根鱼竿，于是他们分道扬镳了。得到鱼的人在原地就用干柴搭起篝火煮起了鱼，他狼吞虎咽，鱼很快就被他吃了个精光。不久，他便饿死在空空的鱼篓旁。另一个人则提着鱼竿继续忍饥挨饿，一步步艰难地向海边走去，可当他已经看到不远处那片蔚蓝色的海洋时，却连最后一点力气也使完了，他也只能眼巴巴地带着无尽的遗憾撒手人间。又有两个饥饿的人，他们同样得到了长者恩赐的一根鱼竿和一篓鱼。只是他们并没有各奔东西，而是商定共同去找寻大海，他俩每次只煮一条鱼。他们经过长途跋涉，来到了海边，从此，两人开始了捕鱼为生的日子。几年后，他们盖起了房子，有了各自的家庭、子女，有了自己建造的渔船，过上了幸福安康的生活。同样的一根鱼竿和一篓鱼，不同的人从不同角度来看待和处理，结局迥然。这就是哲学的价值。当事人也许没有专门学过哲学这门学科，但是却一定有自己的哲学思考。

第三，学习哲学有助于青年人的健康成长。学习哲学有助于培养和确立科学的世界观，有助于启迪理论思维能力，有助于培养创新精神和创造性思维能力，有助于掌握认识世界和改造世界的伟大认识工具——马克思主义哲学。

（三）如何提升哲学素养

一要培养良好的思考习惯，要在不疑处有疑，读书时养成质疑、反思的习惯。

二要形成正确的价值取向。每个人都有自己的性格和处事风格，经过学习成长，进行修正、调整，叫作价值取向。每个人要了解自己对人生的期望，找到自己的价值取向，不能把别人的价值观加在自己身上。价值取向决定人生的选择。西方谚语说：仆人眼中没有伟人，真正的伟人不是要别人欢呼，而是要让自己满意。有的人崇拜明星，有的人为了理想追求无怨无悔，这都反映了一个人的价值取向的意义。

三要力求知行合一。西方哲学家怀特海说："一定要等到你课本都丢了，笔记都烧了，为了考试而记在心中的各种细目全部忘记时，剩下的东西，才是你所学到的。"我们不仅要学习知识，还要消化知识，最终达到融会贯通的目的。

二、儒、释、道哲学

（一）儒家哲学

儒家哲学是关于调整人文伦理关系的哲学。代表人物有孔子和孟子。

孔子（前 551—前 479 年），核心哲学观点是"仁"以及仁者爱人的道德原则。孔子认为，"仁"即"爱人"。所谓"爱人"，就是人们之间的相亲、相近、相和。"仁"是人道的根本，也是治国安民的基本原则。为了推广这一哲学观念，他创办私学，第一次打破了旧日统治阶级垄断教育的局面，变"学在官府"为"有教无类"，使传统文化教育扩展到普通民众。儒家哲学思想是中国社会一般民众的核心价值观，也是东亚地区的基本文化信仰。相比于西方宗教哲学对神明的战战兢兢，儒家哲学对于天命和天神采取了敬而远之的态度。

孟子（前 372—前 289 年），继承孔子的衣钵，继续发展儒家哲学。相较于孔子更多关注人与人的关系，孟子更关注人与社会的关系，将孔子的伦理哲学发展到了政治哲学。孟子提出"王""霸"等政治概念，认为"以力服人"是"霸道"，"以德服人"是"王道"，"尊王贱霸"是他坚持的政治主张。

（二）道家哲学

道家哲学的核心是"道"，认为"道"是宇宙的本源，也是统治宇宙中一切运动的法则。道家发展出迥然不同于儒家的社会哲学，认为社会只是一方存在的客体，在其中生存的人们，应有其独立自存的自由性，而不受任何意识形态的束缚。代表人物有老子和庄子。

老子（生卒年月不详），认为"道"没有具体的形状，也没有任何规定性，它不可名状、不可感知，但它又是确实存在的；它具有独特的超越性，不受时间和空间的限制，是

“万物之宗”。“道生一，一生二，二生三，三生万物。”道不仅是万物之源，也是万物的归宿。老子的言论具有丰富的辩证法思想，其核心是“反者道之动”，它揭示了世界万物运动变化的原因和动力都在于“反”。正是由于事物内部对立相反的作用，才使得“道”能够循环不止，化生万物，才使得万物能够变动不居、生生不息。

庄子（约前 369—约前 286 年），与老子合称“老庄”。老子特别强调“道”的“反”的规律和“道”的无为等特性；而庄子则将“道”论的重点转移到讨论心灵的境界，追求精神上对世俗的超越。追求精神自由是庄子的理想，他把绝对的精神自由的获得称为“得道”和“体道”。在认识论上，庄子擅长运用辩证法。

（三）释家（佛教）哲学

佛教有“哲学的宗教”之称，由乔达摩·悉达多创立。佛教哲学是典型的宗教哲学。佛教的核心哲学观点是：诸法由因缘而起。佛教否定宿命论，认为人有命运，但是不鼓励人听天由命，而是希望人开创命运。命运也是因缘生法。

三、 西方哲学

古希腊历来被认为是欧洲文明的摇篮，是欧洲乃至西方哲学的故乡。古希腊哲学的最早流派米利都学派约产生于公元前 7 世纪或公元前 6 世纪，在此之前，古希腊哲学也有一个漫长的孕育时期。在一定意义上可以说古希腊哲学的前提是古希腊神话。古希腊神话包括神的故事和英雄传说两部分。在最古老的神话中，讲到了天地的开辟、众神的诞生、人类的起源等。在古希腊人的想象中，神具有人的形象和人的感情。神和人不同的地方在于，他们是永生不死的，他们比人更高大、更有力量，而且主宰着人间的祸福和命运。奥林匹斯山的 12 个主要的神实际上就是自然力的化身。

古希腊的哲学思想虽然以神话和传说为前提，但神话和传说中的神和半人半神的英雄都是现世人的投影。有的学者在谈到古希腊神话中的神的特点时指出：大多数民族的神都自命曾经创造过世界，奥林匹斯的神并不自命如此。他们所做的主要是征服世界。这正是古希腊神话中可贵的地方，反映出古希腊人积极、进取的人生态度。西方哲学从神话中脱胎而出之后，在马克思主义哲学形成之前，大约经历了古希腊古罗马哲学、中世纪哲学和近代哲学三个时期。

（一）古希腊古罗马哲学

希波战争后，希腊城邦进入了繁荣时期。与经济的发展相适应，哲学思想获得了巨大的发展，先后涌现了三位杰出的思想家：苏格拉底、柏拉图和亚里士多德。他们并称为古希腊哲学的“三驾马车”。

1. 苏格拉底

苏格拉底（前 469—前 399 年）出生于雅典的中产阶级家庭。他从父亲那里继承了一个雕刻作坊。他的母亲是一个助产婆。

苏格拉底始终以教育青年为己任，没有留下任何著作，后人是通过他的两个学生——

色诺芬尼和柏拉图来了解他的哲学思想的。苏格拉底认为研究哲学不是纯思辨的私事，而是对社会应尽的义务。在此意义上，他自称是针砭时弊的“神圣牛虻”。他主张哲学研究的对象应从自然转向人，把维护公众利益作为哲学的目标。苏格拉底提出了“德性就是知识”的观点，强调知行统一、真善一体。

2. 柏拉图

柏拉图（前 427—前 347 年）生于雅典贵族家庭，母亲出身于名门望族。他青年时受过良好的教育，20 岁时成为苏格拉底的弟子，一生景仰其师的思想和人格。公元前 387 年，他在以古希腊英雄阿卡德米命名的运动场附近创立了一所学园，这是西方最早的高等学府，后世的高等学术机构（academy）因此得名。

柏拉图的授课内容没有流传下来，我们现在看到的柏拉图的作品主要是 40 多篇对话，其中 28 篇被确定为真品或可信程度很高的作品。柏拉图的对话作品有很高的文学欣赏价值，对话人物性格鲜明，场景生动，对话充满情趣，严密的论证配以优美的语言，行云流水的雄辩夹杂着隽永的格言，达到哲学与文学、逻辑与修辞的高度统一。

柏拉图的思想是对以前的古希腊哲学，包括早期自然哲学及苏格拉底的原则和方法的创造性综合。柏拉图对话的主角多为苏格拉底，反映出苏格拉底对他影响很深。

柏拉图的基本观点是：理念型相是独立与可感事物的存在，否则就不会有确定的知识；灵魂属于永恒的理念序列，否则就不可能预先具有潜在的、有待揭示的指示。因此，他在个别的、可感的事物之外设定了一个普遍的、可知的理念领域。他主张理念型相与个体相分离，乃是出于发展苏格拉底的伦理思想，使之完美化的需要。他的理念论综合了本原论和认识论、灵魂观和伦理观以及社会政治学说，是古希腊哲学第一个完整的、成熟的理论体系。

3. 亚里士多德

亚里士多德（公元前 384—公元前 322 年）出生于医生家庭。他 17 岁时去雅典学园求学，师从柏拉图 20 年，直至公元前 347 年柏拉图逝世。他对柏拉图人格的敬仰并未使他盲目崇拜柏拉图的学说，相传他的格言是：“吾爱吾师，吾更爱真理。”他明确地批判柏拉图的理念论，力图克服柏拉图轻视感觉经验、不注重研究运动变化的倾向，创立了自己的哲学体系。

亚里士多德堪称古希腊哲学的集大成者。按照他对哲学的理解，哲学是一切科学（柏拉图所谓的知识）的总汇，包括理论科学、时间科学和艺术三类。理论科学又被称为第一哲学或“形而上学”。

亚里士多德在总结了以往哲学的是非得失之后指出，第一哲学的研究对象既不是“自然”，也不是“理念型相”，而是“是者”。他认为，“是者”范围最广，地位最高。没有一样东西不属于“是者”的范围，但其他科学研究的是“是者”的某个部分或性质，只有第一哲学才研究“是者”自身和本质属性。亚里士多德明确地把第一哲学的对象归结为“是者”，标志着哲学思维的突破。

与古希腊哲学的璀璨炫丽相比，古罗马的哲学思想不过是古希腊哲学的余绪，其特点是把古希腊哲学的理性主义与东方的神秘主义相糅杂。一直到共和国末期，古罗马都没有产生过一位真正的哲学家。可勉强称之为古罗马哲学家的小加图、西塞罗和卢克莱修，他们在哲学方面的工作只是把古希腊的柏拉图主义、斯多葛主义、怀疑主义和伊壁鸠鲁主义介绍给了对哲学深表反感的罗马人。罗马共和国和罗马帝国几百年历史，哲学可谓一片荒漠。

（二）中世纪哲学

在欧洲中世纪的漫漫长夜里，基督教占有绝对的统治地位，哲学成为神学的“婢女”，对“神圣天国”的膜拜代替了对客观真理的追求。

文艺复兴时期的哲学思想明显体现了两大主题：人的发现和自然的发现，出现了众多以倡导维护人的尊严、歌颂人的才能、崇尚人的自由为哲学宗旨的人文主义者。文艺复兴时期是自然哲学的繁荣期。

（三）近代哲学

近代哲学的代表是德国古典哲学。德国古典哲学是时代精神和民族精神的集中反映，它在哲学史上具有超越时空的理论价值，是集大成的思想。康德的批判哲学对经验论和唯理论的总结，黑格尔对以往的哲学体系的总结，都标志着西方哲学一次大的飞跃。

1. 康德

伊曼努尔·康德（1724—1804 年），生于东普鲁士的格尼斯堡，父亲是一个马鞍匠。康德从小在教会办的学校受教育，1740 年进入格尼斯堡大学神学院，1745 年毕业后当了 9 年的家庭教师。从 1755 年开始，康德一直在格尼斯堡大学任教，当了多年的编外讲师，1770 年才晋升为教授。

康德经过长期的艰辛探索，终于在 1781 年发表了《纯粹理性批判》。他在该书的第二版序言里，把这部书的意义概括为哲学领域的“哥白尼革命”。这场革命的任务是解决哲学面临的危机。康德曾对哲学的历史和处境做过生动的描绘。他说，在历史上，形而上学号称是一切科学的女王，“但是，时代变了，风尚变了，现在对形而上学只有无情的轻蔑；这位年迈的贵妇人备受谴责，惨遭遗弃”。康德对传统形而上学的批判全面系统而犀利深刻，在当时哲学界造成了革命性震动，对后世哲学的发展也有深远的影响。从亚里士多德开始，西方哲学家所说的实践，常常是指道德实践。康德用狭义的实践概念来讨论人类道德活动的基础。他认为，道德实践的基础是纯粹理性，而不是经验论者和启蒙学者所说的感觉或情感。

康德的批判哲学集中体现了启蒙时代的理性主义和人道主义精神，他不但是终生在书斋里格物穷理的集大成的学者，而且是站在时代前列的进步思想家。

2. 黑格尔

威廉·弗利德里希·黑格尔（1770—1831 年）出生于一个政府公务员家庭。大学毕业后，黑格尔先后在耶拿大学和海德堡大学任教，1829 年被任命为柏林大学校长，1831 年死于霍乱。

黑格尔建立了历史上最庞大、最全面的哲学体系。黑格尔哲学的特点和优点在于它的整体性，奠定了黑格尔在哲学史上集大成者的地位。

黑格尔反对两种貌似对立的真理观：一种是独断论，认为自己已经发现了终极的真理；另一种是怀疑论和折中主义，认为哲学无真理，有的只是纷争的意见或意见的总和。当黑格尔说真理是全体时，他的意思是说，真理是历史发展的全过程。这是一个由低到高的发展过程，历史上后发展起来的体系要比以前的体系更加高级，它克服了以前体系的缺点而保留了其优点；当它被更先进的哲学体系所推翻时，又以同样的方式保留了自身的优点，因而成为真理的一个环节。

黑格尔的逻辑是辩证法。他从费希特那里接受了辩证逻辑的三段式的形式，即正题、反题、合题的形式。他的高明之处在于看到无论哪一种形式都是对前一种形式的否定；反题是对正题的否定，如此螺旋式地上升，直至达到终极目标。黑格尔的哲学体系不是圆圈，而是由很多大大小小的圆圈组成的一个螺旋，螺旋的转动就是否定。在此意义上，黑格尔的辩证法是否定辩证法，否定的原则是辩证法的轴心，三段式不过是否定原则的表面形式罢了。黑格尔的辩证法思想是马克思主义的哲学基础之一。

四、 哲学中的人文精神

中国哲学的根本特点之一是：观念上的“和而不同”和实践中的整体会通。具体地说，在中国传统文化中，无论是儒、释、道三家，还是文、史、哲三科，天、地、人三学，虽有其各自不同的探究领域、表述方法和理论特征，却又都互相渗透、互相吸收，构成了中国传统文化的一个有机整体。

如果从整体上来把握的话，可以说人文精神是中国哲学最主要和最鲜明的特征。需要说明的是，这里所说的中国哲学的人文精神与现在所说的人文主义或人本主义等概念不完全相同。在中国哲学中，“人文”一词最早见于《周易》：“刚柔交错，天文也。文明以止，人文也。观乎天文，以察时变；观乎人文，以化成天下。”具体地说，“人文”的主要内涵是指以礼乐为教化天下之本，以及由此建立起来的一个人伦有序的理想文明社会。

中国传统文化的人文精神把人的道德情操的自我提升与超越放在首位，注重人的伦理精神和艺术精神的养成等，正是由对人在天地万物中这种能动、主动的核心地位的确认而确立起来的。

由此又形成了中国哲学的两个十分显著的特点：一是高扬君权师教，淡化神权，宗教绝对神圣的观念相对比较淡薄；二是高扬明道正义，节制物欲，人格自我完善的观念深入人心。也就是说，在中国传统文化的人文精神中，包含着一种“上薄拜神教，下防拜物教”的现代理性精神。

中国哲学的这种人文精神，根植于远古的“天人合一”的原始文化之中。人们常把它视作中国文化的主要特征之一。“天人合一”的中心是“顺自然”（这里是指自然界的“本然”法则与状态）。道家思想强调顺自然，这是人们所熟悉的。儒家把大禹治水的智慧看成是顺自然的典范，充分体现了有为和无为在顺自然原则中的统一。

而中国的“礼”起源于祭祀，与原始宗教有着密切的关系。然而“礼”在中国传统文化的发展历程中越来越富于人文的内涵，乃至最终成为体现中国传统文化人文精神的主要载体之一。“礼”的人文内涵，在中国哲学中，特别是儒家文化中，有着极为深远的影响。在中国文化传统中，常常把那些带有宗教色彩的仪式纳入礼制中去，而不是使礼制作为宗教的一种。中国传统文化注重并强调心性道德修养，主张人不应当“役于神”，更不应当“役于物”，人应当有自己独立的人格。借助中国传统文化和哲学中的人文精神来提升人的精神生活、道德境界，可抵御物质文明的高度发展而带来的拜金主义和拜物教以及由此造成的人类的自我失落和精神空虚，这也就是中国传统文化中的人文精神还值得人们在今日来认真研究的理由。

在西方，启蒙运动冲破了中世纪神本文化的牢笼，倡导人本主义、倡导尊重人性的思想同样闪烁着人文的光芒。在古希腊文明中，人文精神和科学精神本为一个统一体。人文精神中包含着科学思维的核心要素之一——自由理性。古希腊发达的自由理性遗产经历了长期的衰落后，在中世纪的经院哲学中得到一定程度的恢复。文艺复兴运动号召复兴古希腊文化遗产，重新肯定和发展了古希腊的人文精神传统，增强和确立了人类对自身自由理性的信心，改变了人的自然观。文艺复兴时期的人文精神实际上孕育和促生了近代的科学思维和近代科学各学科。17 世纪以后，近代科学各学科在改造自然和社会中显示出巨大的力量，科学的实用价值日渐突出。19 世纪以后，科学功利主义无限膨胀，人类在世界范围内形成了对科学“工具理性”的崇拜，科学背后的人文精神的畛域逐渐被侵夺，人文精神传统日渐萎缩。“科学崇拜”的盛行造成许多负面影响，对人类生存环境造成了严重危害，对人类本身的生存形成严重威胁。提倡人文精神和科学精神的和谐统一，是人类自救的必由之路。

思考与实践

1. 谈谈你对哲学的理解，以及生活中你如何用哲学的观点思考问题。
2. 怎样理解中国哲学中的“天人合一”?

推荐书目

1.《大学人文教育读本》(德铁婴，中国人民大学出版社)。
2.《大学人文教育》(夏中义，广西师范大学出版社)。
3.《西方哲学智慧》(张志伟，中国人民大学出版社)。
4.《中国哲学智慧》(向世陵，中国人民大学出版社)。

名篇导读

1.《哲学的作用》(维尔·杜兰特)。
2.《十大经典哲学故事》(经管之家论坛)。

哲学的作用

维尔·杜兰特

哲学里大有可资读书人品尝玩味的乐趣，甚至就连形而上学的虚无缥缈也自有其动人之处。

可惜我们都是肉身凡胎，七情六欲一下子就使我们从思想的高空堕入为了生计而锱铢必较的市场中来了。很多人都知道，人类历史上曾出现过一个黄金时代，当时哲学正如柏拉图所说，是“那种难得的快乐”。对羞于露面的真理的热爱似乎超过了对肉体享受和世俗财富的追求。上古对智慧这种无可比拟的崇拜时至今日仍然残留在我们渴望的灵魂中。

“生活富于意义，”我们和布朗宁怀有同样的感慨——“去发现这种意义就是我的美酒佳肴。”我们的一生，大部分时光都是在毫无意义的琐事中、磨磨蹭蹭的踌躇中和碌碌无为的哀叹中蹉跎掉的。我们徒劳地与外界的纷扰和内心的迷惘抗争着，然而，我们一刻也没有丧失这样的信念，即只要我们能够洞悉自己的灵魂，我们就会找到自己赖以安身立命的那根精神支柱。我们想了解一切，“对我们来说，生活就意味着不断地把我们的全部人格或经历变成光和烈焰”。我们就像《卡拉马佐夫兄弟》中的米蒂娅——“一个不贪图万贯家财，而只想为自己的问题找到一个答案的人”一样。

世事无常，纷纭变幻，我们只有从整体上把握住它们的意义，才能从日常生活的旋涡中挣脱出来。我们应该在有生之年一是一、二是二地弄清生活的本来面目，并用“永恒的眼光”去识别那些似乎具有永久价值的事物。我们应该学会在命运面前昂首大笑，甚至在死神降临之际也能处之泰然。我们应该成为完整的人，应该整饬调和我们的种种欲望，以此来协调我们的精力。因为经过协调的活力是伦理学和政治学的终极目标，或许也是逻辑学和形而上学的终极目标。

“要成为哲学家，”梭罗说过，“并不是只要有深邃的思想，甚至也不是去建立一所学校就行了，而是要热爱智慧，并愿意按照它的吩咐去过一种艰苦朴素、自食其力、宽宏大量和充满信心的生活。”我们可以肯定，只要我们能找到智慧，其他一切都会不期而至。“先去寻找心灵的宝藏，”培根告诫我们说，“其余的要么应有尽有，要么失去了也无关痛痒。”真理不会使我们发财，却会使我们自由。

有些读者会在这里不客气地插进来奉告我们说，哲学毫无用处——如国际象棋，晦涩艰深近乎愚昧无知，停滞不前恰似自满自足。“再也没有什么，”西塞罗说过，“比在哲学家的书本里找到的更为荒谬了。”诚然，有些哲学家学富五车，但却缺乏常识；而且许多高高在上的哲学家也是凭借空气的浮力才飞上青天的。不过，在我们这次航行中，让我们绕开形而上学的浊流和神学争端那“众多喧嚣的海域”，而只在光明之港停泊吧。

然而哲学真的停滞不前吗？科学似乎总是在乘胜前进，而哲学则似乎总是在节节败退。不过这只是因为需要哲学解决的问题都是尚无科学方法可资借助的问题——诸如善与恶、美与丑、生与死、秩序与自由等，而这是一项艰巨、冒险的任务。每当一个研究领域产生了可以用精确的公式来表示的知识时，它就进入了科学的行列。每一门科学都是以哲学开始，以艺术告终的。它起源于假设，而结束于累累的硕果。哲学是对未知事物（如在形而上学中）和所知不确切的事物（如在伦理学或政治哲学中）所做的假设解释，它是真理攻坚战的前哨阵地。科学是被占领的领土，在它的背后，是那些安全地带。在那里，知识与艺术建立了我们这个并不完美的奇异世界。哲学之所以看起来迷惘彷徨、驻足不前，是因为她总是把胜利的果实留给自己的女儿——科学，自己却永不满足地踏上探索未知领域的征程。

是不是让我们的学术气再浓一些？科学是分析描述，哲学是综合阐释。科学要把整体化为局部，有机体分成器官，晦涩变得易懂。它不去调查事物的价值和理想的可能性，也不去考察它们的终极意义，而只满足于说明它们的现状和作用，只把眼光紧紧盯在事物本身的性质和过程上。科学家就像屠格涅夫诗中的大自然一样不偏不倚：他对一只跳蚤的腿跟对一个天才创作时的痛苦同样感兴趣。然而，哲学家却不满足于对事实的描述，他希望弄清楚它与一般经验的关系，从而把握住它的意义和价值。他把事物集中起来，进行综合说明；他要把被打破砂锅问到底的科学家出于分析目的像拆卸手表似的拆开的宇宙再重新拼合起来，而且要拼得比以前的更好。科学教会我们怎样救命，怎样杀人；它一点一滴地降低了死亡率，然后又在战争中把我们一下子统统消灭。

唯有智慧——借助全部经验协调过的愿望——才能告诉我们什么时候需要救死扶伤，什么时候需要大开杀戒。观察过程，构造手段是科学；批评和协调目的是哲学：正因为现在我们的手段和工具在成倍地增长，远远超过了我们对理想与目的的阐释和综合，我们的生活才充满了喧哗与骚动，却又什么意义也没有。因为一件事实若不和愿望发生关系便一钱不值，除非与目的和整体发生关系，否则，光是事实还不完备。光有科学而无哲学，光有事实而无洞察力和价值观，是不能使我们免于浩劫和绝望的。科学给予我们知识，然而只有哲学才给予我们智慧。

具体说来，哲学意味着并包括了五个研究领域和论述范围：逻辑学、美学、伦理学、政治学和形而上学。逻辑学是对思维及其理想方法的研究：观察与内省，演绎与归纳，假设与实验，分析与综合——这些都是逻辑学试图理解和指导的人类活动的形式。对大多数人来说，这门学问沉闷乏味，然而思想史上的重大事件无不是人们在自己的思维与研究方法上所做的改进。美学是对理想形态，抑或美的研究；它是艺术的哲学。伦理学是对理想行为的研究；至高无上的知识，苏格拉底说，就是善恶的知识，人生智慧的知识。政治学是对理想社会组织的研究（而不是——像有些人认为的那样——谋取一官半职的艺术和科学）；君主制、贵族制、民主制、社会主义、无政府主义、女权主义——这些都是政治哲学中的剧中人。最后，形而上学（招来了这么多非议，因为与其他哲学不同的是，它不是借助理想来协调现实的尝试）是对天地万物的“终极存在”的研究；是对“物质”真实的、最终本质的研究（本体论）；是对“精神”的研究（哲学心理学），并且是对“精神”与“物质”在感知和认识过程中相互关系的研究（认识论）。

这些就是哲学的组成部分，然而一把它们拆得七零八落，哲学的美和乐趣就荡然无存了。因此，我们不打算在干巴巴的抽象概念和对形式的拘泥中，而是在天才的血肉之躯中寻找先哲的思想。我们不仅仅要研究哲学，而且还要了解哲学家。我们要让这些思想的圣人和殉道者们陪伴着我们度过一生，让他们光彩照人的精神时时沐浴着我们，直到我们也能领略到些许达·芬奇所谓“最高尚的乐趣、理解的欢愉”为止。如果我们的学习方法得当，我们就会发现，这些哲学家每个人都有自己的独到之处。

“你知道，”爱默生问道，“学习的诀窍吗？每个人都有值得我学习的地方，因此我是他们的小学生。”我们拿这种态度来对待历史上的思想巨人，肯定是不会有伤自尊心的。此外，我们还会为爱默生的另一句话感到沾沾自喜，那就是“当我们倾听天才的讲话时，我们会鬼使神差地回忆起自己在年轻的时候朦朦胧胧地也产生过跟天才一模一样的思想，只是当时我们没有口才或勇气把它们用形式和语言表达出来罢了”。

的确，只有当我们具备聆听他们的耳朵和灵魂的时候，只有当我们心中至少埋有那在他们身上开花结果的根系的时候，伟人才向我们讲话。我们也有过他们的经历，然而却没能从那些经历中吸吮出它们的奥秘和精微意义：我们对周围现实中嗡嗡作响的各种泛音不够敏感。天才听见了这些泛音和来自上天的音乐；天才知道毕达格拉斯称哲学为最高的音乐是什么意思。

因此，让我们倾听这些人的呼唤，乐于原谅他们偶尔的谬见，并热切地去掌握他们如此热切地给予我们的教诲吧。“然后我们还要通情达理，”苏格拉底对克里同说，“不要管那些哲学教师是好是坏，一心一意地去考虑哲学本身吧。认认真真地把它审视一番，如果它天性邪恶，那就让所有的人都远远地离开它；但是如果它没有辜负我对它的信任，那就追随它、侍奉它，并且尽情地欢笑吧。”

资料来源：维尔·杜兰特．哲学的故事［M］．肖遥，译．北京：中国妇女出版社，2004：10-16.

编者导引：维尔·杜兰特先生的《哲学的故事》（*A Short Story of Philosophy*），虽然只是一本哲学的普及读物，但是里面的文字闪耀着哲学的智慧。让人印象最深的还是短短数千字的引言。在引言中，作者基于对哲学的深刻把握，用通俗化的语言揭示了哲学的目的、哲学的任务、哲学和其他学科的关系以及哲学的分类。他告诉我们，哲学不只是晦涩难懂的形而上学，哲学离我们的生活并不遥远。

十大经典哲学故事

编者导引：经典的哲学故事让你以哲学的思维去感悟生活中的点滴，品味人生的善与美、丑与恶，不断积累并丰富自己的生活经验，提升人生体验的深度和广度。

请扫码阅读

第八讲　让历史告诉我们

名人名言

死亡的历史会复活，过去的历史会变成现在，这都是由于生命的发展要求它们的缘故。

——克罗齐

历史是一面镜子，它照亮现实，也照亮未来。——赵鑫珊

历史是时代的见证，真理的火炬，记忆的生命，生活的老师和古人的使者。

——西塞罗

不尊重历史的人，注定要重犯历史的错误。——桑塔亚

岁月是一条波澜壮阔的长河。拨开缭绕飘忽的烟雾，触摸奔流不息的河水，我们似乎可以追寻人类文明发展的旅痕，感受历史清晰有力的脉搏，体验人类生命过程的悲欢。因为滔滔的河水见证了人类的起源、文明的嬗变、帝国的兴衰、宗教的传播，用生动的旋律弹奏出一曲曲惊心动魄、跌宕起伏的乐章。让我们徜徉在历史的长河中，去寻找那些尘封已久的历史，思索历史给予我们的启示。

课堂讨论一

历史带给我们什么？

一、 关于历史的思考

人类文明社会有几千年的历史，推动人类社会不断前进的动力是什么呢？

我们应该从历史事实中来寻找答案。欧洲的文明史是从古希腊开始的。打开地图，我们不难看到，古希腊位于欧洲的东南端，非常接近两个人类的古代文明地区——古埃及和古巴比伦。此外，在古希腊文明之前，还有地中海东岸的腓尼基文明和希伯来文明，腓尼基商人游走于整个东地中海。我们合理地推断，古希腊无疑是受到了古埃及、古巴比伦和地中海东岸多重文明的影响。因为历史久远，直接证据不多，但是有两个事实很能说明这个推断。一个事实是古希腊文明最早的发源地，在地中海中的克里特岛，该岛是从古埃及、地中海东岸航行到古希腊的必经之地；另一个事实是，在小亚细亚地区发现了许多古希腊文明的遗迹，这个地区恰恰位于古巴比伦所在的两河流域与古希腊本土之间。最接近中东地区的古希腊开创了古代欧洲的文明，并且把世界的文明发展到一个新的高峰。随着亚历山大大帝的东征，古希腊文明大大扩展，并且把文化中心移到了埃及的亚历山大城。

现代人虽然难以了解当时的许多细节，但古希腊文化的发展，给了我们一个流动的形

象：从北非的尼罗河流域和西亚的两河流域流向东南欧的希腊，再从东南欧的希腊，流回两河流域和尼罗河流域。古希腊文化不仅比古埃及和古巴比伦文化更为辉煌，而且具有更大范围的影响，为后来罗马帝国的强盛提供了条件。罗马帝国的影响远远超过古希腊，把古代文明带给了半个欧洲。古希腊和古罗马两个时代，既是欧洲文明的发端，也是欧洲社会进步较快，经济、政治、文化全面发展的时代，是欧洲历史上的光辉篇章。

（一）欧洲的停顿与落后，源于单一的思想和封建割据

光辉的古希腊和古罗马时代以后的欧洲，是一个个封建割据的小王朝，单一的基督教文化居于统治地位，没有其他文化发展的余地，形成欧洲长达一千多年的黑暗的中世纪。欧洲的停顿和落后，源于单一的思想和封建割据。是蒙古人从北边打进欧洲，惊扰了欧洲人的美梦，他们方知远东有强大的先进的国家；是信仰伊斯兰教的土耳其人从南边打进欧洲，将古希腊文化重新呈现在欧洲人的面前，催生了欧洲的文艺复兴。通过阿拉伯人、土耳其人和蒙古人之手，欧洲人有了现代文明所必需的纸；为了打通去远东的航路，欧洲人有了发现新大陆之举，并推动了全球的航行。文艺复兴所展开的是古今之交流，全球航行推动的是东西之交流，这样一纵一横的大交流，将欧洲推向古今和东西大交流的中心，从而推动了欧洲经济、政治、文化的全面大发展。这种大交流需要商业、航海业的发展，必然会促进工业的发展，促进经济制度和政治制度的改革，推动欧洲从封建社会向资本主义社会转化。这种大交流必然扩大人们的视野，继承先辈的文化遗产，吸取不同区域文化的精华，就会出现大师级的人物，创建新思想、新技术、科学和文学艺术的新天地。

（二）阿拉伯人为何丧失先机

有一个需要思索的问题是，为什么近代、现代社会首先诞生在欧洲，而阿拉伯人却丧失先机？阿拉伯人生活在中东地区，是东西方之间交流的地理中心位置，而且他们长期占有丰富的古希腊文化遗产，为什么没能成为古今、东西大交流的交汇点，创建近代社会，却只是成为欧洲复兴的一座桥？

历史上辉煌的阿拉伯帝国是一个通过征服而拼凑起来的政教合一国家，内部管理十分松散，这与后来蒙古人所建立的蒙古汗国非常类似。其内部的宗教派别之争、政治权力角逐，都加速了帝国的瓦解；阿拉伯帝国时期由于领土扩张过度，在国内分封了众多封建主来管理土地，埋下了后来分崩离析的隐患。即使在阿拉伯帝国最强大的时期，帝国的中央对于北非、西欧、印度东部等边远地区的行省管理也是鞭长莫及。一旦阿拉伯帝国出现分裂，由于宗教和民族差异，这些地区便很难再统一。此外，阿拉伯帝国时期的残酷统治也激起了百姓的反抗，从而加速了它的分裂。在阿拉伯帝国时期，皇室向百姓征收名目繁多的捐税，导致大规模的起义和暴乱，动摇了帝国统治的根基。

因此，阿拉伯帝国灭亡以后难以复兴的原因可以归结为：阿拉伯帝国未能同化境内各民族，建立中央集权国家；阿拉伯帝国众多的封建主，加速了分裂过程；阿拉伯帝国的统治阶级与底层的矛盾尖锐化，失去了民心，使得帝国难以再次统一。阿拉伯人虽然有过辉煌和鼎盛却难以延续，没能引领世界历史的发展潮流，在近现代历史发展进程中衰落了。

（三）无论是世界历史，还是中国历史，都说明开放与交流是促进社会不断前进的基本要素

在中国的历史长河里，春秋战国时期是一个百家争鸣的开放与交流的年代，也是中国社会进步最快的年代。中国的春秋战国时期与古希腊时代同步，是当时世界上东西方文化的两座高峰，并且后来都出现了统一而强大的大帝国。汉、唐盛世正是对外开放交流的时代，佛教进入中国，伊斯兰教也进入中国，开辟了陆上丝绸之路，又开辟了海上丝绸之路，在中国有中东地区来的商人，也有朝鲜和日本来的留学生。唐代以后有过五代十国的短暂分裂局面，又由宋朝统一了大半个中国。宋代经济、文化、科技都有很好的发展，是一个开放的社会，特别是对东南沿海的开发和对海外的经营，更是前所未有。中国的四大发明——造纸术、印刷术、指南针、火药，是到了宋代才得到全面发展，并传向西方。宋灭亡一百多年后，有郑和舰队下西洋的壮举，是宋代航海技术打下的基础。与宋朝同时的辽、金，和继之的元朝，是由游牧民族统治，其功绩是沟通南北和东西。应该说从汉、唐直到明朝前期，中国处于世界的领先地位，经济、文化、科技都走在世界的前列。其根本原因在于，相对于欧洲和其他地区，中国是一个开放的社会，有广阔的交流天地，而且并不排斥外来的思想、文化和技艺。

中国的停滞、落后始于 15 世纪。15 世纪前三十年正是郑和七下西洋的年代（1405—1433 年），此后明朝就推行闭关自守的政策，不但不发展海军，而且限制民间的商船出海。更荒唐的是限制民间造船大小和船的帆数，致使郑和时代建造大船的技术失传。在西方，15 世纪恰恰是欧洲文艺复兴的年代，到了 15 世纪末，哥伦布发现新大陆（1492 年），葡萄牙人绕过非洲南端进入印度洋。新大陆、新航路、广阔的领地激励着欧洲的变革，使其不但从封建社会进入资本主义社会，进行了工业革命，而且建立了现代自然科学体系，为欧洲的全面快速发展打下了坚实的基础。与欧洲相反，中国却从开放的社会，退回到了封闭的社会。清朝取代明朝以后，曾经出现过康乾盛世，中国的国家版图扩大，民族统一，经济发展，人口增多。但是，清朝继承了明朝的闭关自守政策，与以欧洲为中心的大发展主流相隔绝，过着自我陶醉的日子。直到 1840 年的鸦片战争，才惊醒了中国人的美梦。

无论是世界历史，还是中国历史，都说明开放与交流才是一个社会不断前进的基本要素，不管这种开放与交流是主动的还是被动的，不管这种开放与交流是和平的还是战争的，客观上都是推动了社会的进步。

中国社会要进步，必然要走开放与交流的道路，也必然要面对世界范围的竞争。当前，中国社会正处于转型期，在这个过程中，问题显然不会少，困难也不会小。但只要中国坚持改革开放的路线，坚持与世界交流，必然能够克服各种困难，走向进步，走向光明。

课堂讨论二

谈谈中华文明的起源和特点。

二、 中华文明的历史启示

历史的长河滔滔不绝，从远古而来，奔向远方。古老苍劲的中华民族，走过了无数个春夏秋冬，经历了数不清的晴雨风雪，为我们留下了一串珍贵的历史脚印。

历史告诉我们，中华民族自古以来顽强不屈，艰苦卓绝。炎帝神农氏拿自己的生命做实验，尝遍百草，让后人不再走弯路；大禹不辞千辛万苦，开凿道路，疏通河流，让百姓不再遭受水灾的折磨。还有那么多大大小小的保卫国土的战争，无数革命先烈为救亡图存和国家的繁荣富强，不惜抛头颅洒热血。

历史告诉我们，中华民族自古以来勤奋努力，团结一心。从世界历史上最伟大的建筑之一，凝聚民族勤劳勇敢和高度智慧的万里长城，到世界上最长的人工运河——京杭大运河，再到恍若月宫，汇聚古今中外建筑艺术的皇家园林圆明园，其雄伟壮观、精美绝伦是罕有艺术成就能与之媲美的。

历史告诉我们，中华民族自古以来能书善画，极具智慧。有谁人不知大圣人孔子推崇的忠孝节义，以仁治国？“三人行，必有我师焉。”“知之为知之，不知为不知，是知也。”这些经典名句家喻户晓。又有谁能比得上李白、杜甫、白居易的诗才，出口成章，让《静夜思》《春望》《长恨歌》传诵至今？还会有谁能达到王羲之那样炉火纯青的书法技艺，能如任伯年那般将人物、山水、花鸟画得惟妙惟肖？那绝对是前无古人，后也未必有来者的。

五千年，多么漫长的时光，中华民族一步步发展，一步步强大，一步步迈向繁荣富强。感谢悠久的历史，感谢智慧的祖先，留给我们诗词画作、饰品瓷器，同时传承给我们坚强不屈的精神、勤劳勇敢的品质，让几千年后的我们因为自己是一个中国人而感到无比自豪！但我们也不能忘记近代中华文明的失落和低迷。痛定思痛，我们欣喜于历史的辉煌，感悟历史的沧桑，思索历史的启示。

（一）启示一：选择和平、和谐

中华文明植根于东亚大陆广袤的土地上，中华民族安土重迁，热爱和平。中华文明本质上是一种“和”的文明，“和”的观念在经典中多次出现，《老子》说：“万物负阴而抱阳，冲气以为和。”这是从哲学的高度解释“和”，用“和”来概括万物之间相互依存的关系。“子曰：‘君子和而不同，小人同而不和。’”（《论语·子路》）这虽然是从做人的角度解释“和”，但“和而不同”也可以视为一种维系社会的准则。“有子曰：‘礼之用，和为贵。先王之道，斯为美，小大由之。’”（《论语·学而》）这是从礼的角度解释“和”，“和”不仅是礼之所用，也是为政之道，而且是一种美。《礼记·中庸》以“和”为“天下之达道”，能“和”则能四通八达，无往不利；又说：“致中和，天地位焉，万物育焉。”达到“中和”，天地才得以正，万物才得以育，这就将“和”的意义提到了很高的地位。

中华民族深知和平对文明的保障作用，也深知战争对文明的破坏作用。西晋统一全国后，在文献整理、史书编纂、学术积累及文学创作等方面，都已初现繁荣的端倪，是战争打乱了文明发展的进程，在北方造成多年的文明断裂。宋代是中华文明史上的一座高峰，科技处于世界领先地位，是战争打乱了原来的趋势，延迟了文明的发展。

和谐与和平都基于一个“和”字。和谐是和平之上的一种更高、更美的境地，包括人与自然的和谐、人与人的和谐，以及个体的人自身的和谐。关于人与自然的和谐，重点在于既改造自然以适应人的需要，也调整人的生活方式以适应自然的规律，这就是所谓“天人合一”的要义。关于人与人的和谐，重点在于既尊重自己也尊重别人，既考虑局部的利益也顾全整体的利益，以达到整体的协调发展。关于个体的人自身的和谐，包括身、心两方面的协调，重点在于通过实践和自省以提升自己的人格和道德。中华文明中关于和谐的观念，对于解决当前中国和世界面临的种种问题，无疑具有很大的参考价值。

中华文明的历史告诉我们：文明的发展离不开和平、和谐，唯和平才能使文明的成果得以保存，唯和谐才能使文明稳步发展。

（二）启示二：选择包容

包容，是中华文明固有的思想，早在《尚书》中就有这样的话：“有容乃大。”意思是：有所包容，所成就的功德才能巨大。《老子》也说：“容乃公，公乃全，全乃天，天乃道，道乃久。”意思是：有所包容，就能臻于“公”，进而臻于“全”、臻于“天”、臻于“道”、臻于“久”。这虽然都是针对统治者而言的，但在中华文明中具有普遍的意义。中华文明是一种包容性很强的文明，中国人常用“海纳百川”来形容一个人的气度胸襟，这四个字也可以用来形容中华文明的品格。

越来越多的考古资料证明，中华文明的发祥地，不只是黄河流域，还包括长江流域。越来越多的考古资料又证明，除了黄河流域和长江流域，还有许多上古的文化遗存散布在全国各地。中华文明的组成，既包括定居于黄河、长江流域的较早以农耕为主要生活来源的华夏文明，也包括若干以游牧为主要生活来源的少数民族文明。中华文明的演进过程，是多种文明因素的整合。整合的模式是以华夏文明为核心，核心向周围扩散，周围向核心趋同，核心与周围互相补充、互相吸收、互相融合。汉族和汉族以外的55个少数民族，都为中华文明做出了重要的贡献。我们引以为傲的山西应县木塔那样精美的建筑，便是契丹族所建立的辽代的杰作；蒙古族所建立的元朝，首次开辟了南北海运航线；满族所建立的清朝，出现了康乾盛世，为中华文明增添了精彩的一页。

以战国和唐代为例进一步加以说明。战国时期儒家、墨家、道家、法家、名家、阴阳家等不同的学说和流派多元共存，自由争辩，这已是人所共知的事实。需要强调的是，这种包容不只是统治者的包容，也是整个社会的包容，孔子有弟子三千，“杨朱、墨翟之言盈天下”（《孟子・滕文公下》），其他各家也各有自己的信徒或同道，这说明社会的包容度很大。包容，也是唐代文明鼎盛的一个重要标志，这表现在许多方面，例如儒、释、道三家并用；政府机构中各民族的人才都有施展才华的机会；以科举考试选拔人才的制度使大量出身庶族的士人进入仕途；文学艺术的题材和风格多种多样；等等。

中华文明的历史告诉我们：文明的发展需要包容，唯包容才能百川汇海，唯包容才能不断壮大。

（三）启示三：选择开明

开明的核心有四点。一是民为贵，孟子说“民为贵，社稷次之，君为轻”（《孟子・尽心下》），这已成为经典性的话语。二是广开言路，从谏如流，班彪说“从谏如顺流”（《文选·王命论》），这是明君的必要条件。三是举贤授能，《礼记》说“尚有德，尊有道，任有能。举贤而置之”，这是治理国家的重要举措。四是以法为准，唐太宗说“法者，非朕一人之法，乃天下之法”（《贞观政要·公平》），其中包含了一定程度的法治思想。

中国人往往将“盛世”与“开明”联系起来，称之为“开明盛世”。汉代的文景之治，唐代的贞观之治和开元之治，这些盛世都是比较开明的。以唐代为例，太宗对太子说：“舟所以比人君，水所以比黎庶，水能载舟，亦能覆舟。”（《贞观政要·教戒太子诸王》）太宗问魏徵明君和暗君的分别，魏徵回答说：“君之所以明者，兼听也；其所以暗者，偏信也。”（《贞观政要·君道》）太宗深以为然。先天二年（713 年），玄宗任命姚崇为相。姚崇针对当时存在的问题，提出“十事”，从施行仁义、不求边功、停止宦官和外戚干政、免除杂税等十个方面申述了自己的意见，玄宗从谏如流，取得了很好的效果。姚崇罢相时，推荐刚正极谏的宋璟继任相位。宋璟继续贯彻姚崇的政策，使得赋役宽平、刑罚清省、百姓富庶。

宋代的政治设计也有一定的开明性。宋代健全了一整套文官制度，皇帝和大臣、中央和地方、行政和监察，既相互配合也相互制约。就以皇帝与大臣的关系而言，陈亮引仁宗的话：“措置天下事，正不欲专从朕出。……不若付之公议，令宰相行之。行之而天下不以为便，则台谏公言其失，改之为易。”（《龙川文集·论执要之道》）仁宗表示，处理天下事不专由自己一个人决定，便是一种相当开明的态度。

中华文明的历史告诉我们：文明的发展需要开明，唯开明才能广得人心，唯开明才能造就盛世。

（四）启示四：选择革新

中华文明在世界四大古老文明中，虽不是最早的，却是唯一没有中断过的。其中的原因很多，最主要的就是中华文明中包含着变易的思想，具有自我更新的能力。《诗经·大雅·文王》赞美周文王说“周虽旧邦，其命维新”，便是对“维新”的赞美。《周易·系辞上》说“日新之谓盛德。生生之谓易”，指出不断地变易是事物发展的普遍规律。《周易·系辞下》说“穷则变，变则通，通则久”，变，是从穷到通的关键。其实，《周易》的这个“易”字，就是变易的意思。关于中国哲学中的变易思想，张岱年先生举了孔子、老子、庄子、张载、程颢、程颐、王夫之、戴震等一系列哲学家的言论，总结说：“中国哲学有一个根本的一致的倾向，即承认变是宇宙中之一根本事实。变易是根本的，一切事物莫不在变易之中，而宇宙是一个变易不息的大流。”（《中国哲学大纲》）这种变易的思想，常常被用来作为变法的依据。近代的康有为托古改制，他说：“夫至变者莫如天。夫天久而不弊者，为能变也。”（《变则通通则久论》）

验之以中华文明的历史，几千年来不知经过多少次大大小小的变革。就带有全局性的制度而言，从分封制到郡县制，从察举制到科举制，从城市的里坊制到街巷制，每一次变革都带来文明的长足发展。从分封制到郡县制，巩固了大一统的政治局面；从察举制到科举制，促成了新型士人的成长；从里坊制到街巷制，推动了城市经济的发展。如果就文学体裁这一个局部而言，从古体诗到近体诗再到词和曲，从文言小说到白话小说，从杂剧到传奇，每一次变革都带来文学的突飞猛进。

毋庸讳言，中华文明中也包含着因循守旧的因素，所谓“祖宗之法具在，务行故事，慎所变改”（《宋史·王旦传》），诸如此类的话不胜枚举。回顾历史，凡是革新的力量占据主导地位的时候，文明就得以健康发展；凡是因循守旧的势力占据上风的时候，文明的发展便受到阻碍。

中华文明的历史告诉我们：革新是文明发展的必由之路，唯不断革新才能不断前进，唯不断革新才能保持旺盛的生命力。

（五）启示五：选择开放

中国的汉唐盛世，都是开放的朝代，中外文化的交流十分活跃。汉代通西域，带来了中亚和西亚的文明。公元前 2 年，佛教传入中国，在思想观念、生活习俗和文学艺术等许多方面，对中国固有文化产生了深远的影响。例如：佛教传入之前中国只有今生此世的观念，是佛教带来了三世（前世、今世、来世）之说，把思维的时间和空间都扩大了。反切的产生和四声的发现与佛经的翻译有关。随着佛经的翻译，汉语的词汇扩大了，文学观念也多样化了，诸如“空”的观念、“境界”的观念，都与佛教有关。更值得注意的是，佛教与中国传统文化相融合而形成的禅宗，已经成为中国本土文化的一个重要部分。至于唐代，对外文化交流更加频繁。丝绸之路开通，形成了双向交融的文化格局，唐代文化既得以向外广泛传播，同时也从外面得到很大的补充。当时的长安、洛阳、扬州、广州等大都市，都是中外文化交汇的地方。长安是当时最大的国际都会，在 8 世纪前半叶，人口已经达到百万之多，居住着许多外国的王侯、供职于唐朝的外国人、留学生、学问僧、求法僧，以及外国的音乐家、舞蹈家、美术家，还有大量外来的商贾。大食、天竺、新罗、日本等许多国家的使臣络绎不绝。唐太宗设立的十部乐，其中四部来自唐朝境内少数民族，四部来自国外。到了明代，一个标志性的对外交流活动，就是郑和下西洋，其足迹远达东南亚、南亚、西亚、东非，密切了中国与一些国家的外交关系，成为中华文明对外开放的壮举。

中外文化的交流有利于双方的文明发展。中国的造纸术和印刷术传入欧洲，对西方文明的伟大贡献已是公认的事实。明末以利玛窦为代表的西方传教士用科学作为传教工具，激起了中国一部分士大夫对西方哲学和科学的兴趣。而在哥伦布发现新大陆以后，16 世纪至 19 世纪的三百年间，玉米、甘薯和马铃薯等美洲作物的传入和推广，对中国开发地广人稀的山区，满足对粮食的需求，从而发展生产力，起到了关键的作用。

很可惜，当欧洲科学技术突飞猛进，工业革命带动西方社会迅速发展之际，中国的统治者却安于现状，闭关自守，以致中国在不长的时间内就明显地落后了。这是一个惨痛的教训！鸦片战争之后，中国的有志之士为了救亡图存，纷纷介绍和学习西方先进的文明，魏源编纂《海国图志》，提出“师夷长技”的方针，便是一个标志。此后，向西方学习经历了从科学技术的层面到政治、人文层面的深化过程。种种新事物迅速出现，中华文明开始逐渐融入世界文明的主流之中。直到今天，打开大门与走向世界，仍然是尚在继续的历史任务。

中华文明的历史告诉我们：开放是文明发展的重要条件，唯开放才能吸取其他文明的长处，唯开放才能自立于世界民族之林。

和平、和谐、包容、开明、革新、开放，就是回顾中华文明史所得到的主要启示。凡是大体上处于这种状况的时候，文明就能繁荣发展，而当与之背离的时候，文明就会减慢发展的速度甚至停滞不前。

经济全球化在不平静中向前推进，已是大势所趋，而文化能不能或者要不要全球化呢？这关乎人类生存方式的选择，对此我们必须做出清醒的判断。

经济全球化促进了各国的经济往来，必定会在一定程度上减少各民族文化的差异，并使人类生存方式趋同。但是，一个民族的文化传统是几千年或更长的时间积累的结果，是一个民族的灵魂和尊严，是一个民族区别于其他民族的标记。要将世界上各民族长期形成的千差万别的文化变成单一的文化，是不可想象的。那种失去了色彩的单调的文化，也是我们不愿意看到的。因此，不要笼统地提“全球化”，或者笼统地提“全球化时代”，应当对全球化加以分析。在经济的层面，全球化是大趋势。在科学技术的层面，那些给人类的生活带来方便的先进科技，更容易在全球推广。但是在精神的层面，因为涉及宗教信仰、民族心理、生活习俗、思维方式、语言习惯等，要想凭借强大的经济力量和军事力量，将某一种文化强加于人，是不可能的，也是不明智的！

我们必须清醒地看到，不同文明之间的隔阂是普遍而深刻的。以自我为中心而形成的种种偏见，会遮蔽人的智慧，而实际的利害关系又会迷惑人的良知，再加上语言交流的障碍，在不同文明之间，即使是互相理解、互相尊重都不容易，互相包容、互相吸收就更困难了。然而时至今日，人类已经能够遨游太空，为什么不能放弃种种狭隘、固执和偏激的想法，以广阔的胸襟对待文明的差异呢？为什么不能在平等的基础上，展开文明的对话和交流呢？为什么不能充分尊重各个民族或国家自己的选择呢？我们相信：21 世纪的人类，可以运用大智慧，展现大气派，在不同文明之间找到密切沟通之路，搭起畅通无阻之桥，以促成不同文明的和谐相处，以造就世界的永久和平。

在当今世界上，孤立的民族文化是难以存在的，单一的全球文化也是不可思议的。不同文化只能以开明开放的态度互相包容，只能和平和谐地相处，以期达到共同发展、共同繁荣的目标。

经济全球化与文化多元化，这就是我们对 21 世纪人类生存方式的正确选择。

课堂讨论三

如何理解“光荣属于希腊，伟大属于罗马”？

三、 世界历史整体发展的启示

世界历史发展趋势是整体发展，战争与和平的较量伴随世界历史整体发展进程在演进着。21 世纪世界历史进入新阶段，共同发展是各民族国家的必然选择，虽然战争的威胁仍然存在，但制约战争的因素在增长，和平秩序终将取代战争秩序，人类社会将进入一个和平稳定的发展期。

第一，政治方面。多极化有利于使世界大国力量的对比趋于相对平衡，防止某个霸权国家把自己的意志强加于别国；在一个由多个力量中心形成的世界体系中，存在多个对世界事务具有重大影响力的大国，有利于使各大国共同承担对世界和平的责任；多极化趋势促使各大国继续沿着既竞争、制约，又彼此合作、协调的轨迹调整相互关系，大国在竞争和协调中形成一种各方受益、互不敌对、彼此借重的新型战略伙伴关系。从总体上看，多极格局有利于和平与发展，有利于世界人民，有利于第三世界而不利于霸权主义和强权政治，是一种历史的进步。

第二，经济方面。在世界历史整体发展过程中，世界经济合作趋势日益加强，通过商品、资本、技术流动，各国在这个体系中无须通过战争即可实现利益最大化。经济区域化是世界经济合作加强的重要表现，经济区域化不断扩大，成员从区域经济合作中获得利益，合作者主要是以协商的方式而不是以战争方式解决争端。冷战后，欧盟、北美自由贸易区等区域经济合作组织成员之间没有发生战争就是很好的证明。当世界经济走向更高程度的一体化时，成员更没有必要通过战争以争取利益，战争将被更多地看成是国家繁荣的障碍，曾经作为获取国家利益最高手段的战争失去了往日的吸引力。

不仅如此，在世界经济紧密合作的条件下，战争已经是一种无利可图的行为。20世纪苏联依仗自己的军事实力入侵阿富汗，结果战争消耗巨大，得不偿失，其扶持的政权维持不下去，被新的政权——塔利班政权所取代，最后被迫撤出。“9·11”事件后美国又出兵阿富汗并推翻塔利班政权，后塔利班东山再起，严重威胁阿富汗政府和驻阿美军与其他北约军队；本·拉登虽被击毙，但越来越多的外国“圣战者”来到阿富汗加入与北约军队的作战；阿富汗重建没有达到预期效果，安全形势恶劣。对美国来说，这场战争就像当年的越南战争一样，成为消耗国家资源、牺牲大量军人而没有给美国带来实质好处的战争泥潭。美国虽然打垮了阿富汗前政权，又有多少人认为美国是真正的胜利者呢？

第三，文化方面。在一个多元文化的国际社会，对和平的共同信仰是和平延续的道德基础。和平不时被战争打破的原因是人们对战争的信仰高于对和平的信仰，不同文化背景下的一些国家决策者相信战争能够作为解决国际冲突的最后手段，对协调、斡旋、调停、仲裁等手段的有效性持怀疑态度。当和平作为人们的最高信仰时，战争的可能性就降至最低。当今，几乎全部合法的国际组织都力求各项工作能为世界总体和平做出努力，和平宗教团体和教育机构主张通过教会和学校的教化向人们传播和平思想；大众传媒业热衷于宣传和平，反对战争，希望通过舆论的力量来促进和平；现代国际和平主义运动组织则反对一切战争，认为战争没有正义与非正义之分，和平总是好于战争。和平已成为各国民众普遍接受的理念。

第四，科技方面。大规模毁灭性武器的出现，使世界大战失去了理性基础。自从核武器出现以来，尽管只有一次被用于实战，但在维持主要大国之间的战略稳定、维护地区和平以及世界和平方面都发挥了重要作用。核武器是一种极限武器，世界上已有的核武器足以将地球毁灭。因此，如果发生核战争，就意味着人类有可能毁灭自己。为了防止核大战，大国都自我限制战争规模，避免将战争规模升级为核战争。

国际组织与国际政治格局有效制约了战争的爆发，经济全球化使得任何国家发动战争都将面临“失大于得”的境地，理性的和平观念已经具有现实的社会条件，现代战争手段可能导致人类自杀性的悲剧后果，这些因素抑制了企图通过战争获得利益的动机。通过和平手段谋求各国各民族的生存与发展，从而创造“双赢”乃至“多赢”的局面，日益成为世界历史整体发展的必由之路。随着大环境的改善，一种友好、协调、和缓的国际关系对于防止局部战争的发生具有长远意义。我们更有理由相信，当战争已无利可图时，不仅世界大战可以避免，局部战争也将得到有效防范，当今“大战不发，小战不断”的局面可能有一定程度的改观。

战争是人类苦难最重要的根源之一，历次大战都给人类造成了无法估量的物质损失与精神伤痛，对整个人类社会来说，战争其实已经是一种得不偿失的行为。妄图通过战争手段得到想要的东西，实际上并不会得到，反而给本国、他国带来无尽伤痛。战争只不过是自然状态之下的一种可悲的、以武力来肯定自己权利的暴力手段，任何国家都不应该采用战争办法谋求权利。

基于以上分析，可以预言：21 世纪，世界将保持整体和平发展态势，战争不会是解决国际争端的主要手段，和平秩序将取代战争制度，人类社会终将拥有一个美好的前景。

西方人有“学史使人明智”的名言，中国人有“以史为鉴，可以知兴衰”的古训。中外的先贤们早已认识到历史对于人类自身的重要意义。对于一个民族而言，历史是其文明进程和所有经验总结的记录，它能培养出独特的民族气质和民族情结，增强民族的认同感和民族的凝聚力。它就像民族航船上指引方向的罗盘，因为只有了解过去，才能把握现在，开创未来。对于个人而言，阅读历史不仅可以吸取知识的养分，而且也是启迪思维的过程。当驰骋在遥远的时空里，我们可以思接千载，视通万里，思考现实世界与历史的内在联系，洞悉社会发展的客观规律，在凝视历史人物、感受历史智慧的过程中，培养一种虚怀若谷的精神，锤炼一种思考问题的深度。历史是古今相通的，今天的世界，就是明天的历史，当代世界的许多问题都有深刻的历史根源。因此我们要了解世界，就要了解历史。

思考与实践

1. 历史告诉我们，每个人的前途命运都与国家和民族的前途命运紧密相连。结合近代相关史实从正反两面加以说明。
2. 两次世界大战给我们怎样的启示？
3. 欧洲为何能成为近代文明的中心？

推荐书目

1. 《中国近代史》（徐中约，世界图书出版公司）。
2. 《图解欧洲文明史（全彩珍藏版）》（徐伟锋，九州出版社）。

推荐欣赏

1. 电视纪录片：《让历史告诉未来》。
2. 电视纪录片：《百年中国》。

名篇导读

《新中国现代化的历史启示》（冯俊）。

新中国现代化的历史启示

冯　俊

编者导引：新中国70年，中国人走过了西方国家两三百年的现代化道路。中国的现代化具有世界意义，中国的现代化道路对于发展中国家更具有可借鉴性。本文认真总结新中国70年，特别是改革开放40年来中国实现现代化的历史经验和启示，为到2035年基本实现社会主义现代化、到2050年建成社会主义现代化强国提供历史智慧，为构建人类命运共同体、为人类谋求和平发展贡献中国智慧和中国方案。

请扫码阅读

第九讲　大国的崛起

名人名言

延缓速度，就是落后，而落后是要挨打的。——卡达耶夫

物产丰饶，人才荟萃，人民富足，方可称为强国。——瓦鲁瓦尔

应当认定国家的利益高于一切，以便把国家治理好。国家健全就一切兴盛，国家腐落就一切完蛋。——德谟克利特

只有一个秘诀可以主宰世界，这就是强大，因为只有力量才没有谬误，也没有幻想。这是千真万确的。——拿破仑

历史的经验告诉我们，在加强祖国国防实力方面，任何时候都不能落后于时代的要求。——帕夫洛夫斯基

课堂讨论一

“地理大发现”指的是什么？

纵观世界历史，上古时代和中古时代曾经兴盛繁荣的文明古国，在历史的长河中，相继偃旗息鼓，到了近代都逐渐衰败，甚至退出了历史的舞台。从欧亚大陆到北美大陆，从大西洋到印度洋，崛起了演绎近代文明的大国，多数仍是当今世界发展潮流的主宰。

从整个世界发展的历史来看，1500 年前后是一个重要的分水岭。1500 年之前，人们各自在自己所占据的陆地上，互不知晓，互相隔绝，人们都以为自己是世界中心；但 1500 年以后，因为“地理大发现”，世界开始了不同程度的相互联系、注视、对抗和争斗的历史。

地理大发现拉开了不同国家相互对话和相互竞争的历史大幕。由此，大国崛起的道路有了全球坐标。500 多年来，在人类现代化进程的大舞台上，相继出现了九个世界性大国，它们是葡萄牙、西班牙、荷兰、英国、法国、德国、俄罗斯、日本和美国。而古老的中国在沉睡了一个多世纪以后，在 20 世纪中后期也开始苏醒，焕发出前所未有的朝气和活力，重新进入大国的行列。

一、伊比利亚双雄——葡萄牙和西班牙的崛起和没落

在欧洲西南端的伊比利亚半岛上，有两个曾经是罗马帝国版图内的行省、法兰克王国治下、被阿拉伯帝国征服的国家：葡萄牙和西班牙。它们因为资源匮乏，在 15 世纪开始探索大西洋。

在人类“地理大发现”的过程中，第一个崛起的大国是葡萄牙。让我们走进历史，去看一看历史上的葡萄牙是如何崛起成为一个强大的国家的。

欧洲大陆的西南端是伊比利亚半岛。这块土地上的人们始终不停地为了反抗外来罗马人、日耳曼人和摩尔人的征服而抗争、反征服，终于经过两千多年的奋斗，在 1143 年成立了一个面积十万平方米的独立的君主制国家。所以这块土地上的人们的基因中都有一种如奋不顾身的斗牛士般的追求刺激、喜欢冒险的豪情，同样生活在这一土地上的西班牙人也是如此，至今，西班牙人的斗牛仍闻名于世。葡萄牙是人民共同奋斗争取独立的国家，所以国王受人民拥戴，人们有强烈的民族自豪感。由于空间狭小，资源匮乏，为了生存，这个靠近海边的国家的人们，将目光投向了大海——大西洋，当时人们将它称为“死亡之海”，无人可以穿越。机遇终于开始眷顾这个国家，1394 年，国王的第三个儿子恩里克出生了，他在 12 岁时接触到了古希腊天文学家托勒密的著作——《地理学指南》，于是从此开始思考并立志于航海事业，希望通过航海使国家走上一条不同的道路，去打通一条新的获取保存食物的香料——胡椒粒的贸易之路。至今，欧洲人自己也很难理解，他们的祖先对香料为什么如此依赖。恩里克成立了有关航海的国家航海学校，为航海建立天文台和图书馆，建立海上引航的灯塔。在他的带领下，征服大海的行程开始启动了。他们改进中国指南针，为远航制造 60～80 吨重的多桅快速三角帆船，成立由数学家组成的委员会，将数学和天文学应用于航海——使航海成为科学。航海者们从罗卡角出发，不断进行着征服活动，虽然不断失败，但也在不断积累经验，经过 21 年的奋斗，他们穿越了他们认为的世界尽头——非洲西海岸的博哈多尔角，冲破了他们的心理和生理上的极限，从此航海进入了一个新的阶段。他们也打开了一条新的贸易之路，他们所需要的物品不断涌入了葡萄牙。之后的 1487 年 7 月，航海者迪亚士和他的伙伴们在他们开辟的航路上航行时，无意之间绕过了非洲的最南端，于是一个新的世界之门向他们敞开，从此亚洲出现在他们面前。由于航海开辟了新的道路，而且是一条别人还无法掌握的获取财富的道路，葡萄牙走在了当时各国的前头，成为一个面积虽小但掌握先进技术的财力雄厚的海上强国。

总结葡萄牙的发展之路，为了理想敢于创新、敢于行动、敢于坚持的思想品格是葡萄牙人能够开辟新的道路，迅速崛起的根本原因。

葡萄牙的崛起引起了其他国家的关注和竞争，它身边一个强大的对手西班牙逐渐壮大起来。西班牙人不断学习和吸收葡萄牙人成功的方法和经验，不断寻找精通当时先进科学技术——航海的优秀人才，为自己的发展做准备。终于，它成为继葡萄牙之后历史上出现的第二个强国，并超越了葡萄牙。这个以斗牛闻名于世的国家在 600 年前是如何发展成为世界强国的呢，让我们深入历史去探究一下。

1492 年，西班牙伊莎贝尔女王带领军队攻下了格拉纳达，收复了失地，西班牙实现了统一。统一的西班牙开始了早就准备进行的如葡萄牙般的航海事业。伊莎贝尔女王召见了克里斯托夫·哥伦布——这个在之前六年中始终得不到葡萄牙重视、遭遇冷遇的人。哥伦布受冷遇的原因是他主张向西航行，而葡萄牙一直走的是航海者们探索出的向东过好望角再到印度等国家的航线，他们认为向西是毫无前途的，于是机遇离葡萄牙而去。而西班牙的伊莎贝尔女王抓住了机遇，她相信哥伦布，并资助哥伦布开始了他的冒险活动，同时与哥伦布探讨利益分成问题，且认为并无不妥，他们商定只要哥伦布发现殖民地，可以取得发现地的一切财富和商品的十分之一并免税。哥伦布出发了，历经了两个多月的航行，向西向西再向西，可一无所获，船员们开始不安和激愤，哥伦布提出再走三天，于是大家跟着又走了三天。这一决定无疑是明智的，人们在三天后发现了陆地——北美洲巴哈马群岛，这一天是1492年10月12日。一个新大陆被发现了，虽然哥伦布认为他们发现的是印度。从那一天起，世界的几大块陆地连接在了一起。10月12日也被定为西班牙的国庆日。从此，西班牙人掌控了西方。之后，又一个被葡萄牙冷落而被西班牙发现的航海家麦哲伦于1519年9月20日开始了历经1 080个日夜、17 000公里的环球航行，并有18名幸存者回到了出发点，虽然其中少了途中遇难的船长麦哲伦。能够看到整个地球的西班牙开始了在美洲大陆上的掠夺，其财富也直线上升，而美洲印第安人从那以后急剧减少了90%。从此，葡萄牙在东、西班牙在西，势力范围覆盖了全世界。西班牙成为海上第二强国。在发展过程中，由于西班牙贵族势力不愿看到新兴工商业力量的发展，赶走了那些外来的工商业者，而他们自身并不去投资本国工业，只是不断购买国外昂贵的商品，于是工业萎缩，货币贬值，财富又像水一样流走了，除了奢侈的社会风气，没有留下像样的产业，老百姓甚至也没有获得像样的衣、食、住、行。于是西班牙开始衰落，葡萄牙也同样开始衰落。

综观西班牙的发展史，我们可以得出以下几项宝贵经验：

（1）要包容不同文化、不同思维习惯、不同观念的人，只有包容才可能团结一切可以团结和调动的力量，集中不同智慧和力量去开拓创新。葡萄牙起初为了征服海洋，就包容了不同民族、文化的人们，为航海事业的发展积蓄了人才，可惜，等到发展起来以后，对于那些与他们的祖先一样有着征服大海意愿的人才却不屑一顾，并视之为愚蠢。西班牙的发展正是因为敢于接受大胆的开拓的思想，善于积蓄人才，善于接受不同的思想。有了新的思想，发现新的大陆和航线就成为可能，这二者之间是有着必然的联系的。

（2）航海家们坚忍不懈的毅力和努力值得我们学习。哥伦布如果没有为了理想坚持不懈的精神，就会和其他船员一样丧失前行的意志，早就返航了，发现新大陆这一重大历史事件或许永远不会书写在史书上；麦哲伦即使牺牲生命也没有让自己的团队停下环球航行的脚步，使圆的地球开始为人们所认识。

（3）历史是发展的，进步这种运动变化必须时时不停，否则当没有能力做出改变时，"死亡"就是结局。打开了海上贸易的道路后，发展新兴工商业是必须要做的改变，但西班牙却从此处于相对静止的状态，吃哥伦布发现新大陆的老本，丧失了前行的意志，奢侈、不思进取，最终为时代所抛弃。

课堂讨论二

为什么葡萄牙与西班牙富甲一时，却未能保持强国地位？

二、 海上马车夫——荷兰

在欧洲西北部，有一个和英国隔海相望的国家，它的面积只相当于今天的两个半北京，它的名字叫作荷兰。

在800年以前，这里是一片没有人烟，只有海潮出没的湿地和湖泊。从12世纪到14世纪，才逐步形成了人类可以居住的土地。直到今天，荷兰仍有三分之一的国土位于海平面以下。如果没有一系列复杂的水利设施阻挡，荷兰人口最稠密的地区，每天将被潮汐淹没两次。就是这样一个地方，在300多年前，也就是17世纪的时候，却是整个世界的经济中心和最富庶的地区。仅有150万人口的荷兰，将自己的势力几乎延伸到了地球的每一个角落，被马克思称为当时的“海上第一强国”。

大海总是在最平静的地方掀起波涛，历史总是在最让人意想不到的地方创造奇迹。荷兰人崛起的故事，是从银白色的鲱鱼开始的。它对荷兰的经济太重要了，很多人以此为生。

14世纪时，荷兰的人口不到100万。当时约有20万人从事捕鱼业，小小的鲱鱼为五分之一的荷兰人提供了生计。但是，鲱鱼是一种自然资源，造物主并没有给荷兰人独享的权利。生活在北海边的其他民族，都组织了捕捞鲱鱼的船队。为了争夺渔场，荷兰人和苏格兰人之间曾爆发过三次战争。

在竞争上，荷兰人选择了低成本战略。当时欧洲商船上都建造有可以架设火炮的平台，这样可以有效地防止海盗袭击。荷兰人第一个冒险建造出了一种仅能运送货物而不可装置火炮的商船，大大降低了运输成本。而且，荷兰人将船身设计得很大很圆，而甲板很小，这样能合理避税，也为其赢得了“海上马车夫”的称号。

当时，巴伦支船长带领荷兰水手在海上度过了8个月的漫长冬季。在这样恶劣的险境中，有人丧命，但是他们丝毫未动别人委托给他们的货物，而这些货物中就有可以挽救他们生命的衣物和药品。幸存的商人把货物几乎完好无损地带回荷兰，送到委托人手中。他们用生命作代价，守望信念，创立了传之后世的经商法则。荷兰人为了坚守信誉，做了别人难以想象的事情，为荷兰人赢得了海运贸易的世界市场。

荷兰人还向贵族购买了城市的管理权，实行市民自治。荷兰是世界上第一个赋予商人阶层充分的政治权利的国家。作为商人必定要追求利益，但是传统的道德观念认为，对利益的追求是不道德的，因为在自然经济时期，个人利益的获得是以牺牲别人的利益为代价的。但是在商品经济中，交换实现了比较优势，可以带来双赢，荷兰人充分认识到了这一点，并将其融入国家的管理理念中。

一个国家或地区经济发展速度的快慢和发展水平的高低，在很大程度上取决于该国或该地区拥有创新精神的企业家数量以及这些企业家在实践中的创新努力。荷兰崛起的历史，充分体现了创新在国家发展中所起的巨大作用。荷兰人在创新上的尝试，应该引起我们更深的思考。

三、 日不落帝国——英国

翻开欧洲地图，我们可以看到，在西欧大陆外有两个大的岛屿，一个叫不列颠岛，另一个叫爱尔兰岛。前者的全部加上后者的北半部以及附近的一些小岛组成了一个国家，这个国家叫大不列颠及北爱尔兰联合王国，也就是我们所说的英国。

这个位于北大西洋惊涛骇浪中的岛国由英格兰、威尔士、苏格兰和北爱尔兰四个部分组成，面积24万多平方公里，大小仅相当于中国的一个中等省份。在这个任何一个地方距海岸线都不超过75英里的国家里，17世纪末人口只有600万，直到今天，人口也只有6 600多万，可谓“小国寡民”。

面对地图，我们不禁会产生这样的疑惑，这样的一个国家，何以在过去两个多世纪里，一直保持世界头等强国的地位，而以“日不落帝国”傲视全球?

英国从16世纪开始，在垂涎第一批殖民强国葡萄牙、西班牙的目光中，也加入了殖民者的行列，与西班牙发生了争霸世界的战争。1588 年，英国皇家海军击败了西班牙“无敌舰队”，最终确立了自己的海上霸主地位。17 世纪，因为处于英国资产阶级革命的混乱中而无暇顾及小国荷兰的崛起，让荷兰在海上称雄了一个世纪。资产阶级革命后，英国凭借强大的政治、经济、军事实力，在 17 世纪末，最终将荷兰这个 17 世纪的国际贸易大国赶下了历史舞台，让自己堂而皇之地取而代之。

英国之所以持续了 200 年的辉煌是因为走了一条与葡萄牙、西班牙、荷兰或者法国完全不同的发展道路。

17 世纪末 18 世纪初的牛顿力学奠定了第一次工业革命的理论基础；工程师瓦特发明的蒸汽机将人类带入新动力时代；经济学家亚当·斯密的《国富论》确立了“自由市场经济”的经济体制。18 世纪的英国成为世界政治、经济、科技、文化中心，各项经济指标均位于世界第一位，与 20 世纪的美国经济地位差不多。

进入 19 世纪，英国的政治、经济、军事、科技、文化实力进一步发展，在全球进一步抢占并扩大殖民地，英国成为“世界工厂”，机器生产遍布城乡，商船战舰逡巡海洋，全球都成为其原料产地和销售市场。

拿破仑带领的法国在 1815 年的滑铁卢战役中被英国人带领的欧洲反法力量打败了，英国最终铲除了这个几百年来对自己欧洲霸主或世界霸主战略威胁最大的竞争对手。1855 年，英国人在其“水晶宫”召开所谓“万国商品博览会”，标志着大英帝国已走向了顶峰。然而，走上顶峰也意味着衰落的开始。

在 19 世纪以电能和内燃机为标志的第二次工业革命中，正在崛起的德国和美国超越了英国。

英国在全球 930 万平方公里的殖民地不仅是它光辉的荣誉，也给它套上了沉重的包袱，犹如一个富人带着一大群贫穷的奴隶，其殖民地民族解放运动的兴起，动摇了大英帝国第一世界强国的地位。进入 20 世纪，尽管在一战、二战中最终取得了胜利，但大英帝国也遭到了严重削弱。

四、 陆上强权法兰西

法兰西共和国位于欧洲大陆的最西端。300 多年前，它凭借路易十四的强大王权，称霸一时；200 多年前，它依靠拿破仑的军功横扫欧洲。在 19 世纪，它拥有的海外殖民地仅次于英国。这里曾经孕育出影响近代世界的启蒙运动，曾经进行过各种社会理想的实践。300 年来，无论世界格局如何变幻，总是能够听到它在大国舞台上发出的声音。

法国，一个充满浪漫气息的国家，它的历史却是那么复杂多变。来源复杂的民族构成，绵延千年的历史文化沉淀，多种文明要素的汇合撞击，固然是造成法国在崛起道路上大开大阖、命运多舛的原因；但探其究竟，最为根本的还是在这片土地上生活着的丰富多彩的人——他们的思维方式和内心情感。从圣女贞德到路易十四，从拿破仑到戴高乐，法兰西这个民族命运曲折的历史和它优秀儿女的抗争紧密相连，有时甚至可以用“奇迹”两个字形容。

（一）中央集权过程

在法兰西发展的过程中，封建割据到政治统一是一个漫长且不断反复的过程，以王权为中心的领土归并运动使法国乃至欧洲的政治地理在中世纪临近结束时逐渐显现出近代格局，这种近代格局主要表现在欧洲一统性的瓦解以及近代民族国家的诞生，日益明显、日益自觉地建立民族国家的趋向，是中世纪进步的最重要杠杆之一。正是因为在欧洲较早地实现了领土统一并在此基础上形成了近代民族国家，才为法国成长为欧洲强国奠定了十分坚实的基础。统一后的法国开始了封建主义中央集权的过程。

1. 英法百年战争

1337 年至 1453 年，英法两国时断时续的 116 年战争最终以法国的胜利告终，确立了法国在欧洲大陆霸主的地位，其间法国的君主们都极力提高王权的力量，颁布各项措施来保障君主权力的无上地位，还建立了当时欧洲各国中最庞大和最有效的行政机构，地方贵族的势力被进一步钳制、削弱，君主制度下的中央集权得以强化。

2. 宗教战争

提到欧洲的历史，宗教是一个不可缺少的因素，法兰西为了维护国家的统治地位开始了数次宗教战争和改革。由于国家的统一与王权的威望在宗教战争期间严重受损，君主十分重视恢复和强化中央集权制度，并采取一切措施来巩固他们的权威，确立了君权神圣的地位。

3. 路易十四的变革——王权集中的顶峰

强权统治的路易十四凭借着君权神授这个理念开始对法国进行一系列的政治变革，他最著名的治国名言就是“朕即国家”。他的意志就是法律，从中央到地方的庞大官僚机构，都不过是其旨意付诸实施的工具。无疑，路易十四使法国绝对君主制度达到了极盛。

（二）启蒙运动

启蒙运动是一场思想变革的运动，它在 18 世纪可与英国的工业革命媲美，如果说工业革命是一场技术的变革，那启蒙运动无疑是一场反封建、反教会的思想文化革命运动。它把中世纪欧洲的人们从愚昧、落后、黑暗的封建社会中解放出来，使人们摆脱教会散布的迷信和偏见，从而为争取自由和平等去斗争。“理性”成为这次思想革命的主旋律，启蒙思想家们从人文主义者手里把反封建、反教会的旗帜接过来，进一步从理论上证明封建制度的不合理，从而提出一整套哲学理论、政治纲领和社会改革方案，要求建立一个以“理性”为基础的社会，用“天赋人权”的口号来反对“君权神授”的观点，用“在法律面前人人平等”来反对贵族的等级特权。他们用这些思想启发教育群众，去推翻封建主义的统治，进而建立资产阶级的政权。启蒙运动打破了神学的枷锁，开启了科学和理性之门。它触及法国人灵魂深处，引发了之后的法国大革命。其思想对欧洲各国的影响也是无可估量的，在拿破仑征战欧洲时，启蒙运动的精神开始在欧洲大陆上广泛传播，推动了整个人类的思想文化进程。

（三）法国大革命

与工业革命共同称为“双元革命”的法国大革命，是法国历史上一个重要的分水岭，使法国社会发生了翻天覆地的变化。它推翻了君主专政，传播了启蒙运动中“自由、平等、博爱”的理念，急剧改变了法国的国内政治结构，并形成了由革命意识形态塑造的现代民主政治理念，最终影响了整个国际政治。而所有这些变革的起点是“人民主权”观念，《人权宣言》提出人权神圣不可侵犯的原则，这在当时具有重大的进步意义，对欧洲人民反封建斗争起了巨大的鼓舞作用，给欧洲封建制度以沉重打击，产生了深远的影响。在拿破仑的统治下，法国开始了对欧洲大陆的征战，一次次胜利极大地鼓舞了法兰西民族的自信心，拿破仑也使整个欧洲臣服在他的脚下，这是法国大革命的延续，见证了法兰西民族的崛起。

法兰西文明中有三个最基本的要素——古希腊罗马文明、基督教文明以及日耳曼蛮族文明——这几个文明逐渐融会贯通，构成了法兰西民族的思想。在确立王权统治的过程中，法兰西人民强烈的国家意识鼓励着他们一步步走向强大，体现了他们不折不挠的精神。在启蒙运动到法国大革命的过程中，同样也是思想的力量，一种对自由的向往，让他们勇敢地站起来进行反抗，进行革命，造就了拿破仑的辉煌时期。

一个懂得尊重思想的民族，才会诞生伟大的思想。一个拥有伟大思想的国家，才能拥有不断前行的力量。自由、平等、博爱，这是人类社会的美好理想。也许这是永远无法完全实现的愿望，但是人们可以在无尽的岁月中无限地接近它。正是在这一追寻理想的过程中，法国以它卓尔不群的气质走出了自己的道路。

法国前总统雅克·希拉克访华时在北京大学进行的演讲《中法伙伴关系：一个为了和平与进步的雄心》中说：“有一些法国启蒙时期的理想和法国大革命普遍价值的模式，将为中国走向民主和人权带来启迪。”他建议，转型期的中国可以吸收一些法国模式。

五、 帝国春秋——德国

德意志联邦共和国，欧洲中部最大的国家，这片土地饱受古典音乐的浸润滋养，散发着古典哲学的理性光芒。这里曾经是第二次工业革命的发祥地，以现代大学和科技发明闻名于世；也曾经是两次世界大战的策源地，以惊人的破坏力，伤害了世界，也伤害了自己。而这一切，都源于这个民族对长期分裂和战乱的集体记忆。统一和强大，成为德意志发展的最大动力。在近 200 年追求国家统一的曲折历程中，在这片一再让世人惊叹的土地上，曾经上演了怎样的悲喜剧？

勃兰登堡门，德国的国门，它见证了德国跌宕起伏的坎坷命运。守护着这扇国家命运之门的女神，德国人称她为和平女神。但是，200 多年前，攻陷勃兰登堡门的征服者却从这里抢走了和平女神。1806 年的 10 月 27 日，以征服者的身份进入勃兰登堡门的，是法兰西帝国的皇帝拿破仑·波拿巴。拿破仑率领强大的法国军队飓风般地席卷了欧洲，轻而易举地征服了这片位于欧洲中部的土地。和平女神被当作战利品从勃兰登堡门上拆下，运回了法国。

历史之所以耐人寻味，也许就在于它的复杂和微妙。征服者拿破仑虽然加重了这片土地的屈辱，却成为德意志统一的推动者。他用武力扫荡了这片土地上存在了几百年的封建秩序，并在所到之处广泛传播法国大革命所倡导的自由和平等的原则。

德意志人在法国大革命思想的引导下，开始寻求建立一个统一与自由的国家。

1862 年 9 月 30 日，刚刚被任命为普鲁士首相的俾斯麦走进议会，发表了一段强硬的讲演，他说："当代的重大问题不是通过演说以及多数人的决议所能解决的，而是不可避免地将通过一场严重斗争，一场只有通过铁与血才能解决的斗争来达到目的。"从此俾斯麦被世人称为"铁血宰相"。

俾斯麦认为，像1848年那样的议会民主方式无法实现国家统一。在他的主导下，普鲁士采取了近乎独裁的统治方式。议会多次被解散，国王成为普鲁士军队的最高统帅。

在要求力量平衡的欧洲各国中，俾斯麦进行了一场场淋漓尽致的外交表演。他通过各种方式保证英国的袖手旁观；他支持俄国镇压波兰起义，以换取俄国的沉默；他口头同意把卢森堡、比利时等土地并入法国，以换取法国的中立。

在外交上用足了政治智慧之后，俾斯麦终于可以实践他的铁血誓言了。

1866年，普鲁士的枪口对准了奥地利，仅仅两年前它们还是共同打败北方强敌丹麦的盟友。对于这场战争，俾斯麦并没有必胜的把握，他带着毒药走向战场。最终，普鲁士取得巨大胜利，奥地利从此脱离德意志邦联。

四年后，普法战争爆发。德军长驱直入，直抵巴黎郊外，法国皇帝兵败被俘。德国统一的最后一个障碍被扫除。

一个崭新的、统一的德意志民族国家出现了。经过近七十年的艰苦追求，德意志人建立起来的是怎样的一个国家？这个欧洲列强始终不愿意看到的国家将会给欧洲带来什么？

德国姗姗来迟，结果刚一亮相就令全世界大吃一惊。因为它在人口总量、国民生产总值、钢铁产量、煤产量以及铁路线里程等方面，都远远超过了法国，在欧洲仅次于称霸了一个世纪之久的英国。德意志从濒临亡国的绝境发展成一个令人瞩目的强国，采取了种种措施，这些措施当中最为重要的一条就是它高度重视对国民素质的培养，并以此作为国家振兴的基础。战胜法国并俘虏法国皇帝的元帅毛奇就曾经说过："普鲁士的胜利早就在小学教师的讲台上决定了。"

德国的工业化进程落后于英国，但它以自己独特的方式走上了现代化道路。全民教育为德国培养了高素质的国民，大学给德国带来了创造和发明，智力成为这个国家最重要的资源。凭借这一资源，19世纪的德国引领了第二次工业革命，站在了世界科学技术发展的前沿。

电气时代的一批重要发明在德国诞生。从1851年到1900年，在重大科技革新和发明创造方面，德国取得的成果达到202项，超过英法两国的总和，居世界第二位。直到今天，德国依然是世界上最重要的科技大国之一。

在1871年统一后的四十多年时间里，德国经济出现了跨越式的发展。德国的煤炭和钢铁产量跃居欧洲第一，化工产品总产量跃居世界首位，到1910年，德国的工业总量超越了所有欧洲国家。

在科学和教育的基石之上，俾斯麦找到了后发国家赶超先进国家的发展模式：把国家视为推动经济发展的强大力量，由国家制定政策和法律引导经济运行的方向，用国家的力量建立起全世界最早的社会福利制度。这些举措，在某种程度上克服了英国开创的自由市场经济的弊端，由此给一些后发国家在发展道路上提供了一种新的选择。

当世人以惊羡的眼光审视急速崛起的德意志时，往往忽略了一点，那就是：支撑起所有这一切的，是德国统一后相对和平的发展环境。创造这一和平环境的，正是帝国的领航员俾斯麦。他为这个曾经被欧洲列强不断遏制的国家，争取了宝贵的发展机遇。

此刻，一个统一而强大的德意志，一个始终令欧洲大国担心的德意志，已经开始散发出令人不安的气息，担心正在成为现实。

威廉二世上台执政之后，在很大程度上改变了俾斯麦的对内、对外政策。他即位后所发的第一个圣谕就是《致我的军队》，他宣称："我和军队是一体的，我们天生互相帮助，不管上帝的意志是要给我们和平还是风暴，我们都将站在一起。"普鲁士传统中固有的、在德国统一过程中被强化的军国主义，被威廉二世再次召了回来。德国开始了争霸世界的征程。

1913 年，当德国全面超越英国，成为仅次于美国的世界第二经济强国时，德意志战车启动了。1914 年，第一次世界大战爆发；1939 年，第二次世界大战爆发。德国成为人类历史上两次世界大战的策源地。

二战之后，德国被一分为二。历史仿佛回到了起点，那个沉重的命题再次摆在了德国人面前：德意志，它在哪里？德国人必须再次做出回答。

由德国发起的两次世界大战，在人类文明史上写下了最黑暗、最惨痛的一页，无数生命和家园在战火的劫难中消亡，这是全世界都不会遗忘也不能遗忘的历史。而如何对待自己不堪回首的过去，是这个曾经失去理性的民族必须面对的一次考验。二战中被杀害的 600 万犹太民族的冤魂在等待，受到伤害的欧洲和世界在等待。

1970 年的一个萧瑟冬日，刚刚上任的联邦德国总理勃兰特，来到了波兰华沙犹太人纪念碑前，二战中，波兰有 250 万犹太人在集中营里饱经痛苦、绝望的折磨，最终无助地死去。在冰凉的风中，勃兰特一步步走到死难者的墓碑前，在全世界的注视下，这位二战中反纳粹的英勇斗士，做出了一个令所有人震惊不已的动作：他跪倒在地。

德国人诚恳地接受了自己历史上沉重的一面。他们讨论但是没有激烈争论，没有否定自己发动了第二次世界大战，没有推卸自己应该对犹太人大屠杀所负的责任，没有否认自己经受了 12 年的纳粹独裁统治。诚恳地回忆自己的错误，帮助德国人大大地减轻了民族复兴的困难。

跪下去的是勃兰特，站起来的是德意志。二战后，联邦德国开始陆续向遭受德国法西斯迫害的受害者及其遗属支付巨额赔款，教育部门则将法西斯暴行列为历史教科书的中心内容，强调"关键的任务是教育下一代"，要"将防止历史悲剧重演的职责视为己任"。

勇于承担历史责任的德国回到了欧洲的怀抱，也回到了世界舞台。

1990 年 10 月 3 日，勃兰登堡门上的和平女神又一次见证了国家命运，分裂了 41 年的德国再次统一。这一天，被确定为德国的国庆日。

德国再次统一了，凭借的不再是铁与血，而是和平。在和平的环境中，德国人再次创造了经济奇迹。经过一代人的努力，这个历经两次世界大战重创的国家，发展成为仅次于美国和日本的世界第三大经济强国。而作为欧盟的重要成员，它也找到了通过振兴欧洲来壮大自己的强国之路。德意志，它在哪里？也许，近两个世纪执着的寻找已经有了答案。在这一漫长的过程中，所经历的大悲大喜，不仅已成为德意志民族的集体记忆，而且为已经崛起和正在崛起的大国，书写了一段不可忘记的历史。

课堂讨论三

从根本意义上说，德国崛起的每一步都是与科学技术进步和思想文化繁荣分不开的。为什么？

六、 充满曲折的俄罗斯崛起之路

俄罗斯在彼得时代从一个偏安于东欧一隅的不为人知的国家，一跃而成为欧洲的大国，开始与欧洲列强展开竞争，成了影响欧洲和世界历史发展进程的重要因素。叶卡捷琳娜二世支持法国波旁王朝，竭力破坏资产阶级革命；沙皇亚历山大一世打败拿破仑，骑着高头大马趾高气扬地漫步在巴黎街头，为欧洲的君主撑腰打气；在第二次世界大战后，苏联获得了空前的国际影响，建立了社会主义阵营，主宰着半个世界的命运。但是，俄罗斯的发展、崛起、现代化进程并不是持续的，表现为大起大落，甚至有时“进一步，退两步”。俄国在克里米亚战争、日俄战争和第一次世界大战中都遭到惨败，发展遭受严重曲折。斯大林曾骄傲地宣布苏联用十年时间走完了资本主义用五十年、一百年走过的路，但是，苏联解体使俄罗斯再次沦为二流国家，俄罗斯似乎又退回到了历史的起点。2000 年以来在普京的治理下俄罗斯开始复兴，但 2008 年的世界金融危机又给俄罗斯带来重创。如果说西方国家的崛起与现代化进程能给人以许多启迪、有许多值得吸取的经验的话，俄罗斯给我们提供的更多是教训。

（一）俄国崛起的特点与教训

俄罗斯从 17 世纪彼得大帝当政时开始发展和崛起，但这一进程不是持续的，呈现的是大起大落的特点。1725 年彼得去世后，俄罗斯经历了一段政权更迭频繁、发展缓慢的时期，直到 1762 年叶卡捷琳娜二世当政。叶卡捷琳娜二世之后，有过无所作为的保罗时期、亚历山大三世的反动时期，有过战胜拿破仑的辉煌、开疆拓土的成功，也遭受过克里米亚战争、日俄战争、第一次世界大战的失败。俄国始终没有成为一个现代国家，而是被封建主义的残余束缚着。俄国的发展与崛起的特点表现在：

第一，俄国的迅速发展与崛起，都是与伟大的统治者的名字紧密联系在一起的，如彼得大帝、叶卡捷琳娜二世、亚历山大二世等。欧美国家的崛起是社会前进、经济发展、思想进步的自然结果，一般是由内部自下而上自发的渐进过程，是资本主义私有制和自由市场相结合的结果，资产阶级在现代化进程中起着主导作用。俄国走的则是另外一条道路。俄国的统治者利用强有力的国家机构和行政手段，推动国家的发展与进步。国家及其领导人起着决定性的作用。为了使俄国强大，彼得恨不能生出三头六臂，把一切西方先进的技术都学到手。他大力发展文化教育事业，主持创办俄国历史上第一所世俗学校、第一座图书馆、第一个博物馆、第一份报纸、第一座公共剧院和第一个印刷所。彼得通过改革打破了俄国人长期形成的闭塞守旧的思维方式和价值观念，为封闭的俄国文化注入了新的血液，使其深深地打上了西方文化的烙印。

第二，推动俄国走上现代化道路的动因，并非国内社会经济发展的需要，主要是外部的压力，与俄国扩张遭遇的挫折相联系，是为了应对外部世界的挑战。1700 年纳尔瓦战役的惨败令彼得一世清醒地意识到俄国落后的状况，他毅然抛弃俄国守旧自大、闭塞因循的传统，仿效西方先进的经济、文化制度，实施自上而下的重大变革。农奴制改革、斯托雷平改革都是由战争失败引发的。因此，俄国工业的发展从一开始便具有军事经济的色彩，俄国的发展是与持续不断的战争联系在一起的，国家发展的重点始终是军事工业。

（二）苏联的崛起与衰落

苏联的崛起是从1929年实施五年计划开始的。在苏联工业化的进程中，强大的行政手段和动员机制，片面工业化和富国强兵的单一追求，国家及其领导人的特殊作用，这些俄国现代化的基本特征得以延续。同时，苏联的社会主义被认为是资本主义的替代物，苏联的现代化被定性为不同于资本主义的另一种现代化道路。在社会经济落后、无法满足人民日益增长的物质和文化需要的情况下，宣传部门动用一切力量去激发民众的政治热情、爱国情感和对未来美好生活的期待，其目的是依靠精神的力量，特别是民众的自我牺牲精神来保证国家的强大。为了动员民众，斯大林采取了许多措施，既用崇高的理想激发民众的爱国热情，又用粗暴的甚至是镇压的手段强迫他们付出劳动。

斯大林之后的苏联领导人虽然也有过改革，但都是治标不治本，仍然把维持强大国家的重心放在军事和国防上，苏联只有一个经济部门是持续繁荣的，那就是军事工业综合体。经过几十年的“赶超”，苏联取得的最大成绩是在军备上赶上和超过了西方国家。在20世纪80年代初，“苏联每年生产的坦克数量比美国多3.5倍，装甲运输车比美国多4倍，火炮比美国多8倍，核潜艇比美国多2倍。在国防军事工业工作的工人，美国是220万人，而苏联达500万～800万人”。

苏联的崛起与衰落告诉我们，现代社会是个复杂的系统，只靠几项富国强兵的指标实现国家的崛起，是不可持续的。现代国家崛起的过程，实际上也是实现现代化的过程，这个现代化是全面的现代化，是社会、政治、经济、文化的全面发展与进步，是人的自由与解放。由于现代化观念的片面性，只片面强调国家的作用，泯灭了个人的主动性与创造性，使社会发展失去了重要的推动力，同时助长了庞大、平庸而无效率的官僚机构，造就了按权力和社会地位分配财富的特权阶层，产生了更大的社会不公平，苏联的发展模式引起了民众的普遍反感，苏联的社会主义也因此失去了吸引力。历史上，统治者利用手中的权力，顺应历史潮流，有控制地改革现行制度，实现向现代社会的平稳过渡，并不乏成功的先例。但由于戈尔巴乔夫弯转得过急过快，造成现代化和改革进程失去控制，国家的解体和社会的剧变给民众带来了极大的痛苦，其教训是深刻的。

（三）俄罗斯的重新崛起与全面现代化的新战略

苏联解体后，俄罗斯的经济持续下滑，国力下降了一半，沦为二流国家。2000年普京接替叶利钦，成为带领俄罗斯走向新世纪的总统。在普京的铁腕治理下，俄罗斯开始重新崛起。

2011年4月，普京在政府工作报告中宣布，“今天在大量专家的参与下，我们正在制定2020年战略。首先应寻求新的增长潜力，并正确地排列优先方向。我认为，现代化，换言之即有质量的发展，首先是指对人，对其能力及才华的投资，为其自我实现和主动性创造条件。它是对人民生活质量的投资。我绝对相信，只有在此基础上才能确保高速发展和真正的技术飞跃”；未来10年，“按国内生产总值计算，俄罗斯应跻身世界五大经济体行列。人均GDP应超过3.5万美元。这将高于法国和意大利今天的指标”；要“建立强大的创新型经济”。普京对民主的强调没有梅德韦杰夫多，但俄罗斯已经建立起了民主的框架，承认普遍的民主原则与价值观，随着经济与社会的进步，俄罗斯民主也将成熟。俄罗斯新的发展与现代化之路还是可以期待的。

总之，随着人类的文明与进步，能否满足人的各种需要、能否促进人的全面发展，成为衡量一个社会、一种发展模式成功与否的重要尺度。俄罗斯的发展进程告诉人们，走向现代化是人类发展的大趋势，这一历史步伐是难以阻挡的。同时也警示人们，拒绝与现代化相关的世界基本趋势保持一致，其后果是很严重的。

七、 富有军国主义传统的日本

日本，太平洋西岸的一个岛国，与亚洲大陆隔海相望。从 17 世纪初开始，这个贫弱落后的封建小国紧锁门户，度过了 200 多年闭关自守的时光。

但是，西方文明的冲击还是不可避免地到来了。1764 年之后的近一百年间，西方列强频频叩关，竟达 52 次之多。

1853 年，来自太平洋东岸美利坚合众国的四艘全副武装的黑色军舰，敲开了日本国门，日本被迫开国。这个东方岛国遭遇了巨大的生存危机，也迎来了弃旧图新的机遇。

15 年后的 1868 年，封建幕府被推翻，明治天皇登基。1868 年成为日本历史上具有转折意义的一年，在这一年开始了著名的明治维新。从此，日本进行了急速的资本主义改革，在短短的几十年内成为在世界的东方崛起的强国。

50 年后，日本成为当时世界大国俱乐部里唯一的东方国家；它的铁蹄践踏了亚洲的许多国家，它的野蛮和凶残让世界为之震惊，“大日本帝国”最终在疯狂中败亡。

1968 年，明治维新 100 年后，日本成为世界排名第二的经济大国。

从渴望主宰自身命运到渴望成为世界的主角，在这个岛国如同海潮般激荡起落的现代化过程中，一个不曾改变的命题就是：面对西方世界，进行一场为超越而进行的最彻底的学习。

也就在这时，年轻的经济专家下村治的见解吸引了池田勇人。20 世纪 50 年代中期，还在读博士的下村治就认为，日本经济有可能以两位数的速度增长。池田的经济智囊田村敏雄将他推荐给池田。但在写入正式政府计划的数字上，下村治和田村发生了一场论战，下村治认为增长速度应该定在 11%，田村则坚持定在 7.2%。池田在听取了他们的意见之后，认为前 3 年（1960—1963）应该定在 9%，但 10 年内不低于 7.8%，在 10 年内实现国民收入倍增，即翻一番。

1960 年 7 月，岸信介（1957—1960 任日本首相）下台后，池田勇人（1960—1964 任日本首相）以绝对高票当选自民党总裁。在大平正芳（1978—1980 任日本首相）和宫泽喜一（1991—1993 任日本首相）的建议下，1960 年 12 月 27 日，日本内阁会议通过了“国民收入倍增计划”。改变日本经济的宏伟规划开始实施。

池田勇人从岸信介“政治优先”的路线中吸取了教训。岸信介在签订《美日安保条约》后，被全日本轰轰烈烈的抗议活动搞得灰溜溜下台。自民党的继任者清楚地看到，在这时，只有把握经济优先的政策，才能巩固政权。

日本经济在 1955 年之后出现了大规模增长的势头，从 1955 年开始的“神武景气”（指

1955—1957 年日本出现的第一次经济发展高潮）期间，国民生产总值年增长 12%，消费逐渐升温。从 1957 年开始，消费品的“三大神器”——洗衣机、电冰箱、黑白电视迅速普及，进入寻常百姓家。在家用工业品的增长率中，电视机达到 47 倍，电冰箱达到 24 倍，当时普通工人两个月的工资即可买一台电视机。日本的消费时代来临。

从 1958 年到 1961 年，日本经济又经历了一场长达 42 个月的发展高潮，这次甚至超过了之前的“神武景气”，日本人将它称为“岩户景气”。在这期间，日本国民生产总值每年增长 10%以上。经济结构也发生了重大变化，重化学工业投资迅速增长，生产大幅度增加。钢铁、机械、电力等产业部门形成了投资引发更多投资的循环过程。同时随着工资的提高，人们的食品消费比例下降，耐用消费品、娱乐和交际费用比重增加，娱乐消费意识不断上升，保龄球、高尔夫球、旅行成为时尚。当时的名胜古迹到处拥挤不堪。追求生活舒适成为日本的时代潮流，日本进入了“大众消费社会”。由于消费内容趋于均衡和一致，在将近一半的国民中逐渐产生了“中流阶层意识”。

“国民收入倍增计划”是一个雄心勃勃的计划。它主要提出了 5 个中心议题：充实社会资本；引导产业结构向高级化发展；促进贸易和国际经济合作；提高人的能力和振兴科学技术；缓和双重结构和确保社会稳定。而日本政府在经济中发挥的最重要的作用就是充实社会资本，基本任务是整顿和完善产业基础。政府在产业基础的投资额为前 5 年的 4.2 倍。

此外，日本的产业结构在这一时期也出现了重大变化，重化学工业的国际竞争力明显增强。日本的钢铁生产跃居世界第 3 位，汽车生产居世界第 4 位。到 1963 年，重化学工业占日本工业固定资产的比例达到 60%，出口比率在 1965 年达到 62%。此后日本建立了经济高速增长下的重化学工业生产体系，迅速提高了日本重化学工业的国际地位。

为了与“国民收入倍增计划”相配合，池田内阁还实施了贸易和外汇管理自由化。1955 年参加关贸总协定时，日本的贸易自由化率只有 16%，到 1960 年则达到 40%。可以说，日本走向开放经济体制，是一个精密且精明的过程。

日本经济这一时期之所以能超高速增长，还有一个重要因素，那就是美国侵越战争。作为美国的后方基地，日本为侵越美军提供了各种物资和服务，并在这一时期将经济势力渗透到了东南亚。

1963 年，日本的国内生产总值是 676 亿美元，这一经济规模，大约相当于同期美国的 11.4%、英国的 78%。1966 年日本经济的实际增长率达到 13%，日本在资本主义世界的 GNP 总量中排在美、德、英、法之后的第五位。1968 年，也就是在明治维新 100 周年的时候，日本的 GNP 跃居世界第 2 位，仅次于美国。如今，日本是世界第三大经济体。

课堂讨论四

日本为什么不能真诚地反省历史？

八、 超级大国——美利坚合众国

在美洲大陆北部，有一个飘扬着星条旗的国家，它的名字叫“美利坚合众国”，也被称作“美国”。这个国家的出现，虽然只有 200 多年的历史，但却演绎了大国兴起的奇迹。

它在欧洲文明的基础上，独创性地走出了一条自己的发展道路，将世界第一经济强国的位置占据了一个多世纪。

然而，500年前，这片广袤辽阔的陆地却是印第安人世代生活的家园，他们挥洒着与生俱来的激情，培育了独特的风俗。直到15世纪，欧洲人发现了这片新大陆。从此，欧洲各国的移民蜂拥而至，一个个殖民地相继出现。到18世纪，英国在北美大西洋沿岸，陆续建立起13个殖民地。美利坚合众国的建立，正是从这13个英属殖民地开始的。

美国历史可以说是世界文明史的一个缩影，从美利坚合众国诞生到今天，美国200多年的发展历程折射出世界近现代文明的脚步。20世纪上半叶，是美国大变革的时期，也是它走向全球权力顶峰的时期。在这期间，美国进行了一系列深刻而广泛的改革，怀着崛起的梦想、平等与民主的希望，有过动荡与挫折，历经两次世界大战，终成世界一极。

（一）扫除内外部障碍

美国独立战争是世界史上第一次大规模的殖民地争取民族独立的战争，是殖民地民族解放战争的范例。独立战争又是一次资产阶级革命，它推翻了英国的殖民统治，创造了美利坚合众国，为美国资本主义的发展奠定了基础。独立战争的胜利对美国来说极为重要，这场战争使美国获得了国家独立，摆脱了英国的殖民统治，扫除了发展资本主义的外在障碍，为后期的政治经济发展提供了有利条件。《独立宣言》体现和维护了独立战争的重大成果，使政府建立在民主原则的基础上，保证美国的长期稳定，促进了资本主义经济的发展，建立了联邦制，开创了近代政体新形式，既确保了共和，又加强了主权。但它又承认了黑奴的存在，留下了种族歧视的烙印。独立战争没有解决土地问题，也没有解决奴隶制问题，使得独立后的美国南北方走上了两种不同的经济发展道路，最终导致了内战的爆发。

美国内战，又称南北战争，使美国国家获得统一，解放了黑奴，进一步解放了生产力。它维护了国家统一，废除了奴隶制度，进一步扫除了资本主义发展的障碍，为美国资本主义经济的起飞铺平了道路。

（二）大陆扩张和西进运动

历史上的大陆扩张和西进运动正是19世纪美国崛起的一个重要因素，也是20世纪美国发展的重要历史条件。它对于美国今天疆界的形成、经济大国地位的确立、美利坚民族性格的发展，以及北美邻国的发展都影响深远。

大陆扩张和西进运动在美国近代史上是相辅相成的，它们的区别在于：前者是美国统治阶级的领土扩张进程，后者主要是广大人民群众的领土开发进程。西进运动是领土扩张的动因、前奏和结果，大陆扩张则又为西进运动提供了合法依据。

（三）重视科技与人才

19世纪70年代末，著名的发明家爱迪生开启了第二次工业革命的闸门。19世纪后半叶，各种各样的发明如雨后春笋般出现在美国。在以电气化为标志的第二次工业革命中，这个新兴的工业国家以重大科技发明为基础，在19世纪末迅速赶上并超过了在过去两个世纪里一直走在前面的欧洲强国。

第三次科技革命在美国兴起，原因有两个方面：一是战后初期美国拥有雄厚的物质基础、众多优秀的科技人才、蓬勃向上的民族创新精神、优越的地理环境和巨大的市场容量等方面的优势；二是战后以来，美国政府高度重视科技，积极采取措施推动科技事业的发展，直接促成了第三次科技革命。

（四）开创政府干预经济的先河

1929 年爆发于美国的经济危机给全人类留下了深刻的印象，1933 年实行罗斯福新政，在尽量避免国有化而力图保持资本主义的自由企业制度的前提下，政府对经济进行全面干预；同时采取一些有利于工人和小生产者的措施以缓和国内阶级矛盾。罗斯福新政开创了国家干预经济的新模式，这种在不触动资本主义制度的前提下对经济的全面干预，形成了国家垄断资本主义，对以后资本主义的发展具有重要的影响。

（五）感想与启示

美国崛起有着其自身的特点和历史条件，也有着深刻的借鉴意义，但是决不可照搬。美国崛起不是源于一个或者两个因素而是多种因素综合作用的结果，为了某种需要突出强调崛起的某一个因素，并不一定符合本国实际。美国的崛起具有可持续发展的强劲活力，这种活力和它在发展中逐步完善及进一步发展的政治、经济、社会与文化机制是分不开的，否则难以解释为何它在崛起后能够继续快速发展，在其后的一个多世纪里名列世界榜首。

九、 中华民族的复兴之路

在世界的东方，屹立着一个历史文化从未间断的国家——中国。几千年来，勤劳、勇敢的中华民族，创造了灿烂的文明，对人类文明的发展、进步做出了不可磨灭的贡献。

当历史的脚步进入 1661 年的时候，随着清朝康熙皇帝的登基，中国迎来了封建王朝的最后一段盛世。此时，人类社会正在发生着前所未有的巨变。15 世纪末，欧洲的航海家们开始征服海洋。伴随着资本主义的对外扩张和贪婪掠夺，世界逐渐联接在一起，从此，任何一个国家，都无法孤立于世界之外而存在。18 世纪后期，英国的工业革命、美国的独立战争以及法国大革命，深刻地改变了人类文明的进程。人类社会的现代化，已成为不可阻挡的历史潮流。这股汹涌的浪潮，不可阻挡地逼近了中国。沉浸在康乾盛世中的人们，全然不知这盛世亦正面临着一场厄运。正在全球范围内争夺利益和霸权的西方殖民主义势力已经扩张到东方，3 000 年未遇之大变局即将到来，中华民族百余年艰苦卓绝的伟大复兴历史，由此拉开了大幕。

民族复兴，在西方社会某些人的眼里无异于洪水猛兽。萨达姆的民族复兴党，希特勒的“纳粹”党，都是靠高举民族复兴大旗而发家的。一提到中华民族的复兴，西方社会的眼光同样是警惕和批判的。

“中华民族是一个非宗教的、多民族的、始终抱有家国天下观的民族。我们这个民族与西方那种宗教性的、单一民族的、抱有民族主义观的民族具有完全不同的民族特性。”清华大学朱育和教授说。世界上还没有哪一个民族能像中华民族这样，具有绵绵不绝的强大的生命力、创新力、延续力。在经历了近代百年的剧变之后，中华民族正在恢复它在世界历史上曾经延续几千年的光荣地位。这个过程，就是中华民族的伟大复兴。中国共产党正是民族复兴的中流砥柱。

（一）寻找“第三文明”救中国

天朝帝国被西方坚船利炮击碎之后，中华民族经历了几千年未有的大变局。2 000 年的帝制被推翻了，300 年的清帝国被推翻了，让人们满怀期待的中华民国也被袁世凯给葬送了。外有日本、俄罗斯和其他列强的虎视眈眈，内有大大小小的军阀割据称霸，战乱不断，中华民族从来没有这样虚弱过。中华民族将向何处去？生存危机的残酷现实严厉地拷问着每一个中国人的尊严底线。

中国的知识分子将眼光转向了西方。他们发现西方文化与制度的精髓是“德先生”与“赛先生”（民主与科学）。陈独秀断言：“只有这两位先生，可以救治中国政治上道德上学术上思想上一切的黑暗。”然而，当人们热烈拥抱西方的时候，西方列强在全球各地进行了无耻的掠夺和压榨，它们发动的第一次世界大战给人类带来了空前的灾难。德国的斯宾格勒认为“西方已经没落”，英国的罗素认为“资本主义已经不容于世界”。“一战”结束之后，中国思想界普遍认为这是自由、文明与正义的胜利。但巴黎和会并没有把中国看成战胜国，不仅拒绝了中国的一切合理要求，甚至把战败国德国在山东的一切权益转给了日本。西方再次赤裸裸地侮辱了中华民族的尊严。中国思想界开始猛醒，原来西方社会也是同样的丑恶。朱育和说，中国知识分子对西方文明的幻灭感一下子就出现了。他们开始寻找既不同于封建帝制又不同于资本主义的“第三文明”。在这个时候，俄国出现了社会主义革命，工人农民成了国家的主人，人与人之间的不平等被消除了。新成立的苏维埃政权两次发表对华宣言，公开表明要放弃沙皇俄国在华取得的一切特权。苏联共产党的举动一下子拉近了中国与苏联的心理距离。中国先进知识分子把目光投向了苏联。

1921 年 7 月，中国共产党成立。中央党校党史教研部主任柳建辉说，靠维新改良来救中国失败了，靠封建帝制自我革命也行不通了，孙中山领导的革命成果也被大地主、大资产阶级窃取，中华民国也救不了中国。一个统一的中国不仅陷入四分五裂之中，而且继续保留着半殖民地的色彩。在中华民族复兴的进程上，中国共产党应运而生，可以毫不夸张地说，是历史选择了中国共产党。中国共产党则选择了社会主义道路。

（二）用军事手段清除民族复兴障碍

在中国近代历史上，孙中山先生最早提出“振兴中华”的口号。他最早成立的兴中会就取意于“振兴中华”。共产党以解放全人类、实现共产主义为最高目标，以打倒军阀、统一中国、实现劳动人民当家做主为最低目标。在民族复兴的道路上，共产党与孙中山先生领导的国民党携手合作，开始了北伐战争，目标就是将一个军阀割据、四分五裂的中国统一起来。只有统一的中国，才有可能复兴。

国共两党虽然目标大体一致，但选择的民族复兴道路却不同。共产党掀起了打土豪分田地的农村土地革命，把农民革命的积极性调动起来；国民党则继续维护地主和资本家的利益。孙中山逝世以后，国共两党道路之争激化，蒋介石、汪精卫开始残忍地屠杀共产党人，国共合作彻底破裂。

国民党成为中华民族复兴的障碍。共产党人被迫选择了武装斗争，开始用军事手段清除中华民族复兴道路上的各种障碍。然而武装斗争的道路也非常曲折。在第五次反围剿失利后，中国共产党带领工农红军，进行了举世闻名的万里长征，并最终胜利到达了陕北。

此时，共产党面临的不仅是民族复兴道路上的国内障碍，还有巨大的国际障碍——日本全面侵华战争。

1931 年，日本悍然发动了“九一八事变”，东北沦陷，日本妄图将东北三省从中国分裂出去。在这种巨大的民族生存危机面前，国民党和蒋介石“绝对不抵抗”，还在继续不遗余力地围剿红军。当工农红军跳出蒋介石的包围圈之后，蒋介石继续叫喊“攘外必先安内”，继续进攻延安。1936 年 12 月 12 日，张学良等发动西安事变，逼蒋抗日。1937 年，卢沟桥事变爆发，日本狂言“三个月征服中国”。中华民族的生存危机进一步加剧。在民族大义面前，共产党不计前嫌，自愿接受国民政府的领导，把工农政府改名为中华民国特区政府，把中国工农红军改名为国民革命军。共产党领导的武装力量义无反顾，奔赴广大后方，成为全民族抗战的中坚力量。

3 500 万人的生命、5 000 亿美元的财产损失，终于换来了抗日战争的胜利。然而，中华民族的复兴道路到底如何走下去？如何把战后一穷二白、千疮百孔的中华民族联合起来，如何才能建立一个富强的新中国？国共两党因为政治主张不同，再次发生严重分歧。重庆和谈并没有带来中华民族的和平建国。国民党和蒋介石再次成为民族复兴的巨大障碍。得民心者得天下，失民心者失天下。国民党民心失尽，在解放战争中，共产党摧枯拉朽，只用了三年的时间，就彻底打败了国民党军队。

1949 年新中国的成立，是中华民族复兴历史上的一件大事。如果把民族复兴比作重新盖一座高楼大厦的话，那么共产党从建党开始，就一直在做清理地基、平整地基的工作。到 1949 年，地基上的“三座大山”终于清理完毕，一块平整的土地出现在人们面前，现在终于可以腾出手来盖房子了。中华民族进入了建设时期。

（三）民族复兴道路很曲折

打败日本指日可待，但中华民族怎样才能复兴呢？怎样才能使一穷二白的中华民族迅速强盛起来呢？在抗日战争后期，以毛泽东为代表的共产党人就开始思考这样的战略问题了。

一直扶植国民党的美国不愿意看到共产党领导新中国，更不愿意为自己培养一个未来的强大的竞争对手。司徒雷登踏上离开中国的飞机时，美国开始了对新中国的孤立。此时，冷战的铁幕已经在欧洲降下。国际政治格局分为东西两大阵营。在这种情况下，为了争取国家建设的政治环境与经济援助，中国“一边倒”地倒向了苏联。

1956 年，中苏两国共产党对社会主义道路的理解产生了严重分歧，两国关系急剧恶化。在冷战的国际格局下，中国既要对抗美国，又要对抗苏联，中华民族复兴之路遇到了艰难的国际政治环境。

在国内，同样也面临不少困难。刚刚分到土地没有多长时间的农民，很快就要把土地交给合作社了，有的地方甚至跑步进入共产主义。工厂的生产需要按照政府制订的计划清单来进行。一个刚刚从半殖民地、半封建社会走出来的脆弱的经济体系，要迅速转变成社会主义经济体系，随后又要迅速地转成共产主义经济体系，这种彻底革命的做法严重脱离了中国的国情。其结果，不是生产力的进步，而是退步。在经历了曲折的探索后，邓小平带领中国共产党人开始走上了改革开放的强国之路。如今，中华民族正在复兴之路上大踏步前进。2019 年，是新中国成立 70 周年。70 年来，在中国共产党的坚强领导下，全国各族人民团结一心，迎难而上，开拓进取，奋力前行，从封闭落后迈向开放进步，从温饱不足迈向全面小康，从积贫积弱迈向繁荣富强，创造了一个又一个人类发展史上的伟大奇迹，中华民族迎来了从站起来、富起来到强起来的伟大飞跃。如今，在习近平新时代中国特色社会主义思想的引领下，我国各项建设取得了突飞猛进的进步。我国用几十年时间走完了西方发达国家几百年走过的工业化历程，对全球和世界经济增长的贡献在 30%左右，成为全球经济增长的稳定器和动力引擎，成为有韧性、有空间、有耐力、有巨大影响力的经济大国，正向强国迈进。

思考与实践

1. 历史上主要有哪些大国崛起？崛起的原因是什么？结果怎样？
2. 大国崛起产生了怎样的影响？
3. 大国崛起带给我们怎样的思考？对中国有怎样的借鉴意义？

推荐书目

1.《世纪大讲堂：大国》（凤凰卫视出版中心《世纪大讲堂》栏目组，中国友谊出版公司）。

2.《大国崛起》（唐晋，人民出版社）。

3.《大国崛起历史经验的反思及其对中国的启示》（黄凤至、郭玉强，《社会科学战线》，2015 年第 5 期）。

推荐欣赏

1. 电视纪录片：《大国崛起》。
2. 电视纪录片：《世界历史》。

名篇导读

《中国梦共鸣世界梦》（中共中央文献研究室课题组）。

中国梦共鸣世界梦

中共中央文献研究室课题组

请扫码阅读

编者导引：习近平主席在访问欧洲期间的讲话中指出，中国梦是追求和平的梦，是追求幸福的梦，是奉献世界的梦。习近平主席借用拿破仑的比喻，形象地称“中国这头狮子已经醒了，但这是一只和平的、可亲的、文明的狮子”。中国梦与世界各国人民的梦想紧密相连、休戚相关。中国梦不仅是中华民族和中国人民的奋斗目标，也是世界的福祉。

第十讲　中国古典文学中的人文精神

名人名言

文学是人的生活的教科书。——车尔尼雪夫斯基

文学使思想充满血和肉，它比科学和哲学更能给予思想以巨大的明确性和说明性。——高尔基

读一切好书，就是和许多高尚的人谈话。——笛卡尔

文学，是人类在历史前进的过程中取得的辉煌的精神成果，它反映着社会生活的真实状况，反映着人们的心声，也反映着社会的价值观。

我们把文学称为“人们的精神食粮”。它通过生动感人的文学形象，再现和歌颂人文精神，使人们在心理上得到愉悦的满足，在思想上受到潜移默化的影响。

文学是离人文精神最近的一个学科。阅读文学作品对于一个人能起到全方位的塑造作用，使语言的运用能力、跨文化交际能力都能有所提高。更重要的是，文学作品中塑造了各种类型的人物，他们身上所体现出来的价值观、责任感和一些优秀的品德，也可以起到净化人们的灵魂、陶冶人们的情操的作用。王蒙在《我们的责任》中说“文学召唤我们为了真、善、美去向虚伪、邪恶和鄙丑抗争”，当代大学生人文素质的提升需要这些精神食粮。

文学教育在人文素质教育中具有独特性，体现在以下四个方面。

一是文学教育育人的有效性。

“文学即人学”，这是高尔基提出的。文学的主要任务是什么？归根结底，应该是对人的生存状态、生存价值的关注。我们在读文学作品时，会分析人物的性格，评价人物的行为，并根据自己的价值观，判断出人性的真善美、假恶丑；我们会感叹人物的命运，从中能得到很多启示，获取很多人生哲理与人生意义，并且会将其转化为自己的思想，反省自身，从而完善自己的人格。高尔基说：“人学的目的就是帮助人了解他自己；就是提高人的信心，激发他追求真理的要求；就是和人们中间的卑俗作斗争，并善于在人们中间找到好的东西；就是在人们灵魂中唤起羞耻、愤怒和英勇，并想尽办法变得高尚有力，使他们能够以神圣尚美的精神鼓舞自己的生活。”

二是文学教育育人的全面性。

综合性是文学的一大特点，文学体现的知识是多方面的，如历史、哲学、心理、艺术、建筑、医药等，都可能在文学作品中体现。人们读书不仅能学到知识，还可以提升道德，增进智慧，培养感受美、欣赏美和创造美的能力，使语言更加文雅、知识更加全面、情感更加丰富、品格更加完善、理想更加宏大、意志更加坚定、行动更加有力量。没有文学的素质教育必然是失败的，缺少了文学就等于切割了知识舞台的一半。

三是文学教育育人的潜在性。

科学著作注重严密的逻辑，讲求以理服人，灌输的痕迹和效果都更加明显，但文学作品则不同，它主要通过塑造的一些形象、描绘的一些场景去再现生活，让人们在形象感受中去思考人生，感受人生，在不知不觉、潜移默化中得到精神的满足和享受。所以，文学教育不是立竿见影的，而是潜移默化的，让人在感受美、欣赏美、享受愉悦的过程中接受生活的真理，对人的影响是持久和巨大的。

四是文学教育育人的启迪性。

文学作品的语言是美的，它们有的像音乐，节奏明快，韵律和谐；有的像春风，温暖柔和，神采飞扬。它们充满激情，具有情感美；它们富有哲理，具有智慧美。文学语言对读者具有强烈的感染力，往往能巧妙地发挥育人的启迪作用。世界著名教育家苏霍姆林斯基曾说过："我对语言有诗歌般的爱恋之情，如同瞩目一位绝色女子时的感觉一样；它像太阳，照得你的每一根线条都清晰明亮，使你看清了自己，你也会希望变得美，你一想到自己身上尚有不当之处时，也会在内疚中感到羞耻。"这段话形象地说明了文学语言的巨大教育力量。

一、 中国古典文学的发展脉络

（一）先秦文学

总体特点：这一阶段属于从萌芽到初步发展阶段，还没有专职作家产生。

主要文学形式及成就如下。

1. 神话

西方神话最令人称道的是系统性强，有明确的族谱与传承关系。而中国神话则散乱地保存在《山海经》等书中。

2. 诗歌

《诗经》又称"诗三百"，是我国第一部诗歌总集，收入诗歌 305 篇，分为"风""雅""颂"三部分。《诗经》主要运用赋、比、兴三种表现手法，是我国诗歌艺术创作的发端。

3. 历史散文

代表作有《左传》《国语》《战国策》等，主要是记事记言。

4. 诸子散文

诸子散文是百家争鸣的丰硕成果，代表作有《论语》《孟子》等，这些作品不仅具有政治性，也具有文学性。其中，文学性最强的是《庄子》。

5. 楚辞

楚辞是浪漫主义诗歌的开端，代表诗人是屈原，代表作是《楚辞》，其与《诗经》合称为"风骚"。屈原的作品带有明显的楚文化的特点，以六、七言为主，长短参差，灵活多变，多用语气词"兮"。

（二）秦汉文学

总体特点：文学的价值开始受到重视。

主要文学形式及成就如下。

1. 辞赋

辞赋这一文学体裁在汉代得到了极大的发展与丰富，经过了骚体赋、大赋、小赋几个发展阶段，出现了一批著名的作家与作品，代表作有司马相如的《子虚赋》、班固的《两都赋》等。

2. 乐府诗

乐府诗采自民间，它是中国叙事诗的开端。乐府是机构名称，建于汉武帝时期，它所采集的民歌就是乐府诗。

3. 文人五言诗

五言诗一般是抒情诗。它与乐府诗分别代表了这一时期抒情诗与叙事诗的最高成就。东汉末年出现的古诗十九首是文人五言诗成熟的标志。

4. 《史记》

《史记》是中国文学史上成就最高的史学作品，同时也是这一时期水平最高的文学作品，鲁迅先生给予其高度评价，称其为“史家之绝唱，无韵之离骚”。《史记》以人为经，以事为纬，开创了纪传体这种新的史书体例。

（三）魏晋南北朝文学

总体特点：五七言古近体诗兴盛。

主要文学形式及成就如下。

1. 诗歌

这一时期出现了一位伟大的诗人——陶渊明，他的田园诗对后世产生了极大的影响，他的人格也成为后世文人推崇的典范。

2. 散文

散文形式更加多样，檄、碑、诔、序、记、书信等各体皆有佳作。

3. 辞赋

汉代的大赋渐渐淡出，抒情小赋占主要地位，而且开始特别关注格律。

4. 小说

小说这一体裁开始崭露头角。这一时期的小说分成“志怪”和“志人”两类。志怪小说专记神异鬼怪故事，其中最著名的是东晋干宝的《搜神记》；志人小说现存较完整的是宋代刘义庆的《世说新语》。

（四）隋唐文学

总体特点：诗歌史上的黄金时代。

主要文学形式及成就如下。

1. 诗歌

（1）诗人队伍的扩大和主导力量的改变。唐以前，宫廷文学在诗坛上占绝对的主导地位，自初唐后半阶段，诗歌创作主体下沉到普通民众中，成为一种普遍的社会文化现象。

(2) 唐诗所反映的社会层面扩展。由于诗歌创作主体下沉，各个阶层都有诗人出现，所以有利于全面反映社会各方面的生活状况；再加上朝代的变化，诗人们开始有勇气表达自己的社会期望与政治需求，因此唐诗所反映的社会生活层面空前开阔。

(3) 艺术风格与流派的多样化。唐代诗人辈出，各时期、各领域、各地区都有自标一格的杰出诗人出现，他们共同创造了唐诗的辉煌时代。

(4) 诗歌艺术形式的完善。从根本意义上说，唐人比前人更加注意诗歌的构造美。从语言形式上说，语言更加凝练。

2. 唐传奇

唐传奇最大的成就是脱离了志怪小说记录奇闻逸事的性质，成为有意识的文学创作，标志着中国古代短篇小说开始进入成熟阶段。

3. 散文

唐代兴起了在文学史上有重要意义的古文运动，使唐代的散文文风不同于盛行于六朝、在唐代仍居主导地位的骈体文（称“时文”），变得质朴自由。

4. 变文

唐代变文还处于起步阶段，虽然在艺术上比较粗糙，但对后世白话小说和民间讲唱文学产生了深远影响，其意义不可忽视。

5. 词

唐词的兴起是宋词兴盛的铺垫，词最初孕育于唐代繁华城市中的歌楼妓馆，是歌妓们演唱的小曲。由于词是酒宴上的歌曲，所以，这一时期的词重言情，极少言志。

（五）宋代文学

总体特点：词与诗以同样的高度成为文学体裁上的两颗明珠。

主要文学形式及成就如下。

1. 词

词的题材在宋代得到丰富，词境得到了开拓，词艺得到了深化，词的体制得到了扩大，词调得到了革新，大词人与大作品不断涌现。

2. 诗

虽说宋诗整体艺术水平不如唐诗，但也有自己的特点。宋诗的瘦劲、深刻，也是宋代政治经济状况在诗中的反映。

3. 散文

宋代在散文上取得的成就可以与唐代媲美，城市与商业的发达直接影响了文学观念、文学内容、文学形式的嬗变与演进，在散文上表现尤为明显。

（六）元代文学

总体特点：底层文学蓬勃发展，杂剧与散曲齐头并进。

主要文学形式及成就如下。

1. 杂剧

元杂剧是在宋杂剧和金院本的直接影响之下，融合各种表演艺术形式而成的一种完整的戏剧形式。著名的杂剧家有关汉卿、王实甫等。元杂剧与散曲合称为“元曲”，“元曲”标志着中国戏剧的成熟，在中国文学史上与唐诗、宋词并举，占有重要的地位。

2. 散曲

散曲的句式灵活多变，韵脚较密，可以添加衬字。大量运用俗语和口语，句法完整。著名的散曲作家有马致远、张可久等。

（七）明代文学

总体特点：明代是小说、戏曲等通俗文学昌盛而正统诗文相对衰微的时期。

主要文学形式及成就如下。

1. 传统诗文

传统诗文的数量比起唐宋是有所增加的，但是作品思想和艺术质量蜕化。

2. 小说

产生了一系列著名的长篇小说，如《三国演义》《水浒传》等。这两部小说的成功创作，对后来的历史演义和英雄传奇小说的大量产生有着巨大的影响。

3. 传奇

明传奇拥有较为庞大的体制、完整有序的结构、生动丰富的人物和瑰丽多彩的画面，最著名的明传奇是汤显祖的《牡丹亭》。

（八）清代文学

总体特点：清代文学呈现出集中国古代文学之大成的景观，小说成就最为突出。

主要文学形式及成就如下。

1. 诗文

清代诗文偏重经世救国，崇实致用，诗、词与散文都较明代有所发展，著名的诗人有顾炎武、钱谦益等，著名词人如纳兰性德，散文流派以桐城派最为著名。

2. 戏曲

清代戏曲保持了明代的旺盛势头。戏曲创作更加成熟，最著名的作品是洪昇的《长生殿》与孔尚任的《桃花扇》。

3. 小说

清代是小说集大成的朝代，各类型小说均有大作品出现，如志怪小说领域出现了《聊斋志异》、讽刺小说领域出现了《儒林外史》、人情小说领域出现了《红楼梦》。这些作品对后世小说创作产生了深远影响。

二、 古典文学作品中的人文精神

（一）关心百姓苦难

课堂讨论

中国古典文学史上关注百姓苦难的著名诗人或作品有哪些？

关心百姓苦难，是我国文学作品中最重要的人文精神之一。儒家思想是我国的代表思想，其核心思想就是“仁”，强调爱人、尊重人。《孟子 ·尽心下》云：“民为贵，社稷次之，君为轻。是故得乎丘民而为天子。”因为儒家提倡心怀天下，心系百姓，才能成为我国的代表思想。不仅是儒家，墨家也曾提出过关心民生的政治主张。例如墨家主张“非乐”，这种提法是否恰当我们暂且不论，但墨家是从“万民之利”出发的，因为当时的王公贵族“撞巨钟、击鸣鼓、弹琴瑟 、吹竽笙而扬干戚”等活动，都是“亏夺民衣食之财”的。到了宋代，仁爱精神更是得到弘扬。张载在其名作《西铭》中说：“故天地之塞，吾其体；天地之帅，吾其性。民，吾同胞；物，吾与也。”以万民为同胞，以万物为同类，这种深厚的人道主义便形成了关注民生的文学传统。

汉朝末年是我国历史上著名的乱世，汉献帝被董卓挟持迁都长安，中州数百万百姓同时被驱遣，造成了一场空前的灾难。曹操的《薤露行》真实地记载了这场大动乱，并抒发了诗人对王朝倾覆生灵涂炭的深切悲悼。《蒿里行》更是以泪和墨，描绘出中原劫后的惨状：“铠甲生虮虱，万姓以死亡。白骨露于野，千里无鸡鸣。生民百遗一，念之断人肠。”明朝钟惺在《古诗归》中称这首诗为汉末实录，“真诗史也”。到了唐代杜甫，关心民生疾苦更是达到了极致，杜甫的一生，都在为百姓疾呼。他的诗，反映了各年龄段、各阶层饱受战乱之苦的惨象：不仅“儿童尽东征”（《羌村三首·其三》），而且“垂老不得安”（《垂老别》），新婚的男子、力衰的老妪、无家的翁叟，都被征去从军服役。唐代另一位大诗人白居易的诗则将民生情况描绘得更为明了：卖炭翁尽管“可怜身上衣正单”，却“心忧炭贱愿天寒”；新丰折臂翁尽管“至今风雨阴寒夜，直到天明痛不眠”，但却“痛不眠，终不悔，且喜老身今独在”。这种描写深入生活，更入人心。

（二）关注女性的命运

女性在封建社会中一直处于底层，无法自己做主。自《诗经》以来，关注女性命运的作品从未离开过文学舞台，从先秦的《氓》到汉代的《孔雀东南飞》都有反映。汉末乐府诗更是有大量以女性视角创作的作品，例如《迢迢牵牛星》《行行重行行》等。由于在封建社会中，女性无法走向政治舞台，所以只能把全部希望寄托于爱情和婚姻之中，一旦爱情、婚姻受到威胁，她们唯一的希望就会完全破灭，甚至会失去生的希望。因此，从女性角度创作的爱情婚姻悲剧，更能打动人心。

男性也常借女性的视角抒发自己政治上的不如意，把君臣关系比作男女爱情，因此关注女性命运的诗有了更深一层的含义。他们在写女性不幸的同时，抒发了自己政治上的失意，不仅对女性的感情有真诚的理解与同情，也表达了自己痛苦的人生体验。而到了《红楼梦》，曹雪芹出于对女性深切的关怀，对女性的同情达到了前所未有的高度。他把女孩子比喻成花，认为她们是最美的生命，可是这种天地间最美的生命却如黛玉《葬花吟》里所说："明媚鲜妍能几时，一朝飘泊难寻觅。"人间至真至美的生命，却又最脆弱、最短暂、最易遭到毁灭，这真是人间的大悲剧。

（三）针砭时弊，济世安民

中国文人有着强烈的社会责任感，针砭时弊的作品一直是主流。在《离骚》中，屈原责怪楚王相信小人，疏远忠臣，他大胆地批评楚王变化无常："初既与余成言兮，后悔遁而有他。余既不难夫离别兮，伤灵修之数化。"唐代，李白这样的浪漫主义大诗人也关注朝政。玄宗时，朝政昏暗，宦官当道，李白在《古风五十九首·其二十四》中对此予以讥刺："中贵多黄金，连云开甲宅。路逢斗鸡者，冠盖何辉赫。鼻息干虹霓，行人皆怵惕。"

在中国古代，衡量男性的价值系统是修身齐家治国平天下，所以，中国的文人往往都有济世的思想，特别让人敬佩的是，一些诗人即使在潦倒时，也不忘忧国忧民。李白一生为理想而奋斗，一方面是为了实现自己的人生价值，另一方面也是想通过自己人生价值的实现，达到济世的目的。他失败了多次，甚至生活越来越悲惨，直到临终绝笔《临路歌》，他虽已"中天摧兮力不济"，却还坚信其"馀风激兮万世"。杜甫的这种思想比李白更深入一些，"穷年忧黎元"的情操表现得淋漓尽致："安得广厦千万间，大庇天下寒士俱欢颜，风雨不动安如山。呜呼！何时眼前突兀见此屋，吾庐独破受冻死亦足！"范仲淹提出"先天下之忧而忧，后天下之乐而乐"的名言，他一生都把安社稷、济苍生当成自己的信念，并付诸行动。欧阳修的《赠杜默》把忧国忧民的精神进一步升华："京东聚群盗，河北点新兵。饥荒与愁苦，道路日以盈。子盍引其吭，发声通下情。上闻天子聪，次使宰相听。何必九苞禽，始能瑞尧庭。"这种对民间疾苦的关注，一直贯穿在中国古典文学作品中。

（四）重人伦，主孝悌

受儒家思想的影响，人伦、孝悌一直是中国人所推崇的，孟子说"老吾老，以及人之老；幼吾幼，以及人之幼"，是期待通过推广仁爱之心，把人的精神提升到一个超然的境地。中国文人往往善于以小见大，从日常人伦来表达他们的心志。所以，中国古代文学中表现人伦的文学名著数不胜数，如曹植的《赠白马王彪》、李密的《陈情表》、潘岳的《悼亡诗》、元稹的《遣悲怀》、王维的《渭城曲》、韩愈的《祭十二郎文》以及明清的世情小说等。而"谁言寸草心，报得三春晖""慈母倚门情，游子行路苦""母别子，子别母，白日无光哭声苦"等，都表达了游子之思。

（五）对自然的欣赏

仁者乐山，智者乐水，中国文人对山水的喜爱溢于言表，他们善于从大自然中发现闲适情趣，从山水中得到愉悦，通过多种艺术形式表现自己对山水的欣赏，并把自己的思想、审美、价值观代入自然山水之中。魏晋时期，士人崇尚的文化生活方式多处体现了文化与自然的融合，如金谷赋诗和兰亭集会等山水文化活动时有发生。这对于儒家思想是极大的补充，儒家以自然景物的某些特征来比喻人的道德情操，不能引导人们专注于自然景物本身的欣赏。魏晋文人对自然景物的欣赏是一种纯欣赏，是不带有任何附加条件的欣赏，谢灵运的山水诗、陶渊明的田园诗，都是这一时期的杰出代表。他们对后世也产生了深远的影响，唐朝的王维、孟浩然、柳宗元等都继承了魏晋之志，成为后世山水田园诗人的杰出代表。宋人相信自然山川中有一种与人性同构的灵气，游历山川可使人格得以升华，使人性得以净化。

（六）崇尚中和之美

中和是中国古典文学精神的根本，中和几乎与传统文化同时产生，一直贯穿在中国古代审美形态发展过程之中。首先，中国文人更喜欢蕴藉之情，中和之美首先就表现为情感的适中。孔子评《诗经·关雎》，称其“乐而不淫，哀而不伤”。其次，古典文学作品体现了多样的统一。正是因为文学创作崇尚悲欢善恶忠奸美丑等的和谐统一，所以中国的文学作品结局往往都是美好的，即使是悲剧，也是大团圆结局。例如《窦娥冤》中，窦娥之冤，必须申冤昭雪，否则是很难满足观众的心理的。《鲁斋郎》中那个强夺人妻的坏蛋，最后被包公处斩，受害人也全家团圆。王国维总结道：“吾国人之精神，世间的也，乐天的也，故代表其精神之戏曲小说，无往而不着此乐天之色彩：始于悲者终于欢，始于离者终于合，始于困者终于亨，非是而欲餍阅者之心，难矣！若牡丹亭之返魂，长生殿之重圆，其最著之一例也。”

三、 四大名著人文精神解读

（一）《红楼梦》

《红楼梦》是中国古代小说的巅峰之作，它的可贵之处不仅在于它是中国封建社会的百科全书，还因为整部小说闪烁着人文主义精神的光芒。我们今天只讨论两位主人公——贾宝玉与林黛玉身上所体现出的人文主义精神。

宝玉在警幻仙子的“情榜”上的定位是“情不情”，即无论是有情的还是无情的人或物，宝玉都用温情去体贴，在他眼里，人与人是平等的。而黛玉的定位是“情情”，一切有情的人或物在黛玉眼中都是平等的，所以，她会为落花飞絮哭泣，会为秋雨敲窗伤感，待自己的丫鬟紫鹃也亲如姐妹。两人的身上都体现了平等与博爱的现代人文主义情怀。

此外，宝黛二人也追求恋爱自由与婚姻自由，他们认为提倡婚恋自由的封建社会的禁书《西厢记》是好书，并且也曾私下定情。

作为男性，宝玉的身上体现了更多的追求自由的因素，如他不喜欢八股文，不愿参加科举考试，不愿与士大夫诸男子交往，不愿受一切尘世的束缚。而黛玉性格不受拘束，率性而清高，追求自由的恋爱，但是，这一切自由在当时的社会是不可能被允许的，所以，两人都曾想到另一个世界寻求自由，黛玉曾发了悲叹：“天尽头，何处有香丘？”宝玉也曾想死后化为烟类，被风吹散，从此自由自在，永世不再托生为人。

总之，《红楼梦》通过宝黛二人的人生经历与思想，向读者传达了仁爱与博爱、自由与平等、反对封建专制对人性的压抑、追求个性的解放等诸多方面的人文主义精神。

（二）《三国演义》

《三国演义》是为在朝的英雄们谱写的一本英雄谱，“演义”不是历史，表现了作者的主观情感与判断，以史演义，实际上是想通过历史来表达自己的价值观与是非观，表现博大的人文情怀。

《三国演义》中，尊刘抑曹的观念明显，因为作者想借刘备来说明自己心目中的好君主是仁德明君，也寄寓着古代士人阶层的王道思想。《三国演义》把刘备塑造成一个有仁义之德并且终生践行仁义之德的君主，对百姓他爱护，对兄弟他守义，“上报国家，下安黎庶”；他重用人才，不惜三顾茅庐请诸葛亮出山；他还能忍辱负重，审时度势。作者把对于一个优秀君主的期望都放在了刘备的身上。

此外，关羽的忠、义是他最重要的美德，诸葛亮的“士为知己者死”是他身上最重要的特点，赵云则是文与武结合的最佳形象，这些都体现着作者的士人情怀与人文情怀。

（三）《西游记》

《西游记》一书创作于明代商品经济迅速发展、思想极大解放的历史背景下。最为可贵的是，这部古典小说中始终贯穿着近现代的人文主义精神。主人公孙悟空身上体现出了浓厚的自由主义精神与战斗精神。从孙悟空到猪八戒，从猪八戒到各路妖魔鬼怪，他们的身上都体现了挣脱束缚、向往自由的思想。虽然大部分妖怪包括孙悟空自己也向现实社会有所妥协，但是骨子里那种不服输的精神仍然让人敬佩。他们都在强调“自由”二字对于人的重要性。《西游记》中的自由精神是一种普世的价值观。它超越时空，影响着一代又一代中国人对于自由的诠释和追求，成为中国小说史上不朽的传奇。

孙悟空是一个纯真与理想交织的自由主义者，他自由于天地之间，连死亡都不想被别人控制，甚至想去执掌天庭。在取经路上，他也多次体现出对自由的向往，无奈被紧箍咒所限。

与孙悟空相比，猪八戒是一个世俗世界中人性化的自由主义者。他多次想回高老庄，只想过自己喜欢的生活，不想再受取经的条框所限。

书中的妖魔鬼怪，大多数都是不愿受天庭的天规所缚，想过自己喜欢的自由生活而来到凡间的。

只可惜，无论是取经路上的师徒四人，还是各路妖魔，都没能真正拥有自由，也体现了作者的无奈。

（四）《水浒传》

《水浒传》是我国第一部以农民起义为题材的长篇小说，是为在野的英雄们谱写的一本英雄谱。

在《水浒传》中，作者重点表达的仍然是忠和义，同时充满了对昏君奸臣的批判。为了“义”，他塑造了一百零八位侠肝义胆的水浒英雄；为了“忠”又让宋江率众归附，成了为朝廷效命沙场的官员。但他最终拿起沉重的笔，给水浒英雄们安排了一个悲剧的结局。在作者的心中，忠应该是排在第一位的，为了更进一步展示“忠”得彻底，还让宋江带着李逵去死，然后又托梦吴用、花荣，让他们也来陪葬，并一起神聚蓼儿洼，向徽宗皇帝哭诉衷肠，以求身后的彰显。所以《水浒传》的主旨多有争议，是歌颂这种至死不悔的“忠”，还是隐示“不可忠”？里面透出了作者深深的矛盾和无奈。

人文精神的历史虽属于过去，但仍然影响着现在。从这一意义上说，人文精神的历史就是人文精神的现在式。因此，研究古典文学的人文精神不但有必要，而且还需要用更加敏锐、细致、丰富的心智去感受和发现。

思考与实践

1. 选择一首诗、一阕词、一篇散文背诵。
2. 怎样践行中国古典文学中的人文精神？

推荐书目

1. 《中国文学史》（袁行霈，高等教育出版社）。
2. 《红楼梦》（曹雪芹，人民文学出版社）。
3. 《三国演义》（罗贯中，人民文学出版社）。

名篇导读

1. 《茅屋为秋风所破歌》（杜甫）。
2. 《黛玉葬花》（节选）（曹雪芹）。

茅屋为秋风所破歌

杜　甫

八月秋高风怒号，卷我屋上三重茅。茅飞渡江洒江郊，高者挂罥长林梢，下者飘转沉塘坳。

南村群童欺我老无力，忍能对面为盗贼。公然抱茅入竹去，唇焦口燥呼不得，归来倚杖自叹息。

俄顷风定云墨色，秋天漠漠向昏黑。布衾多年冷似铁，娇儿恶卧踏里裂。床头屋漏无干处，雨脚如麻未断绝。自经丧乱少睡眠，长夜沾湿何由彻！

安得广厦千万间，大庇天下寒士俱欢颜，风雨不动安如山。呜呼！何时眼前突兀见此屋，吾庐独破受冻死亦足！

资料来源：杜甫．杜甫诗选［M］．北京：中华书局，2009.

编者导引：这首诗曾感动了无数中国人。社会动荡，民不聊生，杜甫自己的生活也非常艰难，但是，他却发出了“安得广厦千万间，大庇天下寒士俱欢颜”“吾庐独破受冻死亦足”的呐喊，诗人博大的胸襟与心怀天下的精神让人肃然起敬，这正是冯友兰先生所说的天地境界。

黛玉葬花（节选）

曹雪芹

编者导引：黛玉葬花一段，体现了黛玉“情情”这一性格特征。情情，即对有情的东西才有情。黛玉以落花自况，感叹无法把握自身命运，而宝玉听后，感叹所有的女性，甚至“斯园、斯花、斯柳”都会无可寻觅，既体现了对女性命运的关照，又体现出一种博爱与仁爱精神。

请扫码阅读

第十一讲　人文精神在现当代文学中的渗透

名人名言

社会向文学提供素材，文学向社会提供规范。——郭沫若

文学是社会的家庭教师。——别林斯基

在心为志，发言为诗。——朱熹

一首伟大的诗篇像喷泉一样，总是喷出智慧与欢愉的水花。——雪莱

中国现当代文学是一个开放性的整体，尤其是“五四”新文学运动以来的文学历程，虽然几经曲折、几遭摧残，依然顽强而逼真地表达了中华民族在现代化转型过程中冲破几千年传统的精神桎梏、追求人性的自由解放、国家的民主富强、社会的进步正义以及种种人类永恒的梦想而生发的丰富复杂的审美心理，同时也顽强而逼真地反映了中国知识分子在由古典向现代转型过程中感应着时代变迁而生发的对国家命运、个人命运以及广大人民群众的命运三者关系的思考、探索和实践。这是一个没有终结的集体性的精神运动过程，即使在21世纪的今天，文学的历程仍将一如既往地向新的未来深入推进下去。中国现当代文坛并不缺乏对人文精神的高扬，它不仅表现人的解放和社会革命，也关注人与人、人与自然的关系，叩问人与自然的存在状态和意义。而今，中国现当代文学，在追求人性自由、反映社会革命、表现人性至善至美、审视人与自然关系等方面，为我们呈现了独特的文化景观和审美追求。

课堂讨论

你最喜欢的现当代文学作品是哪一部（篇）？

一、中国现当代文学概述

中国现当代文学的确不太突出，它没有中国古典文学的深厚积累，也不像外国文学那样总是在阐发某种哲学思考，但是，我们也不能因此全盘否定它，因为它毕竟记录着我们的生活、我们的价值观和我们的审美，它也折射着我们这一时期的人文精神。从“五四”时期鲁迅先生深邃的改造国民性的“立人思想”到周作人“人的文学”的提出，从世纪老人冰心歌颂自然、母爱和童心的“爱的哲学”到朱自清“健全人格”的教育思想，从曹禺先生振聋发聩的戏剧《雷雨》到张爱玲的一个苍凉背影和手势，从沈从文的“湘西世界”到林语堂的“闲适性灵”的人生观图景，从诗人海子“从明天起做一个幸福的人”到余华、莫言以各种形式进行的对生命和人性的拷问，中国现当代文学始终闪烁着人性的耀眼光芒。走进它们，感受它们，认识20世纪中国人的美好情感，再把这些美好品质内化为

自身品性，对丰富我们的生命体验、激发精神想象、提高人文素养都具有重要的意义。

二、中国现当代文学发展的基本轮廓与总体特征

（一）中国现代文学发展的基本轮廓与总体特征

近代中国，有一段屈辱的历史。所以，中国知识分子开始以近代科学的观念来思考民族的命运，继而在开办实业救国失败以后，转向文学救国之路。“戊戌变法”前，我国先进人士认识到了传统文学的危机，他们认为西方列强富国强兵的奥秘在重“实学”（声光化电），严复认为英国强大是因为“先物理后文辞，重达用而薄藻饰”，中国贫弱是因为“其学最尚辞章”。谭嗣同说“文无所用”，连文坛天骄梁启超也说，谁要笃好辞章，谁就是“玩物丧志”。“戊戌变法”失败后，文学观念发生了重大变化，由先前的“文学误国”变为“文学救国”，中国文学发生了质的变化，进入了现代文学时期。

1.“五四”时期（1917—1927 年）：文学革命

由于社会的剧烈变化，这一时期的文学发生了前所未有的剧变。在内容上否定整个封建制度及其思想体系，提倡新道德，反对旧道德；形式上提倡白话文，反对文言文，主张语言革新。这些主张体现了新文化“为革命、为大众”的特点。1917 年，胡适的《文学改良刍议》、陈独秀的《文学革命论》在《新青年》上发表，标志着文学革命运动的正式开展。这一时期文学的基本特征是从文学革命向革命文学发展，即由文学形式的外在改革逐渐转向思想内涵的深刻变化。

这一时期的文坛在理论上与实绩上都取得了很多成就，文学刊物、文学社团大量涌现，但同时也存在许多问题，如盲目崇洋、否定传统等。

2. 左联时期（1927—1937 年）：革命文学

20 世纪 20 年代以后，无产阶级开始大有作为，政治上的变革影响到了文学领域，无产阶级的革命文学运动深入人心，成为文学主潮；同时，人文主义文学也获得了很好的发展。这一时期的作品，充满思想性、战斗性，而且对于人民的苦难生活给予了深刻关注，更可贵的是还描写了农民的觉醒和斗争，不仅揭露封建压迫的残酷和阶级的对立，还展示了帝国主义的入侵和民族矛盾的加剧。尤其是“五四”时期较少出现的长篇小说大量出现，“三部曲”“系列小说”“长河小说”为小说的主要形式。这一时期的“文艺大众化”也得到重视。但是，问题与成绩仍然是并存的，很多作品缺乏生活实感，没有真正实现大众化。

3. 抗战时期文学（1937—1949 年）

抗日战争全面爆发，政治格局影响着文学格局。文学领域形成了界限鲜明的三个区：国统区文学、解放区文学、沦陷区文学。三个区的文学侧重点各有不同：在国统区，歌颂民族英雄、讽刺抗战中的积弊、暴露国民性的缺失、鼓励担当民族苦难的历史使命感，成为文学的重要主题，茅盾、巴金、钱钟书、陈白尘等是国统区的杰出作家；在沦陷区，中国知识分子的民族意识空前高涨，回归“五四”和凡俗人生成为两种主要创作倾向，代表作家有张爱玲、周作人等；在解放区，创作的指导思想是文艺为工农兵服务，文学也因之

呈现出民间化和政治化的合流倾向，出现了一大批具有“中国作风”和“中国气派”的作家、作品，赵树理代表了20世纪40年代解放区文学的最高成就。

（二）中国当代文学发展的基本轮廓与总体特征

中国当代文学史也可以简分为三个时期。

1. 十七年文学（1949—1966年）

中国文学进入共和国文学时期。这一时期，多种人的观念、多种人的话语在对抗、冲突、博弈。受《在延安文艺座谈会上的讲话》及苏联文艺观的影响，社会主义、现实主义文学成为当时的文学主潮，革命观念、阶级话语成为主流话语，“五四”个性主义与20世纪30年代人文主义思潮被彻底批判或否定。这一时期的小说注重史诗性和传奇性，代表作很多，如《红旗谱》《青春之歌》《创业史》等。诗歌方面则以政治抒情诗为主流，郭小川和贺敬之是代表诗人。

2. “文革”文学（1966—1976年）

“文革”是中国的伤痛。这一时期的主要文学形式是革命样板戏。创作方式以集体创作为主，公开发行的独立创作里，浩然的《金光大道》值得一提。在这十年里，地下文学取得了更高的成就，出现了“手抄本小说”和“地下诗歌”。总体来说，“文革”的十年，文学几乎是停滞的。

3. 新时期文学（1976年至今）

“文革”后至今这段时期的文学，具体包括伤痕文学、反思文学、改革文学、寻根文学、先锋文学、新写实文学。伤痕文学得名于卢新华以“文革”中知青生活为题材的短篇小说《伤痕》，这类文学多写实，表达苦难的岁月中人性的光辉以及人心的伤痕，多数作品体现了作者深切的伤痛。反思文学也值得关注，和伤痕文学相比，其目光更为深邃、清醒，主题更为深刻，带有更强的理性色彩。改革文学与改革开放同时出现，其开篇之作，是蒋子龙的短篇小说《乔厂长上任记》。这类作品既关注了改革开放，又阐发了作者关于祖国发展的种种思考和设想。寻根文学即以“文化寻根”为主题的文学形式，莫言便是这一时期的代表作家。先锋文学向传统文化的教条和信念发起挑战。有韩寒、郭敬明等领军的青年先锋文学一说。新写实文学不同于历史上已有的现实主义，也不同于现代主义“先锋派文学”，是近几年小说创作低谷中出现的一种新的文学倾向。

综上，在某种意义上，中国现当代文学史就是一部人的观念的发展演变史。人的发现，人对自我的认识、发展与描绘，人对自我发现的对象化，即人的观念的演变，是推动20世纪中国文学发展的内在动力，所以，其内在灵魂仍然是人文精神。

三、中国现当代文学中的人文精神

中国现当代文学作为一种充满了历史意蕴与人性关怀的文学形态，其精神脉络是推动人的发现、觉醒与解放，其思想主潮是发展和深入人的现代意识，因此，其内在灵魂就是人文精神。

（一）崇尚个性自由与人权

对于“五四”新文化运动的领袖们来说，人的觉醒、解放和人权的获得是其根本目的。他们认为，个人的自由和权利应该是最重要的。为此，“五四”时期的作品特别推崇人的价值与尊严。陈独秀认为：“举一切伦理、道德、政治、法律、社会之所向往，国家之所祈求，拥护个人自由权利与幸福而已。思想言论之自由，谋个性之发展也，法律之前，个人平等也。个人之自由权利，载诸宪章，国法不得而剥夺之，所谓人权是也。”李大钊在《“少年中国”的“少年运动”》中也说：“我们应该承认爱人的运动比爱国的运动更重要。”胡适倡导易卜生主义，并且以文艺复兴运动的姿态告诉人们：“信任天不如信任人，靠上帝不如靠自己。”“人格是神圣的，人权是神圣的。”鲁迅从留学日本时期就高度关注个人。面对当时中国的现状，他的主张是：“人立而后凡事举，若其道术，乃必尊个性而张精神。”蔡元培在《〈国民〉杂志序》一文中也说：“苟倡绝对的国家主义，而置人道主义于不顾，则虽以德意之强，而终不免于失败。”由此可见“五四”新文化运动中一代先驱的共识。

“五四”新文化运动举起了两面大旗：科学与民主。科学的作用是把人从各种迷信中解放出来，民主的作用是把人从专制制度中解放出来。新文化运动领袖们的一切行为，都可以用争人权这一目标来解释。

人的意识在文学中形成了一股强大的启蒙主义潮流，鲁迅和胡适毫无疑问是这种启蒙文学的主要代表。

（二）彰显社会责任感与革命意识

与古典文学中的人文精神一脉相承，中国现当代作家的身上从来都不缺少社会责任意识，这种意识首先蕴含在作家的生平思想中。中国现当代文学史就是一部中国知识分子为寻找民族发展之路而上下求索的历史，他们认为国家发展即个人发展，国家耻辱即个人耻辱。鲁迅先生曾经立下了“我以我血荐轩辕”的宏大志向，他弃医从文，从灵魂上解救麻木的中国人；作家巴金毅然与封建大家庭决裂，“一生追求民主与自由，反对封建思想专制，追求说真话”；胡风在特殊时期能够守住自己的良知，都是因为内心有高度的社会责任感；郁达夫为了中华民族的解放，积极从事各种抗日救国运动，并最终为祖国捐躯，表现出了一个知识分子崇高的社会责任感。杨沫的《青春之歌》的主人公是林道静，她走向革命的道路十分曲折，充满了艰难，但她也毅然走了下去，让读者看到了从“九・一八”至“一二・九”这一特定历史时期小知识分子的精神风貌，也看到了我国学生革命运动的历史风貌，从而把这样的主题烙在了每一个读者的脑海中：知识分子只有把个人前途同国家民族的命运、人民的革命事业结合在一起，投入时代的洪流中去，在改造客观世界的同时不断改造自己的主观世界，才有真正的前途和出路，也才有真正值得歌颂的美丽的青春。

（三）歌颂浓郁的爱国主义精神

抗日战争爆发，知识分子空前团结，围绕着文学为抗战服务，曾发生过一场激辩。梁实秋曾提出“与抗战有关的材料，我们最为欢迎，但是与抗战无关的材料，只要真实流畅，也是好的”的观点。沈从文在1939年发表文章《一般与特殊》，对一些作家投笔从政提出批评。因为在他看来，作家从政之后满足于一般宣传，是创作质量下降的原因。他并不反对文学创作为抗战服务，却实在看不起一些文人满足于风云际会。这些观点在今天看来，其实并无不当之处，他们并非反对文学为抗战服务。但是，在当时抗战的大环境下，这样的论点遭到了普遍批评。现在看来，这样的风波实在是有些过火，但高涨的爱国主义、民族情结在当时也可见一斑。

在这样的背景下，爱国主义诗篇大量涌现。如闻一多的《忆菊》：“我要赞美我祖国底花/我要赞美我如花的祖国。”在诗人眼中，祖国的美是最值得赞扬的。郭沫若在《炉中煤》中这样抒发自己的感情：“我为我心爱的人儿/燃到了这般模样。”他自比为炉中煤，表达了自己愿为祖国充分燃烧的态度。这些丰富的爱国主义内容，极大地增强了人们的爱国热情，也增强了那一时期的民族自尊心和自豪感，对于抗战的宣传起到了重要作用。

（四）描写至善至美的人情人性

在中国现当代文学中充满了人情人性之美的描写。如汪曾祺的《受戒》是一部很有意思的小说，小说名为“受戒”，其实却是百般不戒。出家对于他们来讲，不是信仰，而是为了谋生。当了和尚可以有饭吃，有钱赚，将来还可以还俗娶亲。小和尚们并不做早课、晚课，每天就是敲几声磬，然后挑水、喂猪。整个寺庙，只有一个老和尚最守规矩，平时是吃斋的，但是，一到过年，他也破戒，也吃肉。二师父仁海是有老婆的，夫妻俩在庙里过起了逍遥自在的小日子。三师父精明能干，风流倜傥，能玩牌，会“飞铙”，还擅长唱山歌小调。这个庙里无所谓清规，他们吃肉不瞒人，年下也杀猪。他们也举行宗教仪式，可是场面十分欢快。有时，“一场大焰口过后，也像一个好戏班子过后一样，会有一个两个大姑娘、小媳妇失踪，——跟和尚跑了”。

女主人公英子与小和尚明海青梅竹马，两小无猜。慢慢地，两个人的心中萌发了爱情的种子。“受戒”本来是和尚接受佛门戒律的仪式，而就在明海受戒的同时，两个小主人公的爱情也走向成熟。明海在受完戒与小英子划船回家时，两人表白心意，把船划进了芦苇荡。小说结尾处以写景暗示了性的成熟。

《受戒》有着一种内在的欢乐，与《诗经》和古代乐府中那些欢快的民歌有相通之处，却又写得更真实，更能体现人性之美。

再如废名的代表作品《竹林的故事》，写出了对故土的回忆、对美的爱怜、对善的同情、对命运的哀伤与无奈，真正表现出了东方传统文化里的含蓄与敦厚美。沈从文的《边城》也是人性美的赞歌。

（五）表现对生命的热爱与关注

中国现当代文学史上的一些作品充满了浓郁的生命意识。许地山的《命命鸟》《缀网劳蛛》《春桃》，字里行间浸润着宗教情怀和悲天悯人的人文情怀。史铁生的小说《命若琴弦》，通过对小人物坚韧、执着的性格特征的描写，展示着生命的价值和生存的意义。他在许多作品中，为人生的困境和残缺赋予获得生命意义的特殊价值，揭示了生命的残缺、人生的虚无状态，反而为人战胜自己、超越困境和证明存在敞开了空间。他的作品所体现的对生命的珍惜，对生和死的理解及弘扬人格力量、不断进取的顽强拼搏精神，对于丰富我们对生命的认知无疑是大有裨益的。

（六）倡导“天人合一”的和谐美

面对人类日益恶化的生存环境，文学的天然使命与责任感使我国文学家开始重新审视人与自然的关系，重新考虑自然的内在价值，纷纷将目光投向生态领域，开启了自觉创作生态文学作品的时代。如徐刚的《伐木者，醒来！》及系列丛书《守望家园》、航鹰的《生命之水》、贾平凹的《怀念狼》、雪漠的《狼祸》、姜戎的《狼图腾》、阿来的《空山》、杨志军的《藏獒》等都是关于生态平衡、反思自然与人的关系的作品，其间充满了“天人合一”的生态思想，表达了对生态破坏的忧思，对和谐生态的渴望。

四、网络文学对青少年人文精神的影响

对于网络文学，我们并不陌生。网络文学不仅以文字的形式存在于网上，近年来，IP剧的兴起更是推动了网络文学的发展。我们由一开始的怀疑与否定，到现在不得不去接受它、正视它，甚至开始追捧它。我们先来梳理一下网络文学的发展历程。

1994年，中国正式接入因特网，为网络文学提供了技术支持。

1997年网易公司提供了免费个人主页空间，网络文学开始以个人主页的形式萌芽。1997年我国最早的中文原创文学网站“榕树下”在上海设立，其后“博库”“黄金书屋”“白鹿书院”等20余家文学网站相继成立。

随着中国网民数量的迅速攀升，网络文学如潮水般涌现，有的栖身于专门的文学网站或文学频道；有的随电子刊物定期发表；有的放在个人主页上展示给读者，还有的张贴于文学讨论区的公布栏。

网络文学良莠不齐，但是，它们新奇、自由，它们不承担说教的义务，思维异常活跃、反应特别敏锐，所以，网络文学以势不可挡之势占领了青少年阅读的大半壁江山。

除此之外，由于网络文学的免费性（有的收取很少的费用）、方便性（智能手机、电脑的普及所带来的影响之一）、娱乐性（大部分文章并不沉重）、互动性（很多作者边写边与读者交流，征求读者意见）、自由性（读者可发表意见，作者可随时修改），使得网络文学具有较强的发展潜力，甚至有人认为，网络文学会取代传统文学的地位。

（一）新的人文精神

具体来讲，网络文学与传统文学相比，具有以下新的人文精神。

1. 自由精神的开放

追求自由不仅是网络文学的灵魂，而且是人文精神的根本诉求，自由始终是人类发展的一大目标和主题。网络的自由行为为人文精神的自由性提供了无限可能，也为网络文学作家提供了更多平等的机会。可以说，自由精神是网络文学最显著的身份标签。网络文学的出现彻底打破了传统出版物的时空限制。网络文学的发表是自由的，它没有传统纸质出版物严格的编审制度的束缚。网络文学发表的目的非常简单，若是单就发表这一行为来

讲，可以说它是无目的的，审美无功利的完美构想似乎在这里得到了实现。显然，那些以虚构笔名创作发表网络文学作品的作者，他们的发表行为基本没有功利性色彩，他们创作发表并非为了名和利，也并非出于对人类发展的整体思考，而是出于自身兴趣和爱好。自由成为文学与网络相融合的纽带，是艺术与技术结缘的桥梁。网络与文学的完美结合，就在于自由是它们共同的精神支点，这也是当下青年钟情于网络文学的根本原因，自由性是其最根本的人文本性。

2. 心灵的深入沟通

当代青年网络作家普遍怀有“网上有知音”的创作理念和心理期待，这种求同感是所有青年网络作家的心理使然。他们不仅需要获得青年读者的认可，而且需要所有读者的认可，也就是要最大限度地获取线上线下公众的认同。这样的网络文学始终处于发展状态中，具有非常强的生机活力，是真正意义上的作者与读者情感交流的产物。这充分彰显平等民主的人文精神，心灵深入沟通的新文化时代已然来临。

3. 充分的情感表达

网络文学的创作，主要源于创作者情感的冲动。网络文学创作者以普通青年为主，他们基本都是芸芸众生中的平凡一族，他们有着自我的情感纠结，承受着生活的重负，体验着人生的酸甜苦辣。他们或是为了自我情感宣泄而创作，或是出于兴趣爱好而创作，功利性非常弱，没有高大上的责任义务，不是为了宣传炒作，也不是为了响应号召，而仅仅是出于个人的本能需求和情感表达欲望。

（二）对传统人文精神的颠覆

在新的人文精神树立的同时，传统的人文精神也被颠覆了，具体表现如下。

1. 经典意识的消失

网络文学一般不承担对社会生活及生命价值的总体思考，只是表达自己的感悟与激情，充分表现了世俗性和平民化，演绎着媚俗和滥情。网络作者往往难以用宏大叙事来反映人类的整体精神实质。文学如果不承担社会责任，它的价值就消失了一半。近年来，由于有关部门的治理，网络中的优秀作品越来越多，网络作者也开始有意识地承担一些社会责任。

2. 独创精神的卸落

网络作者在创作时，会不由自主地受网上流行的作品模式的影响，哪种模式火，就会出现大量的同模式作品。网络上的大多数作品都是按套路创作的，如关于网恋的作品，自从蔡智恒（痞子蔡）《第一次亲密接触》出现以来，产生了无数模仿之作，形成了网恋作品套路。再如穿越小说，至今仍然活跃于网络之上。这种批量模仿，并不是一种好的文学现象。

3. 不健康的因素滋生

文学作品应当起到引导人、鼓舞人的作用，但是，一些网站为了点击率，放纵一些不健康文字的登载。在网络文学中，涉黄、涉黑的文字比比皆是，甚至一些作品的主人公就是黑社会头目，引起一些青少年的盲目崇拜甚至模仿，这也是许多家长谈网色变的原因之一。只有清除这些不健康的东西，网络文学才能进一步发展。

总之，我们不能简单地用“好”与“坏”来定义网络文学，我们必须正视，它的锋芒已不可阻挡。目前许多学者在讨论网络文学对青少年的作用时，大都只是从价值观念、生活方式、审美倾向等显性层面入手，而对网络文学作为一种文化构造力量对于青少年发展的意义缺乏深层次思考。我们认为，既然青少年是网络文学的实践主体，既然网络文学已势不可挡，相关部门就应该加强监管，相关教育工作者就应当加强引导，让网络文学成为人文精神教育的重要阵地。

思考与实践

1. 试比较中国现当代作品中的人文精神与中国古典文学作品中的人文精神的异同。
2. 向大家介绍一部健康的网络原创作品。

推荐书目

1.《中国现代文学三十年》（钱理群，北京大学出版社）。
2.《中国当代文学史》（洪子诚，北京大学出版社）。
3.《伤痕》（谷声应、陈利民，中国文学出版社）。

名篇导读

1.《这是一片神奇的土地》（节选）（梁晓声）。
2.《相信未来》（食指）。

这是一片神奇的土地（节选）

梁晓声

编者导引：《这是一片神奇的土地》是伤痕文学的代表作之一。作者真实地再现了那一时期知青们的生活，细腻地描绘了他们之间纯真而又朴实的情感。他们突破了人类能承受的极限去垦荒，更可贵的是，在这种残酷的生活条件下，爱，仍然是他们的主旋律。人性，永远不会泯灭。

请扫码阅读

相信未来

食　指

当蜘蛛网无情地查封了我的炉台
当灰烬的余烟叹息着贫困的悲哀
我依然固执地铺平失望的灰烬
用美丽的雪花写下：相信未来

当我的紫葡萄化为深秋的露水
当我的鲜花依偎在别人的情怀
我依然固执地用凝霜的枯藤
在凄凉的大地上写下：相信未来

我要用手指那涌向天边的排浪
我要用手掌那托住太阳的大海
摇曳着曙光那枝温暖漂亮的笔杆
用孩子的笔体写下：相信未来

我之所以坚定地相信未来
是我相信未来人们的眼睛
她有拨开历史风尘的睫毛
她有看透岁月篇章的瞳孔

不管人们对于我们腐烂的皮肉
那些迷途的惆怅、失败的苦痛
是寄予感动的热泪、深切的同情
还是给以轻蔑的微笑、辛辣的嘲讽

我坚信人们对于我们的脊骨
那无数次的探索、迷途、失败和成功
一定会给予热情、客观、公正的评定
是的，我焦急地等待着他们的评定

朋友，坚定地相信未来吧
相信不屈不挠的努力
相信战胜死亡的年轻
相信未来、热爱生命

资料来源：食指．相信未来［M］．南京：江苏凤凰文艺出版社，2016.

编者导引：《相信未来》一诗，由诗人食指作于 1968 年。该诗以其深刻的思想、优美的意境、朗朗上口的诗风让人们懂得了在逆境中怎样好好地生活，怎样自我鼓励，怎样矢志不渝地恪守自己对明天的承诺。该诗曾以手抄本的形式在社会上广为流传，并迅速传诵于一代青年人的口中。

第十二讲　西方经典名著中的人文情怀

名人名言

理想是指路灯，没有理想，就没有坚定的方向，而没有方向，就没有生活。

——托尔斯泰

遵守诺言就像保卫你的荣誉一样。　——巴尔扎克

世界的设计创造应以人为中心，而不是谋取金钱，人并非以金钱为对象而生活，人生活的对象往往是人。　——普希金

一、“人文精神”的再理解

课堂讨论一

何谓人文精神？文学作品中关注的问题有哪些方面？

叶朗说，人文精神是指一种普遍的人类的自我关怀，是对人的尊严、价值、命运的维护、追求和关怀。

周国平说，人文精神有三要素：人性、理性、超越性。人性是指人的尊严（人道主义），理性是对真理的追求、思考，超越性是对生命意义的追求。

人文精神是一种普遍的人类自我关怀，表现为对人的尊严、价值、命运的维护、追求和关切，对人类遗留下来的各种精神文化现象的高度珍视，对一种全面发展的理想人格的肯定和塑造。从某种意义上说，人之所以是万物之灵，就在于他有人文，有自己独特的精神文化。

西方文学作品中关注人的情感世界的作品很多。西方文学中的人文精神是欧洲文学的基因，它来自古希腊古罗马时代，涵盖了中世纪的基督教基本精神。从文艺复兴开始，人文精神成为欧洲文学主潮的基本特征，并继续出现在 20 世纪反传统的现代派文学浪潮中。命运、自由、人间苦难是“永恒的人文问题”，也是文学作品中永恒的主题。

二、西方文学的发展脉络

中国学术界一般把外国文学划分为西方文学和东方文学两大部分。西方文学（欧洲文学）从流派到成果都具有厚重的研究价值和深远意义。

古希腊是西方文学的发源地，从公元前 15 世纪、前 14 世纪到公元前 6 世纪、前 5 世纪，历时 1 000 年左右。文学形式也从神话故事、荷马史诗发展到悲喜剧。《伊利亚特》《俄狄浦斯王》等神话故事洋溢着悲喜剧精神，是“人类童年时代美丽的诗，具有永久的

魅力”。在中世纪（公元前5世纪、前4世纪到14世纪），文学主流是基督教圣经文学，但丁的《神曲》采用梦幻故事的形式探索了人类精神的某些最本质的层面。14世纪到16世纪300年间被称为欧洲文艺复兴时期，文学主流是人文主义，杰出的作品有意大利文艺复兴先驱薄伽丘的《十日谈》、西班牙作家塞万提斯的《堂吉诃德》、英国戏剧家莎士比亚的《罗密欧与朱丽叶》等，这些作品都体现了人文主义精神。17世纪的文学主流是古典主义，最具代表性的作品是莫里哀的《伪君子》。18世纪的文学主流是新古典主义文学，代表作有笛福的《鲁滨孙漂流记》、歌德的《浮士德》。浪漫主义文学出现在18世纪末到19世纪初，代表作家有英国的华兹华斯、雪莱、拜伦，法国的雨果，俄国的普希金，美国的惠特曼等。从20世纪30年代开始，现实主义文学成为文学的主流，涌现出法国的司汤达、巴尔扎克，俄国的托尔斯泰，英国的夏洛蒂·勃朗特、狄更斯等作家。20世纪欧美文坛出现了现实主义和现代主义两大流派。其中，高尔基、海明威等作家的作品影响深远。

三、 名人名作中的人文情怀

（一）文艺复兴时期代表作家人文情怀解读

文艺复兴是指14—17世纪初欧洲资产阶级反封建、反教会的思想文化运动。文艺复兴先在意大利各城市兴起，以后扩展到西欧各国，是欧洲由封建社会向资本主义过渡的时期。文艺复兴表面上是复兴古希腊古罗马的文化，但其实质是借用古代文化中的积极因素来反对宗教神学，建立资产阶级新文化。文艺复兴的核心思想是人文主义。

人文主义是文艺复兴时期体现资产阶级世界观、价值观的思想形态。人文主义宣扬以人为中心的思想，对抗以神为中心的旧观念。人文主义者对人的价值、地位和权利给予充分肯定，认为“人是上帝创造的众多奇妙造物中最奇妙的”。人文主义者并没有否定上帝至高无上的地位，但他们关注的焦点由上帝转向了人。人文主义者认为人所具有的理性智慧和创造能力使人“具有和天堂创造者几乎一样的本质”，人的自由意志使人能够主宰自己的命运。

威廉·莎士比亚（1564—1616年）是英国文艺复兴时期伟大的戏剧家、诗人。1984年选举世界10名伟大作家，莎士比亚名列第一，是有史以来最负盛名的作家，被誉为“奥林匹斯山上的宙斯”。

莎士比亚一生写下了37部剧作，两部长诗，一部收有154首十四行诗的诗集。他的戏剧被公认为不可企及的典范。代表作有“四大悲剧”（《奥赛罗》《哈姆雷特》《李尔王》《麦克白》)、《罗密欧与朱丽叶》等。

《罗密欧与朱丽叶》是莎士比亚一部动人的悲剧，讲述了维洛那城的一对青年恋人美好而悲惨的故事。蒙太古和凯普莱特两个家族世代仇杀，积恨很深，而这两个家族中的青年罗密欧和朱丽叶却深深相爱。家族仇恨粉碎了他们的爱情美梦，他们无法结合，双双自杀。真挚、美好的爱情与封建家族世仇的矛盾是悲剧产生的根源。这对恋人的殉情终于唤醒了两个家族的良知，爱最终战胜了恨。剧本以两家的和解而告结束，体现出了莎士比亚的人文主义情怀。以下是剧中阳台上罗密欧与朱丽叶的对白：

第二幕　第二场　凯普莱特家的花园　罗密欧独白：

没有受过伤的才会讥笑别人身上的创痕。（朱丽叶自上方窗户中出现）那边窗子里亮起来的是什么光？那就是东方，朱丽叶就是太阳！起来吧，美丽的太阳！赶走那妒忌的月亮，她因为她的女弟子比她美得多，已经气得面色惨白了。既然她这样妒忌着你，你不要忠于她吧；脱下她给你的这一身惨绿色的贞女的道服，它是只配给愚人穿的。那是我的意中人；啊！那是我的爱；唉，但愿她知道我在爱着她！……天上两颗最灿烂的星，因为有事他去，请求她的眼睛替代它们在空中闪耀。要是她的眼睛变成了天上的星，天上的星变成了她的眼睛，那便怎样呢？她脸上的光辉会掩盖了星星的明亮，正像灯光在朝阳下黯然失色一样；在天上的她的眼睛，会在太空中大放光明，使鸟儿误认为黑夜已经过去而唱出它们的歌声。瞧！她用纤手托住了脸，那姿态是多么美妙！啊，但愿我是那一只手上的手套，好让我亲一亲她脸上的香泽！

当罗密欧要求朱丽叶交换爱情誓言时，朱丽叶的表白：

为了表示我的慷慨，我要把它重新给你。可是我只愿意要我已有的东西：我的慷慨像海一样浩渺，我的爱情也像海一样深沉；我给你的越多，我自己也越是富有，因为这两者都是没有穷尽的。

主人公诗一样的语言体现了莎士比亚对人与人之间的一种亲密关系的追求。处于情感高峰上的恋人都心甘情愿地失去自我，把自己完全融入对方的身体中去。

在西方不少文人看来，这对恋人的悲剧结局纯粹是“偶然因素”造成的，难以成为真正意义上的悲剧。中国有一种普遍看法，认为造成这一悲剧的根本原因在于“封建势力”。前者拘泥于性格悲剧的尺度，后者又似乎落入了社会进化论的窠臼。

对于青年读者来说，这对恋人的故事还是有着巨大的震撼力的。时至今日，仍有许多旅游者专门到小城维洛那，面对罗密欧与朱丽叶从未站立过的阳台洒下热泪。

（二）现实主义文学代表作家人文情怀解读

现实主义侧重如实地反映现实生活，客观性较强。它提倡客观地、冷静地观察现实生活，按照生活的本来样式精确细腻地加以描写，力求真实地再现典型环境中的典型人物。世界各国的文学艺术自始就在不同程度上具有现实主义的因素和特色，并随着社会历史条件而发展变化。

现实主义文学的主要特征是：（1）细节真实。有真实的细节描写，以形象的现实性和具体性来感染人，能使读者如入其境、如见其人。（2）形象典型。可以说，典型化是现实主义的核心，是其区别于自然主义的标志。生活现象是纷繁复杂的，如实记录生活，不过是照相师的手艺；现实主义要求作者从丰富多彩的现实生活中选取有意义的人物与事件，经过个性化和概括化的艺术加工，创造出典型的人物和典型的环境。（3）方式客观。作者要通过对现实生活的客观、具体描写，从作品的场面和情节中自然地体现出自己的思想倾向和爱憎情感。

1. “我的灵魂跟你的完全一样”——《简·爱》（夏洛蒂·勃朗特）

夏洛蒂·勃朗特（1816—1855 年），英国杰出的女小说家，一生创作了 4 部长篇小说：

《教师》（1846 年）、《简・爱》（1847 年）、《雪莉》（1849 年）、《维莱特》（1853 年）。她与妹妹艾米莉・勃朗特和安妮・勃朗特并称为“勃朗特三姐妹”。萨克雷称赞《简・爱》是“一位伟大天才的杰作”。

《简・爱》是一部驰名世界的杰作，夏洛蒂一改传统小说不是温良天使就是恶徒女魔的陈旧女性形象模式，第一次成功地塑造了一个身世不幸、性格倔强、内心丰富，敢于反抗命运和等级偏见，大胆追求独立、平等、幸福的女性形象。小说具有浓烈的抒情韵味，浪漫主义色彩与讽刺的现实主义风格相结合，对 19 世纪英国文学产生了较大影响。

简・爱是个孤女，寄养在舅父母家里，舅父里德过世后，她成为舅母家人的眼中钉，经常受表哥的殴打，受舅母的虐待。在《简・爱》的开头，有这样一段描写，简拿了表哥的一本关于禽鸟史的书，一个人躲在窗帘后面看，14 岁的表哥发现后，野蛮地一把抢过她手中的书，愤怒地说：

> 你没有资格动我们的书。妈妈说的，你靠别人养活你，你没有钱，你爸爸什么也没有留给你，你应当去讨饭，而不该同我们这样体面的人家的孩子一起过日子，不该同我们吃一样的饭，穿妈妈掏钱给买的衣服。现在我要教训你，让你知道翻我书架的好处。滚，站到门边去，离镜子和窗子远点。

这样的生活简在舅母家度过了 10 年，之后舅母把她送到寄宿学校——洛伍德孤儿院，简在那里继续受到精神和肉体上的摧残：

> 我在洛伍德的第一个季度似乎有一个时代那么长……我们的衣服太单薄，抵不住严寒，我们没有靴子，雪钻进了我们的鞋子，在鞋里融化了；我们没戴手套的双手冻麻了，冻疮累累，跟我们的双脚一样……食物供应不足也是令人苦恼的，我们这些正在发育的孩子们的食欲是很强的，可是我们的食物几乎不够养活一个虚弱的病人。营养不良造成不良风气，这就害苦了年纪小一点的学生，大姑娘们饿坏了，有机会就用哄骗或者是恐吓，要小姑娘把自己的口粮拿出来。有好几次，我在吃点心的时候，把那一小口珍贵的黑面包分给两个向我要的人，还把我那杯咖啡分一半给第三者，然后，我咽下剩下的一半，同时也咽下了饿极了而偷偷掉下的眼泪……

简在孤儿院待了八年，包括六年的学生生活和两年任教生活。为了生计，她来到桑菲尔德庄园求职，当上了家庭教师。

在做家庭教师时，简与男主人罗切斯特建立了平等的友谊，找到了自信和尊严，两人相恋相爱了。当婚礼在教堂悄然进行时，简才得知罗切斯特先生 15 年前已经结婚，他的妻子原来就是那个被关在阁楼上的疯女人。法律阻碍他们的爱情，使两人陷入深深的痛苦之中。在一个凄风苦雨之夜，简离开了罗切斯特。

在寻找新的生活出路的过程中，简风餐露宿，沿途乞讨，历尽磨难，最后在泽地房被牧师圣・约翰收留，并在当地一所小学校任教。不久，简得知叔父去世并给她留下一笔遗产，同时还发现圣・约翰是她的表兄，简决定将财产平分。圣・约翰是个狂热的教徒，打算去印度传教。他请求简嫁给他并和他同去印度，但理由只是简适合做一位传教士的妻子。简拒绝了他，发现自己仍对罗切斯特充满了热烈的爱情。

最终，简回到桑菲尔德庄园，这里已是一片废墟。罗切斯特的疯妻子放火烧了庄园，自己也被烧死，简和残疾的罗切斯特缔结了幸福的婚姻。

对于小说圆满的结局，有的人觉得过于理想化，有的人开始质疑，如果简没有那笔飞来的遗产继承，这段爱情还会圆满吗？但是，我们依然尊重作者这种对美好生活的理想——尊严与爱。在物欲泛滥的社会，纯粹的爱情似乎已被金钱和地位淹没，很少有人能像简那样为爱情、为人格抛弃所有，义无反顾。所以正是这种追求全身心付出的返璞归真的感觉，这种不计得失的感情，如纯净的甘泉，滋润了读者的心灵，引起了强烈的共鸣。

课堂讨论二

谈谈《简·爱》女主人公的尊严观及其现实意义。

2. “假如我还有钱，她们就会来看我”——《高老头》（巴尔扎克）

奥诺雷·德·巴尔扎克（1799—1850 年）是法国 19 世纪伟大的小说家，批判现实主义的卓越巨匠。他一生创作了 90 多部小说，集合成《人间喜剧》。

《人间喜剧》围绕着金钱至上和金钱罪恶这一核心主题，以封建贵族与资产阶级的冲突为中心矛盾，通过大量详尽生动的细节、众多鲜活丰满的典型形象，用编年史的方法，从经济、政治、文化、风俗、家庭、婚姻等各方面深刻、广泛地反映了 1816—1845 年整个法国的社会面貌，成为这一历史时期法国社会生活的百科全书。

《高老头》是《人间喜剧》的第一部。小说以 1819 年底至 1820 年初为时代背景，以伏盖公寓和鲍赛昂子爵夫人的沙龙为舞台，以高里奥老头的“父爱”悲剧和拉斯蒂涅良心堕落的故事为主要线索，形象地描写了复辟王朝时期贵族阶级的日趋没落与资产阶级步步紧逼、日益上升的阶级变化，突出地表现了人与人之间赤裸裸的金钱关系，淋漓尽致地写出了金钱占有欲对人的精神世界的毁灭性的腐蚀，控诉了资本主义的金钱社会的罪恶。

高老头是作家笔下最精彩的典型形象之一。从社会角度看，他是拜金主义社会的牺牲品典型。从个人性格矛盾上看，他是封建宗法制家庭观念与资产阶级金钱享乐意识冲突中丧失理性控制的“盲目父爱者”典型。因此，他是一个在新旧交替时代具有浓厚封建意识的资产者典型。

高老头一生经历了三个历史时期，每一个时期的历史都在他身上打上了烙印，并把他一步步推向了最后的绝境。波旁王朝时期的高里奥是一个勤俭能干的面条司务。1789 年的大革命使高里奥由一个面粉商一跃而成为家产百万的富商，还爬上了区长的位置。然而历史的风云卷走了旧制度，练出了他的非凡才能，却没有铲除他头脑中的家庭观念。

高老头对妻子敬爱无限。妻子死后，他决不续弦，把所有的情感都倾注在两个女儿身上。他不断满足她们的各种要求，而只要求她们吻他一下作为回报。受帝政时代新旧贵族联姻风气的影响，他不惜花费重金培养她们进入上流社会所应具备的各种技艺与风度、情趣，然后又每人陪嫁巨资，使她们一个成为伯爵夫人，一个成为银行家太太，将她们送进了上流社会。他自以为技高一筹，不仅买到了女儿的孝心，还有了两门十分风光的姻亲。没想到他犯了一个时代性错误：生活在资本主义社会却做着宗法制小市民的美梦，追求“父尊子孝”的家庭情感却采用了资本主义商品交易的金钱手段，这就使他成了一个最精明的商人和最愚蠢的父亲的矛盾体，埋下了被抛弃的祸根。

到了王政复辟时期，封建等级观念进一步加强，地位显赫的女婿们为高老头有伤大雅的生意和革命史大为头疼。在他们的逼迫之下，高老头只好停业退休。揭下了“财神爷”的金字招牌，自然也就失去了价值。女儿们越来越为他的粗俗、愚笨恼火，最后，终于将他踢进寒碜的伏盖公寓。为了能见到女儿，他不断地节衣缩食，满足她们无休止的贪欲，为她们租别墅、找情人、买面子，直到被榨尽最后一个铜子。临死之时，高老头哭喊着要见女儿，但她们却宁愿到贵族舞会上大出风头。最后高老头仍是攥着女儿们的肖像，才闭上了双眼。

高老头的悲剧，是金钱社会导演的悲剧，它揭露了金钱吞噬一切，也吞噬人类最崇高、最美好的骨肉之情、天伦之爱的无情现实。巴尔扎克谴责金钱的罪恶，呼唤爱的回归。高老头的悲剧也是“盲目父爱”种下的恶果。他的变态的父爱，反映了人在一个失去人性的非人社会中，为了维系即将失去的“虚幻之爱”而紧张挣扎到了何种程度。他的悲剧，深刻地揭露了金钱关系的“吃人”本质。

拉斯蒂涅是一个正在形成中的资产阶级野心家形象。他是个外省破落贵族子弟，年轻帅气，聪明机灵，单纯善良。他来到巴黎大学苦读法律，以求进身之阶。巴黎的花花世界给了他强烈的刺激，于是按捺不住心中的诱惑，便遍寻家谱，终于找到了在巴黎贵族区的远房表姐鲍赛昂子爵夫人，以之为引进人，顺利地踏进了上流社会，历经鲍赛昂夫人、伏托冷的教育和高老头的惨死，历览了资产阶级和贵族社会的种种悲喜剧之后，最终走向了堕落（在另外几部小说中，写了他的丑恶履历）。

拉斯蒂涅与于连不同，他不是一个在金钱社会诱惑下能抽身反抗世界的人，而是一个在现实教育下、在野心驱使下投身社会、利用社会进而支配世界的人。他的堕落，无情地揭露了资本主义金钱世界对人性的摧残，同时也揭示了贵族阶级必然拜倒在资产阶级金钱势力面前的时代命运。

巴尔扎克的作品是现实主义作品的典范。他善于在日常生活中，在我们每个人都经历的很平凡的生活中，找到作品所需要的故事。

课堂讨论三

现代人应怎样看待金钱及其社会作用？

3. 普希金的诗歌

亚历山大·谢尔盖耶维奇·普希金（1799—1837 年），俄国著名的文学家，伟大的诗人、小说家，19 世纪俄国浪漫主义文学的主要代表，同时也是现实主义文学的奠基人，被誉为“俄国文学之父”“俄国诗歌的太阳”。其代表作有《自由颂》《致大海》《纪念碑》《假如生活欺骗了你》。

《自由颂》写于 1817 年，是一首著名的表达对自由的热爱的诗篇。普希金受恰达耶夫立宪思想的影响，把自由与法律联系起来，认为法律是自由的保证。

啊，你骄傲的自由的歌手。
来吧，把我的桂冠扯去，
把娇弱无力的竖琴打破……
我要给世人歌唱自由，

我要打击皇位上的罪恶。

（戈宝权　译）

诗人还清醒地认识到，要想获得真正的公民自由，仅仅有法律的保障还不够，对于无视法律、强施暴政的专制暴君还必须诉诸武力。在《自由颂》中，诗人号召“匍匐着的奴隶”“振奋精神”“起义吧”！

只有当法理以坚强的盾
保护一切人，它的利剑
被忠实的公民的手紧握，
挥过平等的头上，毫无情面。
只有当正义的手把罪恶
从它的高位向下挥击，
这只手啊，它不肯为了贪婪
或者畏惧，而稍稍姑息。
当权者啊！是法理，不是上天
给了你们冠冕和皇位，
你们虽然高居于人民之上，
但该受永恒的法理支配。

（戈宝权　译）

《纪念牌》是普希金于 1836 年 8 月所作。这首诗写出了诗人的崇高志向和使命，为自己一生的诗歌创作做了一个最后的总结，而且预言了他的名字将永不会被人们遗忘，有一种王者霸气。

我为自己建立了一座非人工的纪念碑，
在人们走向那儿的路径上，青草不再生长，
它抬起那颗不肯屈服的头颅，
高耸在亚历山大的纪念石柱之上。
不，我不会完全死亡——我的灵魂在圣洁的诗歌中，
将比我的灰烬活得更久长，和逃避了腐朽灭亡——
我将永远光荣，即使还只有一个诗人
活在月光下的世界上。
我的名声将传遍整个伟大的俄罗斯，
它所有的人民，都会讲着我的名字，
无论是骄傲的斯拉夫人的子孙，是芬兰人，
以及现在还是野蛮的通古斯人，
和草原上的朋友——卡尔美克人。
我所以永远能和人民亲近，
是因为我曾用我的诗歌，唤起人们的善心，
在这残酷的世纪，我歌颂过自由，
并且还为那些倒下去的死者，祈求过怜悯同情。

哦，诗人缪斯，听从上帝的意旨吧，
既不要畏惧侮辱，也不要希求桂冠，
赞美和诽谤，都平心静气地宽容，
也不要和愚妄的人空作争论。

（戈宝权　译）

普希金一生写了八百多篇抒情诗。这些诗包含的内容非常丰富，涉猎的生活面非常广泛，有对祖国的热爱，有对人生的感叹，有对专制的揭露，有对自由的呼唤，有对统治者的谴责，有对被奴役者的哀怜，也有爱情倾诉、友谊表白和自然风光的描绘……这些诗的形式也是多种多样的，有颂诗，有悲歌，有讽刺诗，有赠答诗，有警句……这些五彩缤纷的诗篇，在俄国诗歌史上占据着显著的地位，在世界诗歌宝库中闪耀着夺目的光彩。

课堂讨论四

怎样理解普希金的自由精神？

4. “一切全是谎言，全是欺骗”——《安娜·卡列尼娜》（托尔斯泰）

列夫·尼古拉耶维奇·托尔斯泰（1828—1910 年），是欧洲三大长寿作家之一，代表作有长篇小说《战争与和平》《安娜·卡列尼娜》《复活》等。他的作品代表了 19 世纪俄国文学发展的顶峰。

《安娜·卡列尼娜》的构思始于 1870 年，1873 年开始正式创作，1877 年写成定稿。小说通过女主人公安娜追求爱情的悲剧，以及列文在农村面临危机而进行的改革与探索这两条线索，描绘了俄国从莫斯科到外省乡村广阔而丰富多彩的图景，展现了“贵族阶级家庭关系的瓦解和道德的败坏、贵族地主在资产阶级进逼下趋于没落，以及农村阶级矛盾激化”的画面，是一部社会百科全书。

故事由安娜从彼得堡回莫斯科后开始。安娜的哥哥奥布朗斯基公爵虽然已经是五个孩子的父亲，却和家庭教师搞起了恋情，并与妻子杜丽闹翻，需要安娜前去调解。于是小说中的主要人物陆续登场。

角色一安娜：安娜在 17 岁时只为门当户对，由姑母做主嫁给了当时俄罗斯最年轻、最杰出的省长——亚历山大·卡列宁，成了卡列宁的太太，有了安娜·卡列尼娜这个名字，并一起度过了差不多 10 年平静的生活。如果不是遇到了年轻的军官渥伦斯基，也许就没有这么悲惨的结局。

角色二卡列宁：卡列宁虽然其貌不扬，在官场中却是个地位显赫的人物。尽管和安娜年龄相差 20 岁，卡列宁本人又虚伪、冷漠、自私、自负，但其间因为有了儿子谢廖沙，这 10 年的生活还是美满的。

角色三渥伦斯基：渥伦斯基毕业于贵族军官学校，身体强壮，有着一副和蔼、漂亮而又异常沉静和果断的面孔，可谓风流倜傥、一表人才。他经常出入莫斯科社交界，以其翩翩风度受到了很多贵族夫人小姐的青睐，也赢得了杜丽的妹妹吉提的垂青，一心想嫁给他。但渥伦斯基对她只是逢场作戏，并无意与她结婚，而康斯坦丁·列文却爱着吉提。

角色四列文：列文是一个生活在农村与城市之间的贵族子弟，致力于农村的改革，希望解决农民问题，在他的身上有托尔斯泰的影子。

角色五吉提：列文与吉提青梅竹马，两人是好朋友，相互喜欢，可是吉提遇到渥伦斯基后，被渥伦斯基的绅士风度和殷勤搞晕了，单纯的她误以为渥伦斯基想和自己结婚，憧憬着未来幸福的生活，就断然拒绝了从乡下赶来向她求婚的列文。列文为此很伤心。

故事的转折：安娜得知哥嫂的情况后，从彼得堡乘车到莫斯科为哥嫂调解，在车站遇到了前来迎接母亲的青年军官渥伦斯基。仅仅是一瞬间、一刹那，他便被安娜的气质俘虏，一下子爱上了这个高贵的女人。当晚的舞会上，他甩掉了痴情的吉提，拜倒在安娜的石榴裙下。在他的眼中，安娜是那样的出众："她那穿着简朴的黑衣裳的姿态是迷人的，她那带着手镯的圆圆的手臂是迷人的，她那生气勃勃的、美丽的脸蛋是迷人的，在舞会上……"

吉提发现渥伦斯基和安娜异常亲热，这使她感到很苦闷。安娜是一个敏感的女人，她察觉到了吉提的异样，不愿看到吉提痛苦，匆匆离开舞会，劝慰了兄嫂一番后，便返回了彼得堡。她没有想到，渥伦斯基随后也来到彼得堡，开始对安娜进行热烈的追求。

起初，安娜还一直压抑着自己的情感，不久渥伦斯基的热情唤醒了安娜沉睡已久的爱情，她不顾上流社会的流言蜚语毅然与渥伦斯基在一起，并希望卡列宁能同意与她离婚，但遭到卡列宁的拒绝。卡列宁是一个完全醉心于功名的人物，他根本不懂什么是倾心相爱的情感，他认为他和安娜的结合是神的意志，要她注意社会舆论。卡列宁后来也考虑了决斗，但又怕死；离婚又有损名誉，思量再三最后决定"不能因为一个下贱的女人犯了罪的缘故使自己不幸"，于是他要安娜维持表面的夫妻关系。安娜无法忍受丈夫的虚伪与自私，告诉他，"我爱他，我憎恶你"。为了这份爱情，她不顾一切怀了渥伦斯基的孩子，并在分娩时险些死去。之后，安娜和渥伦斯基的爱情更加炽热，渥伦斯基带着安娜离开了彼得堡，到国外旅行去了。

其间，吉提从国外养病回来，与列文消除了隔阂，步入了婚姻的殿堂。婚后他们回到列文的农庄，有了孩子。吉提亲自掌管家务，列文撰写农业改革的论文，他们在农村幸福地生活着。

安娜与渥伦斯基在国外度过了三个月甜蜜的日子，但很快爱的热度开始降温。回国后，安娜已经无家可归。上流社会排挤她，思念的儿子不能相见，渥伦斯基一开始还坚守着他们的爱情，可是不久也经不住上流社会的诱惑，重新踏入社交圈，并与安娜分居。这使安娜倍感孤独、难过。几次争吵后，安娜回想起这段生活，逐渐认识到渥伦斯基的虚伪，明白了自己是一个被侮辱、被抛弃的人。绝望中，她决心摆脱这种折磨，以死来报复这个社会。最后，安娜身着一袭黑天鹅绒长裙，跑向火车站，让呼啸而过的火车了却了她的爱情和生命。

故事的结尾是：卡列宁参加了安娜的葬礼，并把安娜生的女儿带走了。渥伦斯基受到良心的谴责，走上了塞尔维亚和土耳其的战场。

这部小说最让人揪心的就是主人公安娜。她出身名门贵族，受过良好的教育，上流社会的价值观已经渗透到她的生命中。但是遇到渥伦斯基后，她陷入了情感和理性的矛盾之中。从情感上说，她爱渥伦斯基，不管不顾地追求爱情，但理性又告诉她这是一种罪恶；她憎恨卡列宁的虚伪冷漠，但理性上又觉得卡列宁是一个了不起的人。一方面，她可以置舆论和道德压力于不顾，公开与渥伦斯基同居，表现出的是一个勇敢的叛逆者的形象；另一方面，她又因得不到上流社会的谅解和接纳而深感煎熬。因此，在安娜追求爱情的过程中，强烈的情感追求和深深的负罪感无时无刻不在进行惊心动魄的搏杀，羞耻、绝望的心情始终伴随着她。安娜临终前的大段独白，更让我们看到了深刻的社会背景和一个女人的内心。“一切全是虚伪、全是谎言、全是罪恶、全是欺骗。”所以，安娜的死又是悲壮的。托尔斯泰通过安娜的爱情、家庭悲剧寄寓了他对当时动荡的俄国社会中人的命运和伦理道德准则的思考。安娜这一人物形象，已经成为世界文学史上最优美丰满的女性形象之一。

思考与实践

1. 为什么说安娜是世界文学史上最优美丰满的女性形象？
2. 结合文学作品，联系当今社会，谈谈你的爱情观。

推荐书目

1. 《傲慢与偏见》（简·奥斯丁，上海译文出版社）。
2. 《复活》（托尔斯泰，国际文化出版公司）。
3. 《少年维特之烦恼》（歌德，人民文学出版社）。
4. 《艰难时世》（狄更斯，清华大学出版社）。
5. 《荒原》（艾略特，上海译文出版社）。

名篇导读

《威尼斯商人》（剧本第四幕）（莎士比亚）。

威尼斯商人（剧本第四幕）

莎士比亚

请扫码阅读

编者导引：《威尼斯商人》（1596 年）是莎士比亚的喜剧代表作之一。剧本讲述了这样一个故事：威尼斯商人安东尼奥为了帮助朋友巴萨尼奥到贝尔蒙特向鲍西娅求婚，向高利贷者夏洛克借钱，因不能按时还债，照约必须让夏洛克从安东尼奥身上割取一磅肉，最后在假扮律师的鲍西娅的机智评断下，夏洛克败诉。《威尼斯商人》的中心是安东尼奥和夏洛克之间的冲突。安东尼奥、鲍西娅等人代表善良、仁爱，夏洛克代表凶恶、残忍。他们之间的冲突实质上是人的本性与异化人性之间的冲突。莎士比亚意识到社会现实使人丧失了某些善良本性，造成人性的变异。他相信善的力量能够抑制恶，恶德之人弃恶从善能够恢复善良本性。

第十三讲　笔墨游走的人生意趣

名人名言

夫画者，成教化，助人伦，穷神变，测幽微。与六籍同功，四时并运。发于天然，非由述作。

——张彦远

你用画笔和色彩，使艺术成为崇高大自然的榜样，即便大自然也要感谢你，因为你使美丽的自然造物更加光彩夺目。

——米开朗琪罗

一、 什么是美术?

课堂讨论一

美术是创造美的技术吗？那什么是美？

“美术”指运用一定的物质材料，通过构图、透视、用光等艺术手段，在一定的空间中塑造直接可视的平面形象或立体形象的艺术。它是反映社会生活和表达艺术家思想感情的一种艺术形式。由于它塑造和描绘的是具体的、人们借助视觉可以感觉到的实际物象的形状外貌，因而物象的外形便是美术的基础，造型是美术的特殊功能，所以美术可称为造型艺术；还由于美术形象是在空间二维或三维中展开的，所以美术也可称为空间艺术；又由于美术所塑造的艺术形象是客观事物视觉形象的构成因素，人们欣赏时也是通过视觉感官感受到它的形象的，所以美术又可称为视觉艺术。

二、 美术的类型

从物质材料和制作方法看，美术可以分为绘画、雕塑、工艺美术、建筑艺术、设计、书法、工业设计、装饰艺术等几个门类。它们还可以从不同角度进一步细分，如书法可以分为篆书、隶书、草书、行书、楷书等。其中每一个小类还可以再进一步划分，如篆书包括商代的甲骨文、周代的金文、战国篆书和秦代小篆。以上分类是美术的广义分类，狭义分类一般只指绘画、雕塑、建筑、工艺美术等。

从用途角度看，美术还可分为纯美术和工艺美术两大系统。纯美术主要指满足精神娱乐和欣赏的需求，以审美为目的的绘画、书法、雕塑、篆刻，有时也包括音乐和诗歌。因为这些美术凝结着社会文化意识和审美意识，所以有人亦称之为文艺美术。工艺美术一般可分为实用美术、特种工艺品两大类，主要包括建筑、园林、工业设计等，这些美术具有一定的功利目的，能满足人们在吃、穿、住、行等各方面的物质需要。

三、 美术与人文

美术与人类文化密切相关，主要体现在美术即是人类文化的一部分，在人类文化发展初期即一起起源与发展，并作为人类文化的代表性精神结晶反哺于人类社会的发展。美术对人类社会的功用，主要体现在美术鉴赏上。唐代张彦远在其《历代名画记》中言："夫画者，成教化，助人伦，穷神变，测幽微。与六籍同功，四时并运。发于天然，非由述作。"意思是：作画，可以实现教育感化的作用，帮助人们维护人伦纲常，能探究鬼神仙佛变化之道，推究细微玄奥的天命启示，看到事物细微的变化。这跟佛家六经的功能是一样的，随四季一起循环运行。作画，开始于自然、天然的手法，讲究创新，而不是凭空捏造或者传承别人的东西来进行。张彦远这段陈述非常深刻地表述了绘画对于文明及社会的功用。总的来说，美术的主要功能有以下三类。

（一）认识功能

美术作品的欣赏者可通过不同历史时期、不同种族、不同国家的人们创造的具体形象的作品，认识和研究艺术的发展历史、创作者的文化背景以及作品所隐含的文化内涵。如我们欣赏敦煌莫高窟壁画，虽然其所表现的主要是以佛教故事为主题的内容，但对佛教主题的反映却从未脱离社会现实，特别是表现佛教供养人的题材，除了表现佛教的内容，还能反映当时有关社会生活的风土人情，以及经济、政治、军事、文化、民族的情况。

（二）教育功能

美术的教育功能主要是由美术作品所具有的情感和思想性决定的。人是有感情的，在现实社会中，人总是会产生苦恼、悔恨、高兴、悲哀、失望等情感，艺术恰恰是人类找到的宣泄内心情感的最适当的形式。美术将这些感觉和情感系统化，通过各种媒介以视觉的形象展现出来。美术的教育功能在于通过生动的视觉形象去感动人、教化人，积极向上的美术作品能使观者进一步体会人生、感悟自然、热爱生活。

（三）审美功能

美术的审美功能基于对美术作品的审美感受。美感是客观事物的美作用于人的心理而引起的意识和情感活动，也是客观事物的美和人对于美的认识在心理上的相互沟通。美术作品的创作者把对现实生活的情感和思想，通过运用各种造型艺术的手段，凝聚在某一件作品中，再现或表现了现实形象，这些审美意象很有可能在广大观赏者的心中引起共鸣，从而使美术作品的审美功能得到淋漓尽致的发挥，使欣赏者从美术作品所表现的内容和题材中得到启迪，从作品中感受美，思考真与善。

美术的认识功能、教育功能和审美功能三者之间是互相统一、密不可分的，它们体现了艺术创作真、善、美的高度一致性。总的来说，通过对美术作品的鉴赏，可提高人的艺术素养，陶冶人的思想情操，开阔视野，扩大知识面。

四、美术的发展及名家名作赏析

下面我们以绘画为主展开鉴赏与分析。绘画是造型艺术中最主要的一种艺术形式。它是一门运用线条、色彩和形体等艺术语言，通过构图、设色和造型等艺术手段，在二维空间里塑造出静态的视觉形象的艺术。绘画种类繁多，范围广泛。按体系来划分，绘画可分为西方绘画和东方绘画两大体系。

（一）中国画——宣纸上的笔墨意趣与画布中的精神空间

课堂讨论二

什么是中国画？中国画的常用工具有哪些？

1. 中国画的定义

中国画，也叫国画，它是用中国传统的绘画工具，按照中国人的审美习惯而画出来的画。中国画有着悠久的历史和优良的传统，在世界美术界中自成体系，展示着独特的魅力，是中国传统文化的重要组成部分，是中华民族的国粹，为人类的文明事业做出了重要贡献。

2. 中国画的特点

与西方绘画相比，中国画有着自己的明显特征。传统的中国画不讲究焦点透视，不强调自然界对于物体的光色变化的影响，不拘泥于对物体外形的描写，而多强调抒发作者的主观情趣。中国画讲究“以形写神”，追求一种“似与不似之间”的感觉，崇尚画家的个性、人格魅力在画中的表现，推崇能体现中国传统道德哲学、民族精神的视觉表现，具有中华民族独特的表现方法和审美特点。

（1）分类。中国画按照艺术的手法可分为工笔、写意和没骨三种形式。工笔就是用笔工整细致，敷色层层渲染，细节明彻入微，用极其细腻的笔触描绘物象。而写意是相对“工笔”而言的，采用豪放简练的笔墨描绘物象的形神，重在用笔墨抒发作者的感情。它要有高度的概括能力，要有以少胜多的含蓄意境，落笔要准确，运笔要熟练自然，要做到得心应手，意在笔先。了解没骨画，要先从线讲起。我国绘画是以线为主的艺术，线在画中起支架的作用。国画称墨线为“骨”，而没骨也就是没有线的中国画。它是用其他因素形成对比来表现形象的，比如色彩、明暗等。从绘画的题材来看，中国画还可分为人物、山水、花鸟三大画科，这主要是以描绘对象的不同来划分的。

（2）构图。中国画的构图一般不遵循西方绘画的准则，而是有着自己的标准，这样更利于画者主观情趣的表达。在文艺复兴后至19世纪末期的西方绘画中，焦点透视法则一直是其表现准则。焦点透视是人对自然界的直接感知的表现，我们称为“写实”，它的目的是在二维的空间内表现三维的形象。而中国画从一开始就不受自然现象的束缚，采用的是“散点透视”“借形达物”的方法，注重画者的目的性。

（3）用笔和用墨。用笔和用墨也是中国画造型的重要部分。“笔墨”二字被当作中国画技法的总称，它不仅仅是塑造形象的手段，本身也具有独立的审美价值。用笔讲求粗细、疾徐、顿挫、转折、方圆等变化，以表现物体的质感。一般来说，起笔和收笔都要用力，力腕宜挺，线势不可断，停笔不可轻挑。用笔时力轻则浮，力重则钝，疾运则滑，徐运则滞，偏用则薄，正用则板。要做到曲行如弓，直行如尺，这些都是用笔之意。宋人总结的“十八描”，可以认为是中国画用笔的经验总结。而用墨则讲求皴、擦、点、染交互为用，干、湿、浓、淡合理调配，也就是墨分五色，以塑造形体，烘染气氛。中国画的用墨有“惜墨如金”之说，每滴墨要用得恰到好处，不可多也不可少；用墨还要浓淡相生相融，做到浓中有淡，淡中有浓；浓要有最浓与次浓，淡要有稍淡与更淡，这些都是中国画的灵活用墨之法。全浓全淡都没有精神，必须有浓有淡，浓处须精彩而不滞，淡处须灵秀而不晦。由于中国画与书法有许多共同之处，古人早有“书画同源”之说。但是二者也存在着差异，书法运笔变化多端，尤其是草书，要胜过绘画，而绘画的用墨丰富多彩，又超过书法。

（4）敷色。中国画在敷色方面也有自己的讲究，所用颜料多为天然矿物、植物或动物外壳的粉末加胶制成。矿物色耐风吹日晒，经久不变。敷色方法多为层层平铺，求物象固有色的效果，少有光影的变化，画面艳丽多姿。

3. 中国画的发展及名作赏析

（1）萌芽与起源。中国画的最早形式，是距今七千多年的彩陶表面装饰，而真正有具体形象且富有一定内涵的早期绘画，则是原始社会时期的陶画，其中非常典型的是绘于马家窑彩陶上的《鹳鱼石斧图》（见图 13－1）。

图 13－1　《鹳鱼石斧图》

《鹳鱼石斧图》是我国史前文化——马家窑文化的彩陶画代表，是非常形象生动且具有历史文化内涵的美术作品。画面高 37cm，宽 44cm，由三个经典形象构成：水鸟、鱼、石斧。水鸟的长喙叼着鱼，其种类有说是鹳鸟，有说是白鹭，总之是白色水鸟。鸟的曲线流畅挺拔，昂首挺胸，威武不凡。鱼似已死去，显得羸弱不堪。石斧圆中带曲，由打磨成形的石块、木棍、绳索组成，反映了新石器时代的典型特征，斧刃朝外，巍然屹立，更是气度非凡。画面中，鸟似是主角，实则石斧更富有灵性，象征权威与武力，鸟似是在向石斧献祭猎物。这幅彩陶画极有可能是原始氏族图腾崇拜礼仪场面的一个特写镜头。还有一种说法是，以鹳为图腾崇拜的部落征服与兼并了以鱼为图腾崇拜的部落，这件器皿正是部落之间相互征伐的图形化表现。

（2）初步成熟。中国画发展至南北朝时期，才有真正意义上的纸上绘画出现，其中最著名的莫过于顾恺之的《洛神赋图》（见图 13－2）。

顾恺之，东晋无锡人，出身世族家庭，少年时代就以其天才的、多方面的艺术才能而闻名。当时的人称他是画绝、才绝、痴绝。根据古书记载，顾恺之的作品是很多的，《贞观公私画史》著录的共 17 卷，可惜都已失传。现在我们看到的《洛神赋图》《女史箴图》都是后人临摹的，但也不难从中揣摩原作者的笔墨情趣。《洛神赋图》是根据诗人曹植的文学作品而创作的，以自然山川为背景，展现出各种情节，人物刻画意态生动，构思布局

图 13－2　《洛神赋图》(局部)

出奇制胜。洛神和曹植在一个完整的画面里多次出现，组成有首有尾的情节发展进程，画面和谐统一，很难看出连环画式分段描写的迹象，使人体会到顾恺之“悟对通神”的绘画理念。

隋唐时代，随着社会安定，经济高度发展，中国画也得到长足的提高，初步分为山水、人物、花鸟三科。人物画在初唐最为出色的画家是阎立本。他出身贵族，父亲和哥哥也都很善画，并供职于朝廷，所以他的艺术道路受家庭影响不小。阎立本在绘画史上最为有名的作品是《步辇图》(见图 13－3)。这是一幅最早反映我国古代汉藏民族之间亲密交往的绢本历史画卷，高 38.5 厘米，长 129.6 厘米。此图创作的历史背景是：松赞干布几次向唐求亲，唐太宗李世民接受了联姻要求，松赞干布派使者禄东赞到长安迎娶文成公主。《步辇图》所展示的画面就是唐太宗接见禄东赞的情景。《步辇图》右侧，唐太宗坐于辇上，安详自若，威严的神情中流露出对使者的喜爱和嘉许。唐太宗身旁簇拥着几个宫女，有的抬辇、扶辇，有的持扇、打伞。画面左侧，有一身穿红服、虬髯、执笏者，是朝中引班的礼官。其后，身穿团花衣拱手肃立者是禄东赞。最后一人是朝中的翻译官。

图 13－3　《步辇图》

盛唐时期，最著名的画家莫过于有“吴带当风”之誉的吴道子。吴道子出身贫寒，早年浪迹洛阳，后来当了画工和雕塑工。他刻苦好学，很快就脱颖而出，并因才艺出众被唐玄宗召入宫中，授以“内教博士”等职衔。吴道子以绘制宗教壁画和宗教人物画而著称。其绘画技巧惊人地熟练，据说他画丈余的人像，可以从手臂或脚部开始，进而画出完整生动的艺术形象；他画佛头部的圆光，转臂运笔，一笔而成。更绝的是他画人物的衣带，飘飘欲举，让人有微风拂面的感觉，故有“吴带当风”之誉。目前流传的被认为是吴道子的作品的有《送子天王图》(宋代的临本局部，见图 13－4)。净饭王捧着婴儿，小心翼翼的动作充分表现出这一抱持者的崇敬心情，烘托出了还在襁褓中的、在画面上看不出任何直接迹象的小婴儿的不平凡和无上威严。这样的表现方法是通过人物的表情和内心的联系以阐明主题，所以在绘画艺术技巧的发展上有创新的意义。

图 13－4　《送子天王图》(局部)

中唐时期，张萱和周昉成为这一时代的名画家。他们的画多以豪门贵妇和宫女为对象。张萱的代表作品有《捣练图》和《虢国夫人游春图》。周昉，曾是张萱的学生，他继承和发展了张萱的艺术风格，其代表作有《簪花仕女图》《纨扇仕女图》等。张萱和周昉同被称为仕女画家。通过这些仕女图，我们不难感受到唐朝相对宽松的社会环境，以及以胖为美的审美情趣。周昉的《簪花仕女图》(见图 13－5)，用笔朴实，气韵古雅，描绘了几位衣着艳丽的贵族妇女春夏之交赏花游园的情景，向人们展示了这几位仕女在幽静而空

图 13－5　《簪花仕女图》(局部)

旷的庭园中，以白鹤、蝴蝶取乐的闲适生活。此画是目前全世界范围内唯一认定的唐代仕女画传世孤本。除了唯一性，该作品的艺术价值也很高，是典型的唐代仕女画标本型作品，是唐代现实主义风格绘画作品的代表。画中描绘的是唐代贵族妇女的日常生活，说明唐代的社会政治比较开明，因此反映现实生活的作品才能够流传下来。这一时期也是中国现实主义人物画表现风格的开端，以前的绘画内容大多是历史宗教人物。

山水画到了隋唐时代初步成科，以隋代展子虔为代表的画家们的作品为我们研究这一时期的山水画情况提供了重要材料。展子虔是一个绘画的多面手，但他最为杰出的贡献还是在山水画方面，现今流传下来的他的唯一作品，就是保存于北京故宫博物院的《游春图》（见图 13－6）。

图 13－6　《游春图》

《游春图》是一幅以描绘自然景色为主的青绿山水画卷，表现了人们春天出游的情景。画家在不大的绢幅上以妥善的经营、细劲的笔法和绚丽的色彩，通过对各种自然景色和人物活动的生动描绘，成功地表现了“游春”这一主题。展子虔的《游春图》为唐代青绿山水画派的形成开了绪端。

至唐代，李思训直接继承并发展了展子虔的山水画风，用笔工致严整，着墨浓烈沉稳，画面格局宏伟，堂皇华丽，装饰性很强。他的儿子李昭道又继承了他的画风，时称为“变父之势，妙又过之”，并首创海景山水画。

（3）臻于化境。五代、两宋时期，人物画在题材和技法都向多元化发展。而随着城市的繁荣，市民阶层的壮大，反映世俗生活的作品也有所增加。这一时期出现了许多著名的人物画家，最著名的莫过于顾闳中和张择端。

顾闳中是五代时期南唐的画院画家，江南人，擅长人物画，设色浓丽，善于描摹神情意态，他的代表作是现存于北京故宫博物院的《韩熙载夜宴图》（见图 13－7）。《韩熙载夜宴图》由听琴、观舞、休憩、赏乐和调笑五个既可独立成章，又相互关联的片段组成。画面细腻地描绘了面阔肩宽、高冠长髯、表情沉郁的主人公，正在与满堂宾客和声伎们听琵琶演奏的情景，刻画出了主人公心事重重、落寞无聊的精神状态。

宋代画家张择端，早年游学汴京，后来在画院任职。他是以城乡市井小民的生活为题材的风俗人物画家的杰出代表。

图 13－7　《韩熙载夜宴图》（局部）

其传世作品《清明上河图》（见图 13－8）描绘了北宋都城汴梁（今开封）和汴河两岸清明时节的市俗人事，画面规模宏大，结构严谨。通过郊野、汴河、街市三段组成了一个统一的画面，从商业、交通、漕运、建筑等几个具有代表性的角度，集中体现了 12 世纪我国的都市生活面貌，为我们考据研究宋代社会提供了具有综合性价值的形象化资料。

图 13－8　《清明上河图》（局部）

花鸟画由唐代开始发展，到五代才有了更多的实物可循。五代的花鸟画已经形成了两种风格、两大流派：一是以西蜀画院画家黄筌为代表的“黄家富贵”体；二是以江南南唐处士徐熙为宗主的“徐熙野逸”体。黄筌是成都人，从 17 岁入皇家画院后就一直没有离开过，其画作大多描写禁中所有珍禽瑞鸟、奇花怪石，用笔精细、不见墨痕，只以轻色染成，带有一种宫廷的官员气韵，故称之为“黄家富贵”。南唐的徐熙，出身于江南名族，但他本人却是一个不愿做官的“处士”，史书说他“志节高迈，放达不羁”。由于他置身于宫廷画院之外，因而摆脱了院派作风的约束，追求以质朴手法表现大自然中的山花野竹、水鸟塘鱼等通俗题材的灵趣，创“野逸”风格，被称为“徐熙野逸”。

北宋统一后，黄筌进入北宋画院，“黄家富贵”开始在北宋繁衍，甚至独霸画院画坛。北宋中期，出现了同为四川人的赵昌，他开始改变“黄家富贵”的风格，其“没骨”花鸟，色墨融合，开始有了突破。稍后起者，有长沙人易元吉、安徽人崔白。崔白融“黄家富贵”与“徐熙野逸”两家之长，结合多种技法，先画出描绘对象的骨骼、体积，再罩以淡色；画面的形象多强调其动感，或见鸳鸯迎风逆水而上，或见野鸭在芦苇荡中因意外惊扰而狂飞。

北宋末期，出现了一个有名的皇帝画家：宋徽宗赵佶。史书评价赵佶是一个昏庸无能的皇帝，那是针对他管理国家来说的，在艺术上他是一个有相当艺术修养和艺术才能的人。由于他对绘画的特殊嗜好，绘画开始正式被列为国家科举项目。同时，他还亲手培养画家，建立了中国历史上第一个皇家美术学院，设立“画学”专业。赵佶创办的学院培养了大批美术专业人才，繁荣了创作。赵佶本人也是一个诗书画全能的艺术家。他的花鸟画有不少作品流传，且风格多样，不乏杰作，《芙蓉锦鸡图》《祥龙石图》《瑞鹤图》等都称得上花鸟画的精品。

宋徽宗的名作《芙蓉锦鸡图》(见图 13－9)，现藏于北京故宫博物院。全图设色艳丽，绘芙蓉及菊花，芙蓉枝头微微下垂，枝上立一五彩锦鸡，扭首顾望花丛上的双蝶，生动地描绘了锦鸡的动态。这种表现形式，在宋代花鸟画中很是流行。五彩锦鸡、芙蓉、蝴蝶虽然均为华丽的题材，但如此构图便不同于一般装饰，而充满了活趣。锦鸡、花鸟、飞蝶，皆精工而不板滞，达到了工笔画难以企及的形神兼备、富有逸韵的境界。画上有赵佶瘦金书题诗一首，并有落款。

图 13－9　《芙蓉锦鸡图》

观画中赵佶的自题诗可发现，赵佶画这只五彩斑斓的大锦鸡，是为了颂扬儒家文、武、勇、仁、信五种伦理品德。

（4）元人意味及风骨。元代山水画是中国山水画的巅峰时期。山水画是一种以表现山川之美妙为目的并能为人们寻求某种精神寄托的画种，在中国绘画史上有着相当重要的地位。无论是历朝各代绘制的鸿篇巨幅的山水画，还是充满了文人气息的隽秀小品——山水册页、手卷、扇面等，它们都有一个共同的特点，那就是充满了诗情画意，显现出或空灵隽永，或迷远缥缈，或雄浑幽深的意境之美。

元代画家黄公望所作的《富春山居图》（见图 13－10），描绘了富春江两岸的初秋景色，林峦深秀，其间有林落、亭台、渔舟、小桥，并有平沙及溪山深处的飞泉，展披画卷，景随人迁，人随景移，笔墨纷披，苍茫简远，是其水墨山水画中的杰作。明代邹之麟在画上题跋，将此图与王羲之的《兰亭序》相媲美。

图 13－10　《富春山居图》

明朝末年，《富春山居图》流传到收藏家吴洪裕手中。吴洪裕极为喜爱此画，每天不思茶饭地观赏临摹，甚至在临死前下令将此画焚烧殉葬，幸被其侄子及时从火中抢救出来，但此时画已被烧成一大一小两段，前段较小，称“剩山图”；后段画幅较长，称“无用师卷”。乾隆年间，一幅《富春山居图》被征入宫，乾隆皇帝爱不释手，但在隔年又一幅《富春山居图》进入宫中。前者称“子明卷”，是后人伪造；后者是“无用师卷”，这才是黄公望的真迹。但乾隆皇帝认定“子明卷”为真，在假画上加盖玉玺，并和大臣在留白处赋诗题词，将真迹当赝品处理。直到近代学者翻案，认为是乾隆皇帝搞错了，从而保住了一个完整的“无用师卷”。

“剩山图”今天收藏于浙江省博物馆，而“无用师卷”则藏于“台北故宫博物院”。2011 年 6 月 1 日，“山水合璧——黄公望与富春山居图特展”在“台北故宫博物院”开幕，备受海内外关注的元代传世名画黄公望《富春山居图》，在成画 660 多年后，被分开 360 多年后，分藏于海峡两岸 60 多年后，实现了历史性的合璧，首次以完整的面貌公开呈现在世人的面前。

元代的花鸟画，艺术成就最高的莫过于郑思肖。郑思肖出生于宋末元初的儒学世家。其画独具特色，常在画中寄托“故国之思”。他特别精于画墨兰，所画之兰，“疏花简叶，不求甚工”，代表作有《墨兰图》（见图 13－11）。自南宋灭亡后，“写兰多露根，不写坡地”，被称为“露根兰”。人问其故，答曰：“地为番人夺去，汝犹不知耶?”曾画一卷长丈余、高约 5 寸多的墨兰，天真烂漫，超出物表，画旁题诗，“皆险异诡特，盖所以输写其愤懑云”。郑思肖亦工墨竹，多描绘苍烟半抹、斜月数竿之景。其画存世者有《国香图卷》《竹卷》等。由于郑思肖的画寄托了爱憎，独具一格，其艺术手法也为后世文人画家所推崇。元代倪云林题其《墨兰图》云：“秋风兰蕙化为茅，南国凄凉气已消。只有所南心不改，泪泉和墨写离骚。”

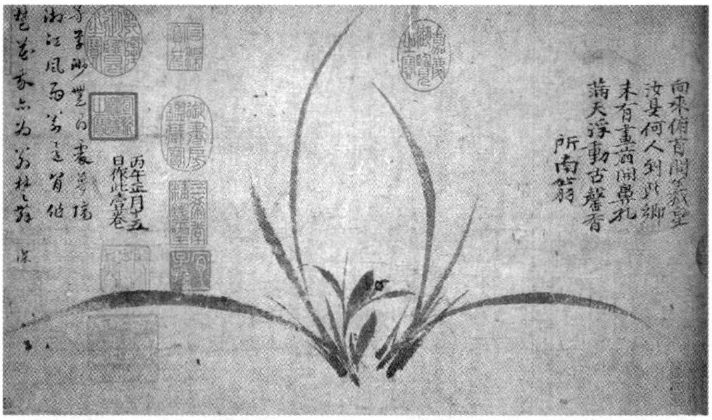

图 13－11　《墨兰图》

（5）明清国画的因陈与创新。中国画发展至明代，多承袭宋元风格，也有创新。随着吴门四家（沈周、文徵明、唐寅、仇英）在江南的崛起，水墨写意花鸟之风大兴。吴门四家在艺术上是难得的多面手，诗书画全能，山水、人物、花鸟皆精，虽然人们常把他们的成就归结到山水画系列上，但在花鸟画方面，他们也做出了杰出的贡献。此后，在明代另两位花鸟画大师陈淳和徐渭的努力下，花鸟画最终走向了成熟和完善。

陈淳的花鸟画在技巧上进一步发挥了水墨的功能，对宣纸性能的熟练把握，使笔墨水分在形象的塑造中产生了前所未有的种种微妙的变化，这是他最为突出的贡献。其传世作品有《松菊图》《牡丹图》《花卉图册》。陈淳之后，徐渭在绘画上以写意花卉为主，在艺术上敢于冲破藩篱，大胆创新，把水墨写意花鸟画向前推进了一大步。他在作品中借题发挥，把恣意纵横的笔墨与题跋诗结合起来，抒发心中的不满与愤懑。他的代表作《墨葡萄图轴》（见图 13－12），用墨干湿并重，苍润相间，不求形似，而重生韵，并题诗“半生落魄已成翁，独立书斋啸晚风。笔底明珠无处卖，闲置闲抛野藤中”，将其英雄失落、怀才不遇、投门无路、一生潦倒的境遇以及由此升起的愤懑之情抒发得淋漓尽致。徐渭的绘画风格对扬州画派有直接影响。

对于清代中国画的发展，扬州画派功不可没。扬州画派的成员有郑板桥、汪士慎、金农、黄慎、李鱓、罗聘、李方膺、高翔等人。他们都活动在扬州地区，而且他们还敢于突破清初六大家崇尚摹古、追求笔墨形式的“正统派”画风，主张在继承传统的基础上创新，主张师造化，注重创作。他们在生活上也安于清贫，不追名逐利，常用书画来表达对社会的不满，因此人们又称他们为“扬州八怪”。扬州画派最终以一种清新的生气勃勃的姿态振奋了中国画坛，在中国画史上有着极重要的地位，对后世影响很大。扬州画派之首郑板桥诗书画皆精，他受徐渭、八大山人等的影响，尤其擅长水墨写意，多画兰、竹、石。郑板桥作画强调“入世”精神，他曾说“大丈夫不能立功天地，字养生民，而以区区笔墨供人玩好，非俗事而何?”他认为绘画给人以审美愉悦，应“慰天下之劳人”。在创作手法上，郑板桥主张意在笔先。他画竹不拘泥于成局之法，绘出竹子的君子豪气和不为俗屈的凌云之志，为竹传神，为竹写生，从“眼中之竹”到“胸中之竹”，最后变为“手中之竹”。他笔下的竹挺劲孤直，具有一种孤傲、刚正、倔强不驯之气，被世人视为画家自己的人格写照。代表作有《竹石图》(见图 13－13)。

图 13－12　《墨葡萄图轴》

图 13－13　《竹石图》

1840 年鸦片战争之后，中国逐渐沦为半殖民地半封建社会。社会的动荡带来了艺术的变化，中国画也开始改变，吸收了西方绘画色彩明快、形象真实生动等特点，一些赴日、赴欧的留学画家开始了中西艺术结合的尝试。活跃在上海的海派画家和活跃在广东的岭南画家在这方面有突出的贡献，留下了不少新颖的作品。中国画走过了漫长的道路，既显示着成熟，也面临着新生。

（二）西方绘画——写实传统与主观精神之间的艺术推演

课堂讨论三

你对西方绘画有什么印象？你认为最著名的西方绘画作品是哪一幅？

1. 西方绘画的种类及特点

西方绘画艺术源远流长，品种繁多，包括油画、水彩、版画等。

（1）油画。

油画的前身是蛋清画，它是当时的艺术家们将蛋清和颜料调和，制造出半透明的绘画效果的一种探索。虽然效果很好，但是不适合长时间保存，后来蛋清被调和油所代替，才发展为现在的油画。

油画可以说是世界绘画艺术中最有影响的画种，也是西方绘画的主要画种。它使用油质颜料在布、木板或厚纸板上画成，色彩鲜艳丰富，能够充分表现物体的质感，使描绘对象显得生动逼真。同时，油画颜料有较强的覆盖力，易于修改，为画家提供了艺术创作的便利条件。

（2）水彩。

水彩画是用水调和透明颜料作画的一种绘画方法，简称水彩。其色彩透明，一层颜色覆盖另一层可以产生特殊的效果，但调和颜色过多或覆盖过多会使色彩肮脏，且干燥得快，所以水彩画不适宜制作大幅作品，适合制作风景等清新明快的小幅画作。与其他绘画相比较，水彩画相当注重表现技法，其画法通常分“干画法”和“湿画法”两种。

（3）版画。

版画也是西方绘画一个重要的画种。其特点是用笔画刀刻的手法在选定的材料上刻画。根据材料和手法的不同可以分为以下三类：

木刻和麻胶版画等凸版：在木板或麻胶版上刻制而成。

铜版画等凹版：用酸性液体腐蚀铜版形成各种凹线。

石版画等平版：在石印术的基础上采用特殊药墨制成。

2. 西方绘画的发展与名作赏析

（1）文艺复兴时期。

西方绘画艺术真正的兴盛是从文艺复兴开始的。文艺复兴始于意大利佛罗伦萨，其中佛罗伦萨画派的创始人乔托（1267—1337 年）被认为是欧洲绘画之父和现实主义画派的鼻祖。乔托发明了阴影法，通过阴影让画面实现了立体感，初步掌握了通过光影对形体进行塑造的方法。他的代表作《犹大之吻》见图 13－14。

在这幅画中，耶稣双目紧盯着犹大，满眼怒火，犹大则十分紧张，四周暗流涌动，气氛极其悲壮。这幅画虽然表现的是《圣经》的故事，但从生活的光明和黑暗两个方面展示了一个真实的人物形象，表现了正义与邪恶的搏斗。整幅画的光线、色彩、构图都集中在中心人物形象上，犹大的黄色大氅明亮而醒目。全画用重色调，上部深蓝，下部褐色，营造出一种沉重的黑暗感。

图 13－14　《犹大之吻》

从 15 世纪末到 16 世纪初是文艺复兴的全盛时期。这个时期欧洲出现了三个伟大的艺术大师：达·芬奇、米开朗琪罗、拉斐尔。他们继承并发展了乔托的艺术传统，将解剖学、透视学等结构与空间的科学观念和知识运用在绘画上。

达·芬奇是意大利文艺复兴时期最负盛名的画家，也是欧洲文艺复兴时期最杰出的代表人物之一。他留给人类的珍贵文化遗产为世人所赞叹，代表作品有《最后的晚餐》《蒙娜丽莎》等。

图 13－15　《蒙娜丽莎》

达·芬奇早期活动在意大利，后因意大利国内动乱迁徙到法国做宫廷画师，与法国国王有很深的友谊。据说，著名的画作《蒙娜丽莎》（见图 13－15），是一个叫佐贡多的富有商人请达·芬奇为他年轻美貌的妻子蒙娜·丽莎（或叫拉·佐贡多）绘制的一幅肖像画。这是西方历史上第一幅真正意义上描绘普通人的绘画，代表着由尊崇神性到赞美人性的转变，而蒙娜丽莎神秘的微笑又赋予人性极其深厚的内涵，数百年来引得无数人观望与联想。不同的观者或在不同的时间去看，感受似乎都不同。有时觉得她笑得舒畅温柔，有时又显得严肃，有时像是略含哀伤，有时甚至显出讥嘲和揶揄。这是一种令人捉摸不定的“神秘的微笑”。人物的脸部、胸部和手是画像的主体部分，达·芬奇用柔和细腻的笔调描绘出富有生命力的肌体，而把服装处理得很素淡，省略了任何华丽的装饰品，再加上渺若幻境的山水背景，使画面具有灵动神秘的气氛。《蒙娜丽莎》为法国卢浮宫三宝之一，其余两宝为古希腊的《胜利女神像》和《米洛斯的维纳斯》。

米开朗琪罗（1475—1564 年）则步入了另外的道路，他在作品中注入了更多的激情。由于米开朗琪罗的作品具有强烈的个性特征，他有意无意地强调了认识世界主体的思想，这是人文主义思想的核心。所以，他的作品成为西方美术史上不可逾越的高峰。其代表作品有：雕塑《大卫》（男性美的典范），绘画《创世纪》等。

《创世纪》是米开朗琪罗为罗马西斯廷教堂创作的巨幅天顶画，由“上帝创造世界”“人间的堕落”“不应有的牺牲”三部分组成，每个场景都围绕着巨大的、各种形态坐着的裸体青年，壁画的两侧是生动的女巫、预言者和奴隶。整个画面气势磅礴，力度非凡。其中的《创造亚当》（见图 13－16）是最动人心魄的，上帝在虚空中，神情威严又和善，似又透露出一丝悲哀，他俯视天下，伸手指出，手指的另一端，即将与他所创造出来的亚当伸出的手指触及，为懵懂的亚当灌注神明的灵魂、理性和智慧。上帝似在犹豫这一决定的对错。亚当刚被创造出来，似正在接受这个世界和自己的命运。他慵倦地斜卧在地，深色的土地衬托出他健壮青春的体格。他依赖、敬畏地凝视上帝，似又正关注着在上帝左臂庇护下即将诞生的夏娃。观者循着亚当的视线，也会为夏娃的美丽而惊叹，她明亮妩媚的双眼也早已含情脉脉地注视着亚当。画家用超凡的绘画技艺，展现了《圣经》中记载的人类的始祖被创造的时刻，场景扣人心弦，令人深思。

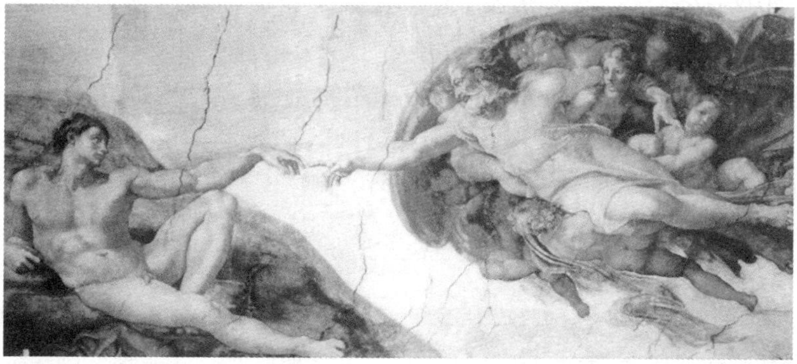

图 13－16　《创造亚当》

拉斐尔（1483—1520 年）主要的艺术活动在罗马。他为梵蒂冈宫廷绘制了三幅画：《雅典学院》《巴尔纳斯山》《盛典辩论》。这些作品都体现着人文主义的思想。其代表作品还有《雅典学院》《西斯廷圣母》等。

《西斯廷圣母》（见图 13－17）为拉斐尔“圣母像”中的代表作，它以甜美、悠然的抒情风格而闻名遐迩。作品中的圣母形象温柔、秀美、纯洁，面部表情无辜而略带忧郁，是一名普通民间少女的形象。画面的左侧是主教西斯廷二世，正企求圣母将她的爱子奉献给人世。画面的右侧，是圣女渥瓦拉，她代表人间信众前来接驾，目光中满是对圣母的崇敬、对奉献圣子的不忍。画面下侧两个小天使天真无邪的表情、向上凝视的目光，是整幅画收尾的神来之笔，引导观众的视线又向画面中心的圣母圣子而去，回味无穷。

图 13－17　《西斯廷圣母》

三位大师把意大利文艺复兴推至顶峰。他们用人文主义的思想、科学的态度来进行艺术创作，体现了艺术创作的主体思想；他们在创作中以人为本，讴歌人性的美好，赋予画面中的神以人性，表现各种美好的情感，其思想和态度成为后世的楷模。

（2）巴洛克与洛可可主义绘画风格的对照。

17、18 世纪的欧洲绘画渐渐摆脱了宗教的束缚，出现了肖像画、风景画、静物画、动物画等。巴洛克是 17 世纪广为流传的一种艺术风格，有如下特点：第一，风格豪华，既有宗教的特色，又有享乐主义的色彩；第二，是一种激情的艺术，打破了理性的宁静和谐，具有浓郁的浪漫主义色彩，非常强调艺术家的丰富想象力；第三，极力强调运动，运动与变化可以说是巴洛克艺术的灵魂；第四，很关注作品的空间感和立体感；第五，强调综合性，例如在建筑上重视建筑与雕刻、绘画的综合。此外，巴洛克艺术也吸收了文学、戏剧、音乐等领域的一些因素和想象。代表画家有伦勃朗、委拉斯贵兹、鲁本斯等。

荷兰画家伦勃朗是欧洲 17 世纪最伟大的画家之一，也是荷兰历史上最伟大的画家之一。他的成名作《杜普教授的解剖课》（见图 13－18），突破了团体肖像画呆板的程式，在构图和人物神情上处理得逼真而又生动，为他带来了巨大的声誉，许多名门望族找他订制肖像画。之后，因他的妻子与儿子相继去世，生活的折磨使他痛苦不堪，也促使他深刻地去观察和理解社会。而其代表作《夜巡》（见图 13－19）的问世，一开始不被人们所理解。这幅带有风俗画和历史画性质，可以使人回忆起往昔荷兰人民反抗异族统治斗争的史诗性杰作，因为进一步突破了传统画法，开始不被订画者接受，而且上诉法庭，闹得沸沸扬扬。整个城市都充满了对伦勃朗的嘲笑，他面对着无人买画的困境。1661 年是伦勃朗作画最多的一年，1663 年以后作画较少，他结交了许多中下阶层的市民，眼界更为开阔，技巧更为成熟，创造力达到顶峰。

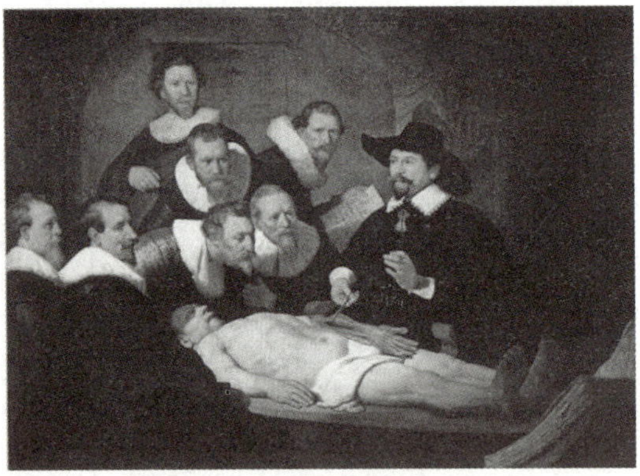

图 13－18　《杜普教授的解剖课》

图 13－19　《夜巡》

伦勃朗的一生，基本因这两幅画，形成了截然不同的生活。虽然他是可以放弃对艺术的执着追求，回到曾经的富裕生活的，然而他一直坚持己见，这与他心中对艺术的坚持与理想是不可分的。他一生中创作了很多幅自画像，不同时期的自画像有着不同的神情：衣食无忧时的略带空虚，遭遇磨难时的忧郁……而他在生命结束前，在贫困的绝境中所绘的最后一幅肖像，面容上却隐约透露出一缕淡然的微笑，眼神中传达的是阅尽人生的通透。这样的神情让人不由想起，在中国也有这样一个物质贫乏但精神富足的人——颜回，孔子对他的评价是“贤哉回也！一箪食，一瓢饮，在陋巷，人不堪其忧，回也不改其乐”。

如果说巴洛克艺术是生动的、非凡的、气势恢宏的，具有男性特征，那么洛可可艺术则具有女性的气息，因为其是由法国国王路易十五的情妇庞巴杜夫人倡导引领的。洛可可艺术的特征是：具有微细、轻巧、华丽和烦琐的装饰性；运用C形、S形或旋涡形的曲线和轻淡柔和的色彩。其影响及于18世纪的欧洲各国，为腐朽没落的封建贵族服务。它在形成过程中，曾受中国清代工艺美术的影响，在庭园布置、室内装饰、丝织品、瓷器、漆器等方面，表现尤为显著。绘画方面，法国的代表人物有华铎、布雪、法兰哥那。我们通过布雪的代表作《庞巴杜夫人肖像》（见图13－20）即可深刻感受到洛可可艺术阴柔、妩媚、华丽的风格特征。

图13－20　《庞巴杜夫人肖像》

这幅画的主角庞巴杜夫人，身着宫廷风格的长裙，满缀蝴蝶结、蕾丝及蔷薇花装饰，背景上装饰的金色与象牙白是洛可可风格装饰的主要用色。洛可可风格受到很多评论家的抨击，认为其矫揉造作、装饰过多，主题格调不够高，然而这种风格却在各个艺术及设计领域流传及应用至今，备受女性消费者的喜爱，因为这种风格的甜美、优雅及妩媚也是很多女性所追求的。

（3）古典主义、浪漫主义、现实主义的交织。

18、19世纪的欧洲因为启蒙运动和资产阶级大革命，出现了许多美术流派和著名画家，其中最为引人注目的是古典主义、浪漫主义、现实主义三大流派，代表画家分别有安格尔、德拉克洛瓦、米勒。

古典主义作为一种艺术思潮，它的美学原则是用古代的艺术理想与规范来表现现实的道德观念，以典型的历史事件表现当代的思想主题，也就是借古喻今。古典主义绘画以此精神为内涵，提倡典雅崇高的题材、庄重单纯的形式，强调理性而轻视情感，强调素描与严谨的外表，贬低色彩与笔触的表现，追求构图的均衡与完整，努力使作品产生一种静穆而严峻的美。

图 13－21 《泉》

安格尔作为19世纪新古典主义的代表，他代表着保守的学院派，与当时新兴的浪漫主义画派对立，形成了尖锐的学派斗争。安格尔并不是生硬地照搬古代大师的样式，他善于把握古典艺术的造型美，把这种古典美融入自然之中。他从古典美中探索出了一种简练而单纯的风格，始终以温克尔曼的“静穆的伟大，崇高的单纯”作为自己的原则。他的代表作品是《泉》（见图 13－21）。

安格尔从1830年在意大利佛罗伦萨逗留期间就开始创作《泉》，但一直没有完稿，到76岁高龄时才画完此画。这幅画是安格尔的得意之作，也是西欧美术史上描绘女性人体的优秀作品之一。《泉》把古典美和女性人体的美巧妙地结合在一起，出色地表现了少女的天真和青春活力。

浪漫主义画派产生于波旁王朝复辟时期。当时，人们对启蒙运动宣扬的理性王国感到越来越失望，一些知识分子感到苦闷，他们反对权威、传统和古典模式，从而创造了浪漫主义画派。他们提倡注重艺术家的主观性和自我表现，以民族奋斗的历史事件和壮美的自然为素材，抒发对理想世界的追求，以瑰丽的想象、夸张的手法塑造形象，表现激烈奔放的感情。总之，他们重感情、轻理性，重色彩、轻素描，不满现实、追求幻想。

浪漫主义画派代表作《自由引导人民》（见图 13－22）是由法国画家欧仁·德拉克洛瓦为纪念1830年法国七月革命而创作的油画。法国正处在第二次复辟的波旁王朝，统治者为了增强皇权，宣布解散议会，限制公民的选举权和出版自由。一位名叫克拉拉·莱辛的姑娘首先在街上举起了象征法兰西共和国的三色旗；少年阿莱尔把这面旗帜插到巴黎圣母院旁的一座桥头时，中弹倒下。《自由引导人民》以此为背景，描绘了硝烟弥漫的场面，

图 13－22 《自由引导人民》

画面中有受伤的、死去的人，却依然无法阻挡人们为自由而战的渴望。整幅油画气势磅礴，色彩与明暗对比强烈，结构紧凑，用笔奔放，充分展现了浪漫主义画派绘画的风格特点，具有强烈的感染力。画家将他本人也画到作品里，头戴高礼帽，身穿燕尾服，手中紧握长枪，大声疾呼，号召人民以伟大的过去为榜样，起来进行斗争，驱逐外国侵略者。尽管革命遭受挫折，欧洲上空黑云滚滚，但他坚信革命一定会胜利，自由终将到来。该作品成为法兰西民族精神的标志。

1831 年 5 月 1 日，这幅画在巴黎展出时，引起轰动。德国诗人海涅为此画写了赞美诗。同年，这幅画被法国政府收购，在卢森堡宫展出数月，后因时局变化，还给了画家本人。1848 年，法国爆发了二月革命，法国人民要求将此画重新在卢森堡宫展览。同年 6 月，巴黎工人起义，此画又被政府摘下，理由是具有煽动性，直到 1874 年才被送入卢浮宫。

现实主义作为一场艺术运动，是与法国 1848 年革命同时出现的。画家库尔贝和理论家尚弗勒里是其精神领袖。现实主义倡导如实地表现画家所处时代的风格、思想和面貌，其中至关重要的是真诚。“现实主义”在西方语言中也可指艺术写实的手法，因此，“现实主义”也可称为“写实主义”。

现实主义画派的代表作是米勒的作品《拾穗者》（见图 13－23）。这幅画没有表现任何戏剧性的场面，只是描绘了秋季收获后，人们从地里拣拾剩余麦穗的情景。画面的主体是三个弯腰拾麦穗的农妇，背景中是忙碌的人群和高高堆起的麦垛。这三人与远处的人群形成对比，她们穿着粗布衣衫和笨重的木鞋，体态健硕，谈不上美丽，更不能说优雅，只是谦卑地躬下身子，在大地里寻找零散、剩余的粮食。然而，这幅内容朴实的画作却给观众带来一种不同寻常的庄严感。从这三个穿着粗布衣衫和沉重木鞋的农妇身上可以感受到一种深沉的宗教情感，在生存面前，人类虔诚地低下了他们的头。虽然远处飞翔的鸟儿依旧烘托出田园诗般的意境，但人类凝重的身躯似乎预示着生存的重压。正是这种宗教般的感情使《拾穗者》超越了一般的田园美景的歌颂，而成为一幅人与土地、与生存息息相关的真正伟大的作品。

图 13－23　《拾穗者》

古典主义、浪漫主义、现实主义三大流派的相互交织、对垒，不同艺术见解的表现，预示着 19 世纪末期印象主义的诞生，以及 20 世纪初现代艺术的蓬勃发展。

（4）印象主义绘画的光色及澎湃的情感。

19 世纪西方美术的中心在法国，主宰法国画坛的仍然是有势力的官方学院派。有一部分青年画家反对官方学院派艺术的墨守成规，由于自己的创新作品不能在官方沙龙展出而强烈反对官方的审查制度，他们要求艺术上的革新和创作自由，经常聚集在巴黎的盖尔波瓦咖啡馆自由交流对艺术的见解，共同寻求艺术创新道路。这些画家个性十分鲜明，非常讲究实际，没有确定的共同遵守的具体原则。由他们构成的绘画流派就是印象主义画派（以下简称印象派）。印象主义最明显的特点是，力图客观地描绘视觉现实中的瞬息片刻，主要是表现纯粹的光的关系。

莫奈是印象派的主要代表。他少年时爱好漫画和风景画，19 世纪 90 年代他偏向于组画的描绘，完成了著名的《干草堆》《白杨》《鲁昂大教堂》《伦敦风光》等组画，光色的表现已达到淋漓尽致、精妙绝伦的程度。晚年时，他创作了巨幅的、环形的装饰油画《睡莲》，可以说是他一生对光与色表现的总结。莫奈是印象派色彩理论最积极、最彻底的探索者和实践者，对于印象派的发展和新印象派的兴起有着至关重要的作用。

莫奈的代表作《日出·印象》（见图 13 - 24）描绘的是日出时在晨雾笼罩中的港口的景象。在由淡紫、微红、蓝灰和橙黄等色组成的色调中，一轮生机勃勃的红日拖着海水中一缕橙黄色的波光冉冉升起。海水、天空、景物在轻松的笔调中，交错渗透，浑然一体。近海中的三只小船，在薄雾中渐渐变得模糊不清，远处的建筑、港口、吊车、船舶、桅杆等也都在晨曦中朦胧隐现。这一切，都是画家从一个窗口看到的景象。如此大胆地用“凌乱”的笔触来展示雾气交融的景象，这对于一贯正统的官方学院派艺术家来说乃是艺术的叛逆。该画完全是一种瞬间的视觉感受和活泼生动的作画情绪使然，以往官方学院派艺术推崇的那种谨慎而明确的轮廓、呆板而僵化的色调荡然无存。这种具有叛逆性的绘画，引起了官方学院派的反对。当 1874 年莫奈和一群青年画家举办展览时，这幅《日出·印象》遭到了诽谤和奚落。有的评论家挖苦说：“毛坯的糊墙纸也比这海景完整！”更有人根据这幅画的标题，讽喻以莫奈为首的青年艺术家们为“印象派”，“印象主义”也因此而得名。

图 13 - 25 所示是莫奈的另一幅代表作《睡莲》。这幅画开始创作时莫奈已经 74 岁高龄，持续 12 年直到莫奈 86 岁去世前才创作完成。这是一部宏伟史诗，是莫奈一生中最辉煌灿烂的“第九交响乐”。与其说他是用色彩表现大自然的水中睡莲，不如说他是用水中睡莲表现大自然的色彩。有人说在莫奈的《睡莲》中，池塘下孕育的是蠢蠢欲动的无限的生命。莫奈在《睡莲》中竭尽全力描绘水的一切魅力。

图 13 - 24　《日出·印象》

图 13 - 25　《睡莲》

印象派抛弃传统的深褐色调，走向户外，追求光与色的表现和瞬间印象，而不去注意作品的主旨与故事性，这也启迪了后印象派画家抛弃客观物象，追求主观的表现与情感的宣泄。在印象派之后，有三位伟大的后印象派大师，他们比印象派前进的步伐更大更远，分别是凡·高、高更、塞尚。他们曾受到印象派的影响，但他们并不满足于只对自然界进行观察与表现，他们又把个人的性情、观念、思想融入自己的画作中。其中，凡·高与高更着重于对精神方面的表现，塞尚则侧重于对观念方面的研究。

凡·高是继伦勃朗之后荷兰最伟大的画家。他出身于农村的牧师家庭，做过职员、商行经纪人、传教士。而他的艺术创作主要是在法国巴黎。他对东方的版画有着浓厚的兴趣，并从中吸取养料，追求其中的美感。后由于生活的压力，更因其艺术作品超出那个时代而得不到世人的承认，凡·高变得十分敏感而脆弱，最终在一次精神分裂症发作中自杀身亡，年仅37岁。

凡·高在短暂的一生中，为人类留下了大量珍贵的绘画作品。他的作品敢于大胆地抒发内心情感，追求线条和色彩自身的表现力，追求画面的平面感以及装饰性和寓意性。代表作品有《向日葵》《农民》《邮递员罗林》《夜间咖啡店》《阿尔的小屋》等。其艺术追求对20世纪表现主义绘画影响极深。凡·高一生喜欢画向日葵，向日葵在他的心中是阳光和生命的象征，是他内心世界中涌动的火热情感，是对艺术与人类世界最纯洁的爱。他画的《向日葵》（见图13－26）整个画面以黄色为基调，宛如燃烧的火焰，色彩的对比单纯而强烈。画家通过描绘向日葵，向我们表达了他对生命的理解。

图13－26　《向日葵》

如果说《向日葵》代表凡·高对生命的理解，那么《星夜》（见图13－27）则代表凡·高对整个宇宙及世界的理解与想象。这幅画展现了高度夸张变形与充满强烈震撼力的星空景象。那巨大的卷曲旋转的星云，那一团团夸大了的星光，以及那一轮令人难以置信的橙黄色的明月，大约是画家在幻觉和晕眩中所见。对凡·高来说，画中的意象都具有象征意义。那轮从月食中走出来的月亮，暗示着某种神性，让人联想到凡·高所乐于提起的一句雨果的话："上帝是月食中的灯塔。"而那巨大的，形如火焰的柏树，以及夜空中像飞过的卷龙一样的星云，也许象征着人类的挣扎与奋斗的精神。

图 13－27 《星夜》

后印象派对客观事物不再是忠实再现，更倾向于画家自身情感的传达，这对于 20 世纪的西方绘画具有直接性的启迪与影响。

（5）现代画派的纷呈迭出。

20 世纪的西方绘画也就是现代西方绘画，具有强烈的前卫性、先锋性的特点。它们大都反对传统，其宣言也都标新立异。在学习研究 20 世纪美术的过程中，我们会发现历史、哲学、商业、科学、政治、自然环境，以及东方艺术都对西方绘画产生过直接影响，都曾成为其感知、学习的对象。20 世纪的美术呈现多元化的发展格局。20 世纪的画家们口中说着"彻底与传统决裂"，但实际上正在创造着新的传统。

20 世纪重要的绘画流派包括：

1）野兽主义。野兽主义因在 1905 年巴黎的秋季沙龙上，以马蒂斯为首的一群年轻艺术家们的画展被当时的艺术批评家路易·沃塞尔戏称为"野兽"而得名。野兽派画家们喜欢运用纯色强调颜色的对比与表现力，其杰出代表是马蒂斯。20 世纪初，马蒂斯的画风追求原始格调，富有幻想意味。他以奔放、有力的笔触，简练大胆的造型，纯粹的色彩使画面热情洋溢。他还在画面上应用阿拉伯纹饰，使画面具有极强的装饰性。他的代表作品有《戴帽子的妇人》《奢华、宁静和愉悦》《华丽》《舞蹈》《音乐》等。

图 13－28 所示是马蒂斯的代表作《舞蹈》，这幅画的颜色精简到了极致，地面是墨绿色，天空呈现为蓝色，而舞蹈者则是橘红色的基调。人物的姿态或扭或跳，或舒展或奔放。这是马蒂斯记忆中的法国南方迦太兰的一种圆圈舞，姿态优美，所有的人投入而又忘情，从中传达出富有韵律的"度曲未终，云起雪飞"般的情致。

2）立体主义。在 20 世纪，立体主义由画家乔治·布拉克与生活在巴黎的毕加索在法国发展起来。他们在被批评与被公众拒绝的环境下展出他们的作品，承受着社会评论家们的嘲弄与鄙视。毕加索主要是学习前人，吸取后印象主义大师塞尚的营养。在色彩上，毕加索学习塞尚的立体主义科学理性的观点，力求提炼出干练的色彩关系；在形体上，他努力从写实中提炼出平面的立体观念，形成了主要用线的表现方法；在视点上，他不拘泥于

图 13－28　《舞蹈》

不动的固定的视点，以运动立体多方位的视点观察事物。毕加索是一位真正的天才，是 20 世纪西方艺术的领袖，其代表作品有《格尔尼卡》(见图 13－29)、《亚威农少女》等。

图 13－29　《格尔尼卡》

1937 年，西班牙的格尔尼卡小镇被德国法西斯空军夷为平地，毕加索闻讯后极为愤慨，就为巴黎世界博览会西班牙馆画了《格尔尼卡》这幅壁画，对法西斯暴行表示强烈抗议。此画结合立体主义、现实主义和超现实主义的风格表现痛苦、受难和兽性：画中右边有一个妇女举着手从着火的屋上掉下来，另一个妇女冲向画中心；左边是一个母亲与一个死去的孩子；地上有一个战士的尸体，他一手握剑，剑旁是一朵盛开的鲜花；画中央是一匹老马，被一根由上而下的长矛刺杀，马旁边有一头举首顾盼的站着的牛，牛头与马头之间是一只举头张喙的鸟；上边右面有一只从窗口斜伸进来的手臂，手中掌着一盏灯，发出强光，照耀着这个血腥的场面。全画用黑、白与灰色画成，描绘了西班牙小镇格尔尼卡遭德军飞机轰炸后的惨状。第二次世界大战期间，德国的将领和士兵经常出入于巴黎的毕加索艺术馆，争相观看毕加索的作品。可是这些不速之客受到了冷淡的接待。有一次，在艺术馆的出口处，毕加索发给每个德国军人一幅他的油画《格尔尼卡》的复制品。战争结束后，毕加索以法国抵抗运动战士的荣誉参加了战后第一次美展，并于 1944 年加入法国共产党。以后，他又参加保卫和平运动，为世界和平大会创作了宣传画《和平鸽》。毕加索为反对侵略战争、维护世界和平，做出了毕生的努力。

3）表现主义。表现主义是以画家的主观意识为基础的创作活动，主要表现方法是变形和强烈的色彩对比，滴洒色彩为主要形式。实际上，表现主义是个复杂的艺术流派，它的界限也不是很明确，其成员也是多样而复杂的。它不同于未来主义的理性，表现出的是科学发展后人对机械依赖的反感，对都市社会文化的反感，画家们大都是从非洲原始文明与东方古代文明中吸收营养。他们崇尚精神主义，力求使人们摆脱 20 世纪初的功利主义思想。

图 13-30　《呐喊》

爱德华·蒙克（1863—1944 年）是具有世界声誉的挪威艺术家，西方表现主义绘画艺术的先驱。他的绘画带有强烈的主观性和悲伤压抑的情调。毕加索、马蒂斯就曾吸收他的艺术养料，德国和法国的一些艺术家也从他的作品中得到启发。蒙克的代表作《呐喊》（见图 13-30）闻名于世。画面中，一个苦闷到极致的人似在狂啸，在呐喊，画面色彩强烈、压抑，线条激荡不安，无不表现着人物内心的渴望，渴望一个出口，一个可以如火山口一样爆发的瞬间，可以刹那间点燃沉闷的空气，冲破压迫的心理世界，通过这极致的情绪宣泄，实现内心的逐渐安定与充实。细品作品《呐喊》，我们可以明显感受和体会到绘画的心理治疗作用。

4）达达主义。达达主义是一种无政府主义的艺术运动，它试图通过批判传统的文化和美学形式发现真理。达达主义的艺术家多具有反战或对资本主义价值观强烈不满的思想。达达主义的倡导人查拉在宣言中为达达主义下定义说：“自由：达达、达达、达达，这是忍不住的痛苦的嗷叫，这是各种束缚、矛盾、荒诞的东西和不合逻辑的事物的交织，这就是生命。”达达主义者主张否定一切，破坏一切，打倒一切。达达主义是虚无主义在艺术上的具体表现，它集中体现了第一次世界大战期间西方年轻人空虚的精神状态和艺术家的苦闷心理。这也是第一次世界大战的非正义性给欧洲青年带来的必然结果。达达主义的代表人物是法国艺术家杜尚（1887—1968 年），其代表作品是《巧克力研磨机 1 号》《泉》《带胡须的蒙娜丽莎》。

杜尚的作品代表着与传统艺术的决裂，他的《带胡须的蒙娜丽莎》是在名画《蒙娜丽莎》的复制品上用铅笔给女主人公画上了山羊胡子，同时又在画面外的下方写上了“L. H. O. O. Q”，体现了杜尚所信奉的“破坏即创造”的观念，同时展示了杜尚在文字游戏方面的机智。如果以英文读音判断，那就是“look”（看），仿佛是杜尚对观众的要求；如果以法文的读法来读的话，就变成“Elle（L）a ch（H）aud（O）au（O）cul（Q）”，意思是“她有一个热乎乎的屁股”，对传统进行了辛辣的讽刺；如果反过来读的话，又变成了“QOOHL”，即英文中的“cool”（冷）的读音。杜尚的作品《泉》则是一个展示在美术馆中的孤立的小便池，强烈地表现了杜尚对资产阶级艺术观念的极度蔑视。

5）抽象派。抽象绘画泛指 20 世纪想脱离模仿自然的绘画风格的绘画方式，包含多种流派，并非某一个派别的名称，它是经过长期持续的演进而形成的，共同特质都在于尝试打破绘画必须模仿自然的传统观念。

蒙德里安（1872—1944 年），几何抽象派代表画家。他擅长在平面上把横线和竖线加以结合，形成直角或长方形，并在其中安排红、黄、蓝三原色，但有时也用灰色，是荷兰风格派的主将。《红黄蓝的构成》（见图 13－31）是蒙德里安几何抽象风格的代表作之一。作品中粗重的黑色线条控制着七个大小不同的矩形，形成非常简洁的结构。画面主导是右上方那块鲜亮的红色，不仅面积大，而且色度极为饱和。左下方的一小块蓝色、右下方的一点点黄色与四块灰白色有效配合，牢牢控制住红色正方形在画面上的平衡。在这里，除了三原色，再无其他色彩；除了垂直线和水平线，再无其他线条；除了直角与方块，再无其他形状。巧妙的分割与组合，使平面抽象为一个有节奏、有动感的画面。《红黄蓝的构成》对现代设计产生了很大的影响，许多设计作品都有着《红黄蓝的构成》的影子，以简洁、明快、鲜艳的色彩组合与造型取胜。

图 13－31　《红黄蓝的构成》

抽象派艺术家彻底背弃了客观世界的物象，似乎在追寻着艺术的终极规律，即形式与美感的密切关系，无关乎主题与故事情节，然而这也剥离了美术的现实审美意义，作品流于形式的玩味。

6）走向生活的后现代美术。20 世纪后半叶到现在主要为后现代主义，或称“当代主义”。“后现代主义”的艺术家们在现代艺术的基础上继续突破，主要表现为：企图突破审美范畴，打破艺术与生活的界限；从传统艺术、现代主义艺术的形态学范畴转向方法论，用艺术表达多种思维方式；从强调主观感情到转向客观世界；对个性和风格的漠视或敌视；从对工业、机械社会的反感到与工业机械的结合；主张艺术平民化，广泛运用大众传播媒介。

后现代艺术中最为有名的是波普艺术。波普音译自“popular”，意即流行艺术、通俗艺术。波普艺术一词最早出现于 1952—1955 年间，由伦敦当代艺术研究所一批青年艺术家举行的独立者社团讨论会首创。他们认为公众创造的都市文化是现代艺术创作的绝好材料，面对消费社会商业文明的冲击，艺术家不仅要正视它，而且应该成为通俗文化的“歌手”。

在波普艺术中，最有影响和最具代表性的画家是安迪·沃霍尔（1928—1987 年）。他是波普艺术运动的发起人和主要倡导者。1962 年他因展出汤罐和布利洛肥皂盒“雕塑”而出名。他的绘画图式几乎千篇一律，把那些取自大众传媒的图像，如坎贝尔汤罐、可口可乐瓶子、玛丽莲·梦露头像等，作为基本元素在画面上重复排列。他的所有作品都用丝网印刷技术制作，形象可以无数次地重复，给画面带来一种特有的呆板效果。“我二十年都吃相同的早餐，”他解释说：“我想这也是反复做同一件事吧。”对于他来说，没有“原作”可言，他的作品全是复制品，他就是要用无数的复制品来取代原作的地位。他有意地在画中消除个性与感情的色彩，不动声色地把再平凡不过的形象罗列出来。他有一句著名的格言：“我想成为一台机器。”他的画，几乎不可解释，“因而它能引起无限的好奇心——是一种略微有点可怕的真空，需要用闲聊和空谈来填满它”。实际上，安迪·沃霍尔画中特有的那种单调、无聊和重复，所传达的是某种冷漠、空虚、疏离的感觉，表现了当代高度发达的商业文明社会中人们内在的感情。

图 13 - 32 《玛丽莲·梦露》

玛丽莲·梦露的头像，是沃霍尔作品中一个最令人关注的题材。在 1967 年所作的《玛丽莲·梦露》（见图 13 - 32）一画中，那色彩简单、整齐单调的一个个梦露头像，反映出现代商业化社会中人们无可奈何的空虚与迷惘。

总的来说，文艺复兴之后的西方绘画一路走来，体现了艺术家们不断追寻艺术真谛的努力。从文艺复兴中人性回归，由关注众神到关注自我，至巴洛克时期的追求新奇、打破常规，再至浪漫主义的激情澎湃，现实主义的写实人生，印象主义对现世光与影的追索，然后到现代主义绘画对心灵的表现、对现实的描摹的粉碎，后现代主义时期绘画的普及、与生活的交融及趣味性的呈现，一幅幅，一幕幕，体现的是艺术家对真、善、美不懈的探索与追求。不同时代，不同表现，不同回响，古今中外一代代画家们永远无法放弃的正是这宇宙中终极的奥义，他们以视觉的形象解说这世间万象、人生百态，仰望星空，审视内心，所关注的正是这头上的星空、心中的意念，也正是这久远天地、人间真意。

思考与实践

1. 试对比分析中西绘画的表现手法。
2. 从中西绘画中找出一幅最能打动你的画作，撰写赏析小论文，不少于 1 000 字。

推荐书目

1. 《中国美术史》（彭德，上海人民出版社）。
2. 《外国美术史》（欧阳英，中国美术学院出版社）。
3. 《美的历程》（李泽厚，生活·读书·新知三联书店）。
4. 《美学散步》（宗白华，上海人民出版社）。

第十四讲　跳动在音符上的人类心灵

名人名言

节奏与和声根植于灵魂深处。 ——柏拉图

生命是什么？只不过是一连串的前奏曲而已。 ——拉马丁

内心没有音乐的人，精神上是无法被和谐的甜蜜乐音所感动的，会导致叛逆、阴谋与腐败的行为。 ——威廉·莎士比亚

一、音乐欣赏的意义

课堂讨论一

你怎样看待音乐、审美、素养与生活？

音乐是人类文化的精练和升华，是一直伴随着人类成长的文化营养素。音乐具有祭祀、教化、沟通、娱乐及情感释放等功能，在人类的社会生活中扮演着非常重要的角色。音乐作为艺术类别中重要的一项，对人类的思想、心灵与生活都有不可替代的作用，也正是因为如此，人们把音乐视作人类唯一通用的语言。这充分说明了音乐在人的生活中的重要性和不可或缺性。

音乐对人们来说如此重要，于是怎样更好地接收、理解、体验音乐传递的各种情绪和情感，并从中获得精神上的满足及愉悦感就成为人们关注的问题。

音乐欣赏，就是欣赏者通过对音乐作品的聆听，从中获得精神的愉悦、美的享受的一种审美活动。由于音乐艺术本身的特殊性，音乐欣赏通常是从两个方面来进行的：一是认识作为欣赏客体的音乐本体；二是认识和理解作为欣赏主体的聆听者在欣赏过程中的反应和个性差异。

对于音乐本体的认识是通过了解、掌握音乐艺术的过程而实现的，包括对音乐结构、音乐逻辑、音乐语言、音乐表现手法等相关方面知识的学习与掌握以及对音乐体裁、风格特点的了解。由于音乐的内容是作曲家对现实生活、思想观念、情绪情感等的综合反映，带有创作者主观的情感色彩及特定内涵。因此，要把握音乐作品的基本内涵需要欣赏者掌握欣赏音乐的基本方法及与其相关的基本知识。

欣赏音乐的过程其实并不是一个简单的过程，要通过对作曲家创作的各种有特殊逻辑性的音响效果的聆听，理解作曲家通过音响表达的情绪、情感和情怀。在音响与情绪、情感之间需要一个转化的环节或因素，经过这个环节或因素的转化，欣赏者就可以通过对作曲家创作的音乐作品的聆听而产生联想，从而能够大体上对作曲家想要通过音响传递的相关信息进行解码与转化，而这个因素就是音乐中的人文元素。欣赏音乐的过程其实就是对

音乐中的人文元素进行提取和挖掘的过程。

二、 音乐欣赏中人文元素的作用

音乐欣赏是一种创造性的审美行为，聆听者在感知音响的同时联系作曲家创作时的时代背景、思想情感、主观意图等人文元素并根据音响特点展开联想，对作曲家在作品中所反映的对生活的感受、对现实的反响及情感态度等有一定程度的理解和体验并产生共鸣。聆听者之所以可以和创作者产生共鸣，全倚仗对作品中所包含的人文元素的发现与挖掘。

人文就是指人类的文明、文化，以及社会生活中与人相关的各方面因素，如历史、经济、生活习惯、地域风俗、宗教信仰、情绪情感等都属于人文的范畴。

音乐是艺术的，而情感是人文的，那么旋律、和声、节奏、织体构成的一部音响作品是怎样表达情感的呢？换言之，艺术（音乐）中的情感是怎样被我们理解的呢？答案就是：学会充分利用音乐中的人文元素来欣赏、理解音乐。欣赏者通过对音乐作品的聆听（感知），体验到的是音乐本体带来的音响体验和刺激；欣赏者综合创作者的生活时代、生存状况、性格特点、思想潮流、宗教信仰等人文元素，同时结合自己的生活经历、情感体验及音乐经验，对创作者的表达意向通过联想、推测做出较为恰当、贴切的诠释，进而获得一种综合感受。如果在欣赏音乐的过程中，欣赏者能够感受到音乐传递的情绪与情感的大体倾向，就说明欣赏者在无形中将人文元素同作品中的音乐构成元素进行了有效的对接。

三、 音乐的基本分类和常见体裁

音乐的分类是比较细致、繁杂的，但总体上看，可以分为声乐类、器乐类、综合类三大类别。声乐类包括民歌、艺术歌曲、合唱等。器乐类包括所有为乐器而创作的乐曲，如：独奏曲、重奏曲、室内乐、管弦曲、交响曲。综合类主要包括音乐剧、戏曲等。学习音乐欣赏一般遵循“先口后手、先民后洋、先有题后无题”的顺序，即“先声乐后器乐、先民族后西洋、先标题音乐后纯音乐”。

常见的音乐体裁有以下几种。

（一）民歌

民歌是指除创作歌曲以外的山歌、小调、劳动号子等在民间流传的无明确创作人的歌曲的总称。

（二）艺术歌曲

艺术歌曲泛指歌词具有较高的文学性，注重个人情感的抒发和内心情感的揭示，作曲技法较为复杂，对演唱技巧有较高要求的创作歌曲。

（三）器乐曲

器乐曲是指专为乐器创作的乐曲，由一件乐器单独演奏或多件乐器组合演奏。

（四）室内乐

室内乐原指在房间内演奏的“家庭式”的音乐，后引申为在比较小的场所演奏的音乐，主要是重奏曲和小型乐器合奏曲。

（五）协奏曲

协奏曲是指由一种乐器主奏、乐队协同演奏的大型音乐作品。

（六）交响曲

交响曲是指多声部的器乐曲，是一种规模宏大、结构严谨、音响效果丰富的器乐曲形式。

（七）交响诗

交响诗是一种单乐章的、具有描写性或叙述性的交响作品，也叫“交响音画”或“交响音诗”。

（八）序曲

序曲有两种：一种是在歌剧、舞剧开场之前演奏的乐曲；另一种是近代音乐会序曲，是为音乐会演奏而创作的，也叫“交响序曲”。

四、构成音乐的基本要素及其与人文因素的关系

音乐的基本要素包括旋律、节奏、音色、织体等。创作者依据一定的意图，通过一定的音乐逻辑关系，把音乐的基本要素按照一定的结构组织起来，形成音乐作品，正是这些组成音乐的基本要素提供了传达情绪和情感的可能。

（一）旋律

旋律也叫曲调或音调，是音乐的灵魂，是最有表现力的音乐要素。旋律可以独立地传达情感，如上行的旋律通常表现高涨、积极、明亮的情绪，下行的旋律大多表现低落、不活跃、沉闷的情绪；不断地围绕一个音进行，容易给人以犹豫、徘徊的感觉。旋律还具有明显的地域性和民族性，如长调带有明显的内蒙古地区和蒙古民族的特点，信天游则彰显着西北高原的风格。旋律的这种特点，为音乐欣赏提供了明显的人文依据。

（二）节奏

节奏是音乐的原动力，是音乐的脉搏，不同的节奏有不同的表现作用。如越来越密集的节奏总是与情绪的紧张、兴奋相联系，舒缓的节奏总是使人感到平静和放松。

（三）音色

音色是指音响的色彩特质，音色对民族风格、地方风格的表达有较为显著的作用。如

马头琴的音色能使我们联想到草原风光、蒙古族风俗、骏马、羊群等以及与之相关联的场景；听到冬不拉的演奏，就会联想起新疆风情、哈萨克族的习俗、人们翩翩起舞的场面等。

(四) 织体

织体就是乐曲中音的具体组织方式，这是音乐构成的重要因素，不同的音乐织体可以传递不同的情感。

由于音乐构成要素的特性所致，音乐中的许多元素都具有相应的人文特点，因此，人文元素在音乐中存在是必然的。综合了几种要素的音调（旋律）给聆听者传递的信息就更丰富了，由于不同地区、不同民族的音乐（曲调）的调式、节奏等都因语言、风俗的不同而各有差异，因此，聆听一段旋律（音调）就可以辨别出是山东的、新疆的、内蒙古的还是四川的，这些差异为音乐的聆听者提供了了解创作者创作意图的有效线索。

五、 怎样发掘音乐中的人文元素

了解了音乐构成要素与人文元素之间的联系，欣赏者在欣赏音乐的时候就少了盲目性，就可以根据那些与音乐构成要素同时存在于音乐之中的人文元素展开联想与想象，以更加准确地理解音乐创作者要表达的意图和情怀。

(一) 话中有话未言尽——歌曲中的人文元素

与器乐作品相比较，声乐作品在人们的音乐欣赏活动中占有较为重要的位置并有其独特的优势，这种独特的优势就是歌词。歌词作为歌曲的核心，为歌曲曲调的创作提供了大体的方向，也为欣赏者提供了相对丰富的人文因素的信息。

1. 民歌中的人文元素

民歌是音乐的源头，是最早的音乐形式之一。在古代，音乐是“诗”“歌”“舞”的集合体，因此，作为我国第一部诗歌总集的《诗经》，其实就是我国的第一部民歌总集，其中：

风：民歌，60 篇，如《周南》《召南》《邶》《卫》《郑》《齐》等。

雅：雅乐正声，105 篇，为王朝直辖区域规定使用的音乐，“大雅”31 篇，“小雅”74 篇。

颂：庙堂之音，40 篇，为祭祀时使用的音乐，用于赞美神灵、祖先，类似于西方的宗教音乐。

由于当时没有记谱法，但是已经有了文字，所以今天我们见到的只是歌词，而无从知道当时唱的音调。但是如果按照特定节奏结合对当时场景的想象，仔细地品味歌词，似乎就有一种旋律不断回绕在脑海之中。

例如：

(1)《伐檀》。

坎坎伐檀兮，置之河之干兮，河水清且涟猗。
不稼不穑，胡取禾三百廛兮？
不狩不猎，胡瞻尔庭有县貆兮？

彼君子兮，不素餐兮！

关键词：群体劳动、低声齐唱、怨恨愤怒、无可奈何。

(2)《硕鼠》。

硕鼠硕鼠，无食我黍！三岁贯女，莫我肯顾。
逝将去女，适彼乐土。乐土乐土，爰得我所。
硕鼠硕鼠，无食我麦！三岁贯女，莫我肯德。
逝将去女，适彼乐国。乐国乐国，爰得我直。

关键词：怨恨、无奈、诙谐、反抗。

(3)《桃夭》。

桃之夭夭，灼灼其华。
之子于归，宜其室家。
桃之夭夭，有蕡其实。
之子于归，宜其家室。

关键词：夸耀、欢喜、祝福、舞蹈。

这些民歌中的人文元素如此丰富多彩，也就不难理解为什么当时官府会设置“采诗官”和“乐府”。

乐府是自秦代以来朝廷设置的管理音乐的机构，到汉武帝时扩大了规模，收集了大量的诗歌。如《木兰辞》《孔雀东南飞》《上邪》《长歌行》《陌上桑》《十五从军行》《君生我未生，我生君已老》等，这些诗歌在当时都是可唱的。它们有的以歌词的形式用文字记录下来流传到后世成为乐府诗，有的在民间口口相传成为民歌。

民歌是广大劳动人民在生活实践中经过广泛的口头传唱而产生和发展起来的歌曲艺术。民歌和创作歌曲不同，口头性、集体性、流传变异性、鲜明的风格、短小精练是其特点。民歌主要分成劳动号子、山歌、小调三大类，劳动人民用即兴而歌的劳动号子统一劳动节奏、缓解疲劳、提高劳动效率，用自由舒展的山歌来歌唱生活、歌唱自然、歌唱爱情、抒发生活中的苦闷与欢乐，用相对规范的小调唱出对生活的思考、对家乡的怀恋和对亲人的挂念。民歌是其他民族音乐形式的基础，是音乐家进行音乐创作的灵感源泉。

古代的民歌作为信息的载体可以传递多种多样的人文信息，因此，统治阶层设置了“采诗官”，对当时各个地区的民歌进行收集，这样就可以整理出某个地区或地域的经济情况、生活状态、人们对统治者的态度、风俗习惯等。古代的民歌是这样，现代的民歌亦是如此。有许多优秀的民歌都会使欣赏者或怦然心动，或潸然泪下，这都是由于欣赏者从歌曲中听到了各种令自己感动的信息，而不是仅仅听到了一些音符，正是这些综合因素所传递的人文元素使欣赏者产生了联想与共鸣，进而引起了欣赏者内心的感动。在歌唱爱情、歌唱生活的现代民歌中我们也可以感受到各种人文元素。

例如：

(1)《情姐下河洗衣裳》。

情姐下河哎洗衣裳喽，
双脚踩在吔石梁梁嘞，
手拿棒槌呦朝天打喽，
双眼观看噻少年郎嘞；

棒槌打到呦妹拇指喽，
痛就痛在哋郎心上嘞，
哎！

关键词：浪漫、婉约、温馨。

（2）《世上哪有树缠藤》。

连就连嘞，
我俩结交定百年，
哪个九十七岁死，
奈何桥上等三年。

关键词：直白、坚定、义无反顾。

（3）《康定情歌》。

李家溜溜的大姐，
人才溜溜的好呦，
张家溜溜的大哥，
看上溜溜的她呦。

关键词：直白、质朴、真诚。

以上民歌唱出了青年男女间的倾心、挚爱，歌中既有青年人的聪明、质朴、幽默、诙谐，也有恋爱中的青年都有的婉约、温馨，最可贵的是歌曲中洋溢着真挚的情感和无比可贵的浪漫主义情怀。

请欣赏歌曲《槐花几时开》，并思考：一个姑娘有了意中人，每天都在心神不宁地盼望着，妈妈知道这一切吗？姑娘说最后一句话的时候应该是什么样的神情和心理呢？

槐花几时开

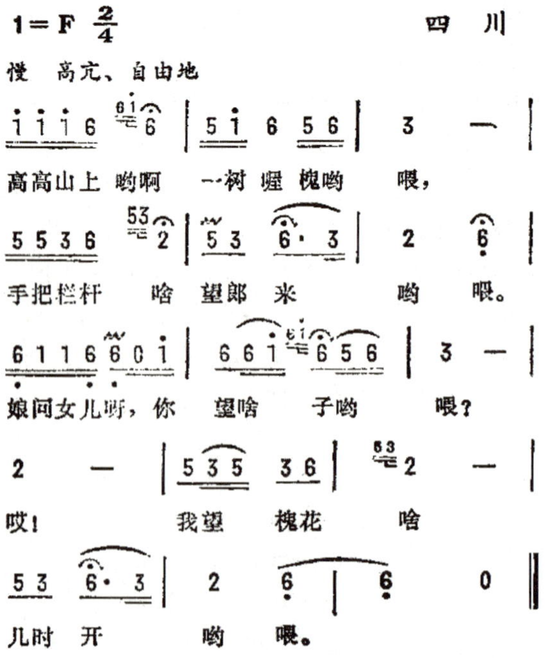

请欣赏歌曲《赶牲灵》，并思考：通过歌曲的歌词和信天游独特的演唱方法，你能想象出赶脚人怎样的生活状态？如果请你为本首歌曲设计 MV 的拍摄场景，你会怎样设计？

赶　牲　灵

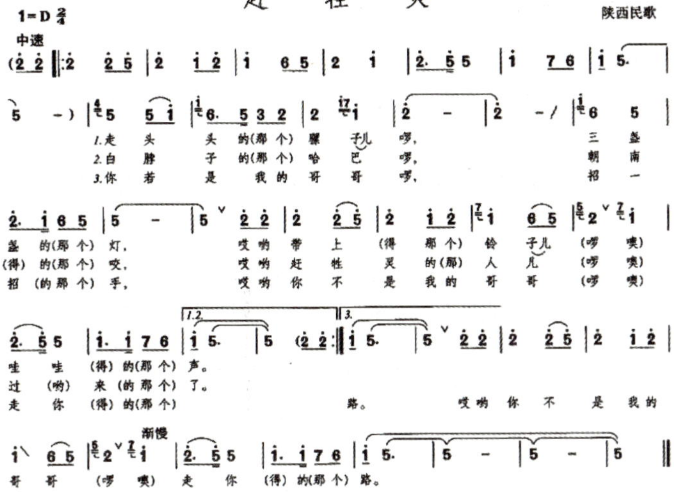

相关链接

推荐欣赏歌曲

《一杯美酒》、《桔梗谣》、《东北摇篮曲》、《绣荷包》（山东高密）、《绣荷包》（云南弥渡）、《绣荷包》（山西）、《绣荷包》（东北）。

2. 艺术歌曲中的人文因素

艺术歌曲是西方浪漫主义时期的产物，是声乐与诗歌相结合的一种体裁。当时的艺术歌曲的歌词大多出自诗人或文学大师之手，作曲家根据诗歌所描绘的意境为其谱写旋律。旋律与富于诗意的歌词的意境相互映衬，使整首歌曲同时反映出词作者与曲作者内心深处难以言表的艺术情感、高雅的艺术境界、崇高的艺术追求和艺术志向。

从浪漫主义时期的“歌曲之王”舒伯特开始，艺术歌曲有了重大发展，舒曼、勃拉姆斯、门德尔松、福迪都对艺术歌曲的发展产生了深远的影响。

一首优秀的艺术歌曲作品，应该是一首有较高文学境界的诗歌与为了体现该诗歌内容和境界而运用恰当的音乐创作技法为诗歌创作的旋律的结合，这种结合是一种较高审美品位的结合。艺术歌曲的明显特点在于钢琴伴奏与演唱方面。艺术歌曲中的钢琴伴奏参与歌曲意境的营造和表现，是艺术歌曲的一个有机组成部分。艺术歌曲的演唱方法是艺术歌曲是否能够准确体现词曲作者的创作意图的决定因素，也是欣赏艺术歌曲的主要方面。演唱者对声音和感情的把握程度即演唱水平，如歌唱的状态、气息的控制、声音的状态、声音的表现力、感情的投入、情感的表达与传递等，都会直接影响欣赏者对歌曲的情绪、情感的接受与共鸣的产生。

艺术歌曲由于歌词的非生活化，理解起来不像民歌那样简单，然而，艺术歌曲的歌词依旧为欣赏者提供了较多的诸如情绪、情感、内心感悟与向往等方面的人文信息，只不过欣赏者要发掘艺术歌曲中的人文元素，既要了解歌唱发声方面的技术，也需要具备一定的文学底蕴及丰富的想象力。艺术歌曲较之民歌与通俗歌曲虽然少了些质朴与直白，却可以使欣赏者学会体验歌曲中更加充满诗意的境界。

欣赏艺术歌曲可以先从歌词开始。一首优秀的艺术歌曲，它的歌词首先就是一首优美的诗，除了具有民歌中的部分人文信息外，还提供了更多的情绪、情感方面的信息。因此，在欣赏艺术歌曲时应充分注意到歌词所提供的各种人文信息。以下是歌曲《那就是我》的歌词。

> 我思恋，故乡的小河，还有河边吱吱唱歌的水磨，噢，妈妈，如果有一朵浪花向你微笑，那就是我，那就是我，那就是我。
>
> 我思恋，故乡的炊烟，还有小路上赶集的牛车，噢，妈妈，如果有一支竹笛向你吹响，那就是我，那就是我，那就是我。
>
> 我思恋，故乡的渔火，还有沙滩上美丽的海螺，噢，妈妈，如果有一叶风帆向你驶来，那就是我，那就是我，那就是我。
>
> 我思恋，故乡的明月，还有青山映在水中的倒影，噢，妈妈，如果你听到远方飘来的山歌，那就是我，那就是我，那就是我。

通过对歌词的理解，欣赏者首先可以感受到诗一样的意境和抒情感，还可以感受到这是一首在外的儿女思恋故乡、想念亲人的歌曲。通过感受歌词的意境，欣赏者的内心期待听到的是一首抒情的，略带忧郁感的，充满思念、牵挂和感激的舒展而深情的歌曲；当欣赏者听到悠扬、舒展的前奏过后，演唱者用通畅、流动、统一而深情的声音唱出“我思恋，故乡的小河……”之后，立刻就能感受到一股暖流缓缓注入心底；随着优美的歌声渐渐飘来，每一个对家乡、亲人深深挂念的人都会感觉到泪水在不经意间涌出；当歌曲唱到高潮部分“我思恋，故乡的渔火，还有沙滩上美丽的海螺，噢，妈妈……”，欣赏者的心会随之呼喊、随之震颤，对家乡和亲人的苦苦思恋之情会随着饱满的高音喷涌而出；临近结尾听到演唱者用无限柔情的声音唱出“那就是我，那就是我，那就是我……”的时候，对亲人的牵挂、对家乡的眷恋和对往事的回想会使欣赏者的泪水伴随着心中澎湃的情感倾泻而出。

欣赏者之所以能够被感动、能够感受到歌曲所抒发的感情，就是由于欣赏者与歌曲的创作者及演唱者（二度创作者）产生了共鸣，而这些都是建立在欣赏者领悟了创作者通过歌曲传递的人文信息的基础之上的。

课堂讨论二

歌曲与诗歌表达和传递感情的效果有哪些区别？

（二）弦外之音需静听——器乐中的人文元素

歌曲的人文信息是通过歌词和曲调两个途径来传递的，器乐曲虽然没有歌词，但是创作者的信息（民族、国籍、生活时代、时代特殊性）等，以及乐曲的旋律（曲调）、节奏、速度、和声、织体等因素，都可以为欣赏者提供可供参考的人文信息。

欣赏器乐作品就需要欣赏者听出弦外之音。

器乐曲整体可以分成两大类：一类是以揭示音乐表现内容的描绘性文字为标题的乐曲，此类乐曲叫标题音乐；另一类是不用描绘性文字做标题的器乐曲，此类乐曲叫无标题音乐，也叫纯音乐。

音乐的形式是多种多样的，各种不同题材和体裁的音乐要达到娱人、育人的目的，其中就一定会有关于人文方面的元素或信息，换言之：只要作曲家的创作是有感而发的，那他的作品中就一定会透露出某些人文的元素或信息。

如柳琴独奏曲《春到沂河》，从乐曲的标题就可以知道这是一首具有山东风格的乐曲，这从乐曲的引子部分得到了印证，因为引子（主题动机）用的是《沂蒙山小调》中的第一句，标题中的“春”可以理解为“春天”，也可以引申为“新的开始、新的生活”，接下来就是水到渠成的表达了：快板（引子，新生活）→慢板（回忆）→快板（展望）。

例 1：《春到沂河》——柳琴独奏曲。

欣赏指路牌：

（1）此曲是哪个地区的风格？判别依据是什么？

（2）此曲共表现出几种情绪？

（3）情绪的变化与音乐的变化有何关联？

例 2：《扬鞭催马运粮忙》——笛子独奏曲。

欣赏指路牌：

（1）乐曲表现出何种心情？

（2）根据乐曲节奏设想画面或情节。

例 3：《乡村来了售货员》——唢呐独奏曲。

欣赏指路牌：

（1）吆喝声、人来人往是怎样表现的？

（2）售货的场面怎样？是如何表现的？

例 4：《流浪者之歌》——萨拉萨蒂小提琴独奏曲。

欣赏指路牌：

此曲是用怎样的演奏手法表现出吉卜赛民族饱经苦难而又乐观坚韧的生活态度的？

例 5：《二泉映月》——二胡独奏曲。

欣赏指路牌：

听过此曲后你是否感觉到了柔和的月光及月光下使人心旷神怡的朦胧景色？

欣赏提示：

在这首乐曲中应该听不到用以表现柔美月光的舒展、柔和、缓慢、和谐的音乐，听到的是乐曲开始处的连续下行和触动人心灵深处的揉弦，就像是一位孤独的老人回忆往昔之前的一声长叹！乐曲的标题是临时随意加的，此曲并非严格意义上的标题音乐，主要表达的是曲作者对自己一生的小结和慨叹！他在感叹人生无常，感叹生不逢时，或许也在怀念旧日的某段好时光！而要了解这些就一定要对作者的相关人文背景加以简单的学习和掌握。

例 6：《沃尔塔瓦河》——交响诗。

欣赏指路牌：

根据作者写在乐谱扉页的文字提示，对于音乐中描绘的场景，你能听出下面的哪些内容：两条小溪、刚刚汇集而成的河流、奔腾的河流、打猎的号角声、乡村婚礼的场面、水仙女起舞、流淌远去的大河。

原作文字节选：

> 沃尔塔瓦河有两个源头——流过寒风呼啸的森林的两条小溪，一条清凉，一条温和。这两条溪流汇合成一道洪流，冲着卵石哗哗作响，迎着阳光闪耀光芒。它在森林中逡巡，聆听猎号的回音。它穿过庄稼地，饱览丰盛的收获，在它两岸旁边，传出了乡村婚礼的欢笑声。月光下，水仙女唱着迷人的歌曲在河上的浪尖上嬉戏。天渐渐亮了，在近旁荒野的悬崖上，保留着昔日光荣和功勋记忆的那些城堡废墟，谛听着它的破浪喧哗。顺着圣约翰峡谷，沃尔塔瓦河奔泻而下，冲击着悬崖峭壁，发出轰然巨响。而后，河水越加壮阔地奔向布拉格，流经古老的维谢赫拉德，现出它的全部瑰丽和庄严。沃尔塔瓦河继续滚滚向前，最后同易北河的巨流汇合，并逐渐消失在远方。

这段文字是为了帮助欣赏者更加具体、更加清晰地欣赏此曲而写的，文字提供了婚礼场面、舞蹈场面、夜幕下静谧的场景、古老而威严的城堡等人文信息，作者对这条河可谓从头至尾都做了简要精当的描述，充分体现出作者对这条河流缠绵而深厚的爱。一个人怎么会对一条河流了解到如此的程度呢？只有一个解释：“因为这是我的母亲，我是它的孩子！”这种由缠绵包裹着的炽热的爱恋，只有在表现沃尔塔瓦河一泻千里、奔腾向前的时候，才得到淋漓尽致的发挥，这时的沃尔塔瓦河已经化作捷克民族的一腔热血，滚滚向前、无可阻挡。

音乐是由旋律、节奏、音色、织体组合而成的艺术形式，单单看这些因素并不具有明确的指向性；但是，当把这些因素与人们生活中的某些特定的人文因素相联系的时候，它们就具备了表达某种情绪或描绘某个场景的功能，因为欣赏者可以主动或被动地将音乐与人们熟悉的人文因素相联系并展开想象，正是这其中的人文因素使我们最终理解并喜欢上了音乐。音乐凭借其独特的表现、表达方式，以及其他文学或艺术形式无法给予的感受和独特的美征服了我们，也征服了世界！

思考与实践

1. 你最喜欢的音乐形式是什么？
2. 你最喜欢的歌手是谁？最喜欢哪首歌曲？

推荐书目

1. 《古典音乐零距离》（解琨，社会科学文献出版社）。
2. 《听音乐》（罗杰·凯密恩，世界图书出版公司）。
3. 《聆听音乐》（克雷格·莱特，生活·读书·新知三联书店）。

4.《陈丹青音乐笔记》（陈丹青，上海音乐出版社）。
5.《怎样欣赏音乐》（艾伦·科普兰，人民音乐出版社）。

推荐欣赏

1.《北京喜讯传边寨》（管弦乐曲）（郑路、马洪业）。
2.《嘎达梅林》（交响诗）（辛沪光）。
3.《春节序曲》（管弦乐曲）（李焕之）。
4.《红旗颂》（序曲）（吕其明）。
5.《梁祝》（协奏曲）（陈钢、何占豪）。
6.《降 b 小调第一钢琴协奏曲》（协奏曲）（柴可夫斯基）。
7.《流浪者之歌》（小提琴独奏曲）（萨拉萨蒂）。
8.《仲夏夜之梦》（序曲）（门德尔松）。
9.《幻想交响曲》（交响曲）（柏辽兹）。
10《第六（悲怆）交响曲》（交响曲）（柴可夫斯基）。
11.《第九十四（惊愕）交响曲》（海顿）。

第十五讲 光与影交织的世界

名人名言

这是一个影像的时代，视听的时代，机械复制的时代，灵光消逝的时代。

——瓦尔特·本雅明

一个编剧导演人不仅仅是随便把一个故事搬上胶片就算完事，他至少应该是一个作家，一个有独特的风格、正确的认识而为大众所有的作家。 ——蔡楚生

电影是一种独特的映画艺术。它有着透视内心的剧情，悲伤哀怨也好，欢呼雀跃也好，都充满人性的省思。或许电影的某个片段，曾经演过你的人生，你经历过类似的剧情和画面，因此使你惊喜、使你回忆、使你认同。

课堂讨论一

你印象中看过的最古老的电影是哪一部？

一、电影的发展历程

电影是对照相技术的进一步发展。我们目前所观赏的电影，是以每秒 24 格画面匀速转动而成。银幕上千姿百态的运动画面实际上是技术对人的“视觉滞留”现象进行的一种幻觉的利用。

图 15－1 《摩登时代》

电影的发展并非一日之功，而是经过了一百多年的演变才有今日的成就。

（一）无声电影

历史上公认卢米埃尔兄弟拍摄的《工厂大门》为世界电影发展史上的第一部电影，并将 1895 年 12 月 28 日（《工厂大门》在一家咖啡馆公开放映）作为电影的诞生日。

美国的卓别林是世界电影史上最杰出的喜剧大师，也是无声电影时期杰出的电影艺术家，其代表作有《摩登时代》（见图 15－1）、《大独裁者》、《凡尔杜先生》等。

（二）有声电影

1926 年，好莱坞华纳兄弟影片公司拍摄了世界上

第一部有声电影《唐璜》，1927 年又拍摄了《爵士歌王》。从此，有声电影在全世界流行起来。

声音进入电影带来了电影美学形式的变化，也带来了电影时空结构的突破，特别是电影的叙事时空和非叙事时空在电影声画观念上的演变，使电影成为一门具有独特感受的视听艺术。

（三）彩色电影

电影刚诞生时都是黑白色，没有彩色画面。1935 年美国拍摄的影片《浮华世界》（见图 15－2）是真正意义上的三色系统彩色片，它标志着世界上第一部彩色电影的诞生。

色彩的加入，增强了电影对自然世界的表现能力，丰富了电影的表现形式、视觉效果、艺术风格。

图 15－2　《浮华世界》

（四）数字电影

20 世纪 70 年代末，美国好莱坞科幻电影大师乔治·卢卡斯拍摄的影片《星球大战》（见图 15－3）标志着世界电影开始进入一个全新的数字时代。数字电影的产生是工业革命科技飞速发展的结果，将科技手段运用到电影拍摄中，也是电影界发展的必然结果。数字电影使观众获得了视听感官上的超级震撼和享受。

图 15－3　《星球大战》

电影通过长时间的发展，已不仅仅是一项娱乐，更成为一种陶冶精神的方式。优秀的影片在震撼观众的精神世界的同时，也影响着观众的现实世界。引导大学生从光与影交织的世界中树立正确的“三观”，也是本讲的意义所在。

二、 电影的分类

课堂讨论二

你最喜欢看什么类型的电影？谈谈令你印象最深刻的一部电影。

（一） 爱情片

爱情是文学故事永恒的主题，也是电影世界中不倒的旗帜。爱情片如一颗璀璨的明珠存在于电影界当中，为人们津津乐道，如《乱世佳人》（第 12 届奥斯卡最佳影片）、《泰坦尼克号》（第 70 届奥斯卡最佳影片）。

图 15－4 《恋爱中的莎士比亚》

《恋爱中的莎士比亚》（又名《莎翁情史》，第 71 届奥斯卡最佳影片）也是一部经典的爱情片（见图 15－4）。本片的拍摄灵感源于编剧马克·诺曼的儿子，他曾询问诺曼，莎士比亚创作《罗密欧与朱丽叶》的灵感缘何而来，他认为那一定是坠入爱河的人所写的。这给了诺曼启发，于是衍生了《恋爱中的莎士比亚》这个有趣的故事。

大家都很熟悉《罗密欧与朱丽叶》这个故事，但很少有人猜想这个故事的来源。编剧发挥想象，站在作家的角度创作故事，不得不说这是一个很新奇的创意。影片一改古典影片容易犯的沉闷、冗长的毛病，以一种轻松、睿智的口吻把整个故事叙述得栩栩如生。导演约翰·麦登觉得，没有必要把莎士比亚描绘得那么沉重，没有人知道他是什么样子的，他决定采取戏说的方式来让人们了解莎士比亚作为那个时代最有才华的剧作家的光彩和魅力。于是，影片采用亦庄亦谐的手法，向观众讲述了一段罗曼史。

1593 年的伦敦，年轻潦倒的剧作家威廉·莎士比亚正在创作一部新剧《罗密欧与海盗之女埃塞尔》，然而创作到了瓶颈期，无法继续下去，生活也难以维持。老板天天催稿，其他作家的创作也对自己构成了威胁。莎士比亚希望遇到心中的缪斯女神，祈求从中获得灵感。他企图从自己的女友那里获得创作的动力，却在无意中撞见了女友偷情，盛怒之下他撕掉了剧本的草稿，换了合作者，重新开始创作，重新寻找演员。

冥冥之中自有天意，选角考试让他找到了理想中的人选，一个名叫肯特的年轻人。没想到，这个年轻人居然是一位富家小姐，她的真名叫维奥拉，是罗伯特·迪雷塞的女儿。发现她真实身份的莎士比亚疯狂地爱上了维奥拉，而维奥拉对莎士比亚也是心仪已久，两颗倾慕的心碰撞出爱的火花。因为爱情的滋润，莎士比亚的灵感回来了，他文思泉涌，将自己与维奥拉的爱情写入了剧本。但他也不知道自己新创作的边拍边演的故事究竟会有什么样的结局。

而维奥拉的父亲希望女儿嫁给韦塞伯爵，伯爵带她见了女王。伯爵知道维奥拉爱上了他人，失去理智的他误认为莫乐是情夫，失手杀死了莫乐。莫乐的死刺激了莎士比亚，使他不得不与维奥拉分开。他创作了剧本的悲剧结尾，将剧本改名为《罗密欧与朱丽叶》。

《罗密欧与朱丽叶》即将上演，而维奥拉与韦塞也步入了教堂，维奥拉看到了剧作的宣传单，她偷偷溜出了马车奔向了剧场，饰演了朱丽叶的角色。演出获得了很大的成功，但维奥拉最终还是被迫要与莎士比亚永远地分离了。

悲痛欲绝的莎士比亚在维奥拉的鼓励与启发下，开始了他新一轮的创作，维奥拉成为莎士比亚笔下永远的挚爱，他心中不老的传说。

这部影片的故事情节是在莎士比亚真实的生平事迹中加入了虚构的人物、事件，同时导演和编剧还为此片注入了许多喜剧元素和机智逗趣的对白，使得整部影片多姿多彩。

《山楂树之恋》（见图 15－5）是中国纯洁爱情片的代表，根据艾米的小说《山楂树之恋》改编而成，讲述了一段真心付出、至死不渝的爱情故事。

图 15－5　《山楂树之恋》

故事发生在 1975 年前后，那是一段贫穷而饱含理想的时光。那一年，漂亮的城里姑娘静秋和一群学生去西村坪体验生活，因为父亲是地主后代，静秋一直很自卑。她在西村坪认识了孙建新，英俊又有才气的孙建新喜欢上了静秋，可静秋怕他欺骗她，起初常常躲避。孙建新却甘愿为静秋做任何事，给了她前所未有的鼓励。他等着静秋毕业，等着静秋工作，等着静秋转正。两颗年轻的心因为志同道合而渐渐靠拢，两个人谈起了简单、纯洁无瑕的恋爱。

等到静秋所有的心愿都成了真，孙建新却因为白血病离开了这个世界。真爱永恒的主题在孙建新的离世中得到了升华，但却留给静秋无限的思念与难以释怀的爱恋。

虽然男女主角演技上还有些青涩，但正是这份羞涩的淳朴很好地展示了当时年轻人热烈但不张扬的含蓄的爱，引起了许多中国人的共鸣，成为一部很受欢迎的影片。

（二）喜剧片

电影诞生一百多年来，喜剧片已经成为电影艺术的重要类型之一，喜剧片以它特有的滑稽与幽默为众多的观众带来了无数笑声与欢乐。更为重要的是，喜剧片常用不同含义的笑声，鞭笞社会上的一些丑恶落后现象，歌颂现实生活中的美好事物，使观众在轻松愉快的笑声中得到启迪和教育。

福克斯公司出品的《小鬼当家》（见图 15－6）系列电影，总共有五部。8 岁的凯文因为举家外出度假时慌乱之中不慎被独自留在家中，从而成为“一家之主”。凯文乐得没有大人干涉，在家中尽情发挥，将家里装饰成了他心目中的个人游乐天地。两个刚越狱出来的窃贼企图乘圣诞无人之际入室盗窃，凯文利用游戏陷阱与之进行一番周旋，好好“招待”了这两个不速之客。这是一场真善美战胜丑恶的斗争，乖巧机灵的凯文最终发挥自己的聪明才智，战胜了两个可恨的盗贼。观众看到两个笨盗贼被凯文耍得团团转的样子，不禁捧腹大笑。

《大话西游》（见图 15－7）是一部经典悲喜剧，把周星驰推到了后现代主义喜剧大师的位置，进而推动了“周星驰现象”在中国的流行。

图 15－6　《小鬼当家》

图 15－7　《大话西游》

这部电影奠定了周星驰无厘头搞笑的风格，里面有许多经典的台词深受广大观众的喜爱。

> 至尊宝：曾经有一份真挚的感情摆在我的面前我没有珍惜，等我失去的时候才追悔莫及，人间最痛苦的事莫过于此。你的剑在我的咽喉上刺下去吧，不用再犹豫了！如果上天能给我一个再来一次的机会，我会对那个女孩说三个字：我爱你。如果非要在这份爱上加一个期限，我希望是一万年！
>
> 紫霞仙子：我的意中人是个盖世英雄，有一天他会踩着七色云彩来娶我，我只猜中了前头，可是我却猜不中这结局……

（三）音乐片

音乐片是使音乐舞蹈进入叙事并成为叙事模式中的重要因素的类型电影。

大家最熟悉的音乐片莫过于《音乐之声》（见图 15－8），它取材于奥地利的一个真实故事，表现了第二次世界大战期间奥地利人民面对德国侵略者表现出的气节和精神。影片里有很多经典的曲目至今传唱不衰，如《音乐之声》《哆来咪》《雪绒花》《孤独的牧羊人》等。该片不仅塑造了鲜明的爱国形象，更表达了爱国主义的主题。该片获得了当年奥斯卡最佳影片、最佳导演、最佳配乐、最佳剪辑、最佳音响五项大奖，至今仍是全球最受欢迎的影片之一。

《歌剧魅影》（见图 15－9）是音乐剧大师韦伯的代表作，以精彩的音乐、惊险的剧情、恐怖的氛围、完美的布景，成为音乐剧中的佳作。

图 15－8　《音乐之声》

图 15－9　《歌剧魅影》

在巴黎的一家歌剧院里，怪事频繁地发生，原来的首席女主角险些被砸死，剧院出现了一个令人毛骨悚然的虚幻男声。这个声音来自住在剧院地下迷宫的幽灵，他爱上了女演员克丽斯汀，暗中教她唱歌，帮她获得女主角的位置，而克丽斯汀却爱着剧院经纪人拉乌尔，由此引发了嫉妒、追逐、谋杀等一系列情节。而最终幽灵发现自己对克丽斯汀的爱已经超过了个人的占有欲，于是释放了克丽斯汀，留下披风和面具，独自消失在昏暗的地下迷宫里。

穿插在这亦虚亦实的爱情故事当中的是音乐旋律，影片结束，观众的耳朵里依旧回荡着那些凄美的歌声。《歌剧魅影》获得了超过 50 个主要戏剧奖项，包括三项奥立弗奖、一项《伦敦标准晚报》戏剧大奖、七项托尼奖等。

（四）文艺片

文艺片是文学艺术影片的简称。此类影片文学性与艺术性并存，区别于商业电影，有很高的审美性。

1993 年，电影《霸王别姬》（见图 15－10）上映，全片影像华丽，兼具史诗格局与深刻的文化内涵，讲述了两个伶人的悲喜人生，并融合了半个多世纪以来的中国历史发展。这部影片曾在多个国家和地区公映，是一部享有世界级荣誉的电影，荣获法国戛纳国际电影节最高奖项“金棕榈奖”，还获得了其他多项国际电影奖项。

国际影评联盟评委认为：《霸王别姬》深刻挖掘文化历史及人性，影像华丽，剧情细腻。影片选择积淀深厚的京剧及其艺人生活，来表现对传统文化人生存状态及人性的思考与领悟，对于熟悉传统文化的中国人来说，内蕴更丰富，更具历史深度。

图 15－10　《霸王别姬》

图 15－11　《廊桥遗梦》

（五）伦理片

伦理片是以社会道德问题为主要内容，以人伦情感为情感主线，强调善恶报应的伦理原则的一种类型片。

《廊桥遗梦》（见图 15－11）描述了一段柏拉图式的经典爱情，再现了一段真挚的情感纠葛，是一部社会化和本地化思维很强的力作。它提出了爱情的本质问题之一：人们对于性爱的态度。在影片里，冲动而浪漫的性爱对传统观念进行了激烈的冲击，然而女主人公最终还是选择了放弃这段爱情，甘于在日后的平淡生活中来回忆曾经的爱情之旅，这仿佛道出了生活的真谛：爱情不管怎么样，都是有责任和义务的，每个人都不可能在爱情中自私地只为自己。影片揭示了中年人的伦理价值观与情感平衡问题，其所表现出的是一种较为正统的维系家庭的主题。影片所表达的内涵深刻的社会伦理，引发了有关家庭责任和爱情的讨论。

（六）动画片

《功夫熊猫》（见图 15－12）是一部以中国功夫为主题的美国动作喜剧电影。整部影片诙谐幽默，以中国古代为背景，景观、服装以至食物均充满中国元素，讲述了一只笨拙的熊猫立志成为武林高手的故事。

图 15－12　《功夫熊猫》

另一部中国题材的动画电影——《花木兰》，也是由美国拍摄的，讲述了中国古代人物花木兰女扮男装替父出征荣归故里的英雄事迹。

《宝莲灯》（见图 15－13），是上海美术制片厂摄制并公映的一部改编自中国神话《宝莲灯》的动画电影。

天宫中的三圣母爱上了人间书生刘彦昌。为了爱情，三圣母不顾二郎神反对，带着宝莲灯下凡与刘彦昌相会。

七年过去了，他们的孩子沉香渐渐长大，一家人过着幸福的生活。突然有一天，二郎神从宝莲灯的闪光中发现了他们。为了维护天规，他抓走了小沉香，要挟三圣母交出宝莲灯。无奈之下，三圣母只得把宝莲灯交出，并被压在华山底下。

沉香从土地神口中得知了自己的身世。在同为人质的部落头人之女嘎妹的帮助下，沉香机智地与护灯秦俑周旋，夺回了母亲的宝莲灯，逃离天宫，踏上了寻母之路。

沉香举起神斧，与二郎神决一死战。他越战越勇，令二郎神难以招架。激战中，二郎神屡施毒计，欲将沉香置于死地，并抢夺宝莲灯。在这千钧一发之际，宝莲灯突发金光泻进沉香体内，与沉香合而为一，终于把二郎神打败。云开雾散，大地回春，沉香劈开华山，救出母亲，母子终于相会。

图 15－13　《宝莲灯》

这部影片结合中国的传统神话故事，宣扬的是亘古不变的主题——孝悌，有深刻的教育意义，不仅深受广大小朋友的喜爱，也为成年人所乐道。

课堂讨论三

观看电影《阿甘正传》，谈谈自己的观后感。

我们了解了世界电影的发展历程，从电影的分类中鉴赏了一些优秀的电影，在光与影交织的世界里，我们可以从不同的角度认识世界和人生。如今，电影事业正在迅速发展，每年都有数千计的电影问世，我们要从中选取优秀影片观看，以促进自身成长！

相关链接

经典台词

1.《阿甘正传》

Life was like a box of chocolates，you never know what you're going to get.

生命就像一盒巧克力，结果往往出人意料。

2.《肖申克的救赎》

Fear can hold you prisoner. Hope can set you free. A strong man can save himself. A great man can save another.

怯懦囚禁人的灵魂，希望可以令你感受自由。强者自救，圣者渡人。

3.《2046》

爱情这东西，时间很关键，认识得太早或太晚，都不行。

4.《哈利·波特与密室》

决定我们成为什么样的人的，不是我们的能力，而是我们的选择。

5.《重庆森林》

不知道从什么时候开始，在什么东西上面都有个日期，秋刀鱼会过期，肉罐头会过期，连保鲜纸都会过期，我开始怀疑，在这个世界上，还有什么东西是不会过期的?

6.《东邪西毒》

最了解你的人不是你的朋友，而是你的敌人。

7.《人间四月天》

为什么选择我?这个问题的答案很长，我需要用一生的时间来回答你。

8.《我的兄弟姐妹》

爸爸说我们原本是天上飘下来的雪花，落到地上，结成了冰，化成了水，就再也分不开了!

9.《蝙蝠侠：开战时刻》

你真正是谁并不重要，重要的是你的所作所为。

10.《飘》

Tomorrow is another day.

明天又是新的一天。

推荐影片

1.《阿甘正传》。
2.《阳光灿烂的日子》。
3.《窃听风暴》。
4.《钢的琴》。
5.《十七岁的单车》。
6.《盗梦空间》。
7.《源代码》。
8.《傲慢与偏见》。
9.《简·爱》。
10.《红高粱》。
11.《无人区》。
12.《辛德勒的名单》。
13.《拯救大兵瑞恩》。
14.《飘》。
15.《我的野蛮女友》。
16.《上帝也疯狂》。
17.《这个杀手不太冷》。
18.《美丽人生》。

推荐书目

1.《大学生人文通识》(张鹏振，华中科技大学出版社)。
2.《改变人生的100部电影》(华云，中华工商联合出版社)。
3.《快读奥斯卡金像奖最佳影片》(向荣，四川文艺出版社)。
4.《中外电影文化》(张朝丽，天津大学出版社)。

参考文献

1. 张岂之．大学的人文教育［M］．北京：商务印书馆，2014.

2. 吕翠凤．大学人文教育导读［M］．南京：南京大学出版社，2012.

3. 孟顺英，李喜民．大学人文教育（修订版）［M］．郑州：中州古籍出版社，2008.

4. 徐贲．阅读经典：美国大学的人文教育［M］．北京：北京大学出版社，2015.

5. 钱穆．中国文化史导论［M］．北京：商务印书馆，1994.

6. 德铁婴．人文教育读本［M］．北京：中国人民大学出版社，2011.

7. 朱小蔓．教育的问题与挑战：思想的回应［M］．南京：南京师范大学出版社，2000.

8. 王坤庆．精神与教育［M］．上海：上海教育出版社，2002.

9. 李禹阶．中国传统思想与思维方式论集：中国文化的“共生”精神［M］．成都：西南交通大学出版社，1995.

10. 冯友兰．中国哲学简史［M］．北京：北京大学出版社，2010.

11. 牟宗三．中国哲学十九讲［M］．长春：吉林出版集团有限责任公司，2015.

12. 任继愈．中国哲学发展史：魏晋南北朝［M］．北京：人民出版社，1998.

13. 范文澜，蔡美彪，等．中国通史［M］．北京：人民出版社，2008.

14. 张传玺．简明中国古代史［M］．5 版．北京：北京大学出版社，2013.

15. 章培恒，骆玉明．中国文学史新著［M］．2 版．上海：复旦大学出版社，2011.

16. 钱理群．中国现代文学三十年［M］．北京：北京大学出版社，1998.

17. 冯光廉．中国近百年文学体式流变史［M］．北京：人民文学出版社，1999.

18. 许志英，邹恬．中国现代文学主潮：上［M］．福州：福建教育出版社，2001.

19. 洪子诚．中国当代文学史［M］．北京：北京大学出版社，2010.

20. 陈思和．中国当代文学史教程［M］．2 版．上海：复旦大学出版社，2014.

21. 中央美术学院美术史系中国美术史教研室．中国美术简史（增订本）［M］．北京：中国青年出版社，2002.

22. 李公明．中国美术史纲［M］．长沙：湖南美术出版社，2004.

23. 徐复观．中国艺术精神［M］．上海：华东师范大学出版社，2001.

24. 丁宁．西方美术史十五讲［M］．2 版．北京：北京大学出版社，2016.

25. 汪毓和．中国近现代音乐史［M］．4 版．北京：人民音乐出版社，2009.

26. 梁茂春，陈秉义．中国音乐通史教程［M］．北京：中央音乐学院出版社，2005.

27. 刘再生．中国音乐史简明教程［M］．上海：上海音乐学院出版社，2006.
28. 莎士比亚．莎士比亚全集［M］．朱生豪，译．北京：中国文史出版社，2013.
29. 夏洛蒂・勃朗特．简・爱［M］．黄源深，译．南京：译林出版社，2011.
30. 巴尔扎克．高老头［M］．张冠尧，译．北京：人民文学出版社，2002.
31. 徐葆耕．西方文学十五讲［M］．2版．北京：北京大学出版社，2012.
32. 戈宝权．普希金诗集［M］．戈宝权，译．北京：中国社会科学出版社，2007.
33. 刘洪涛．外国文学作品导读［M］．2版．北京：中国人民大学出版社，2014.
34. 刘艺．形象思维在声乐教学与演唱中的应用与研究［D］．南昌：江西师范大学，2014.
35. 徐冬燕．音乐欣赏教学初探［J］．赤峰学院学报（汉文哲学社会科学版），2009（04）.
36. 王志杰．一部闪耀着民族精神的交响颂歌欣赏交响诗《沃尔塔瓦河》［J］．神州，2013（33）.
37. 杜娟．斯美塔那交响诗套曲《我的祖国》音乐探析［D］．哈尔滨：哈尔滨师范大学，2012.
38. 盖国华．声乐语言的美学特征［J］．新世纪剧坛，2011（03）.
39. 黄丹纳．风雨百年唱新诗［J］．海南师范大学学报（社会科学版），2011（03）.
40. 马丽．被动、抑或是主动——音乐欣赏者心理状态初探［J］．黄河之声，2010（05）.

图书在版编目（CIP）数据

人文教育读本/德铁婴，张雪峰主编．--北京：中国人民大学出版社，2020.9
ISBN 978-7-300-28485-9

Ⅰ.①人… Ⅱ.①德… ②张… Ⅲ.①人文素质教育一高等学校一教材 Ⅳ.①G40-012

中国版本图书馆 CIP 数据核字（2020）第 163044 号

人文教育读本
主　编　德铁婴　张雪峰
副主编　杨翠兰　王丽娜　徐丽达
参　编　陈素娥　王慧卉　葛　剑　郭沛超　宋庆慧
Renwen Jiaoyu Duben

出版发行　中国人民大学出版社
社　　址　北京中关村大街 31 号　　**邮政编码**　100080
电　　话　010－62511242（总编室）　　010－62511770（质管部）
010－82501766（邮购部）　　010－62514148（门市部）
010－62515195（发行公司）　　010－62515275（盗版举报）
网　　址　http：//www.crup.com.cn
经　　销　新华书店
印　　刷　北京鑫丰华彩印有限公司
规　　格　185 mm×260 mm　16 开本　　**版　　次**　2020 年 9 月第 1 版
印　　张　12.25　　**印　　次**　2020 年 9 月第 1 次印刷
字　　数　288 000　　**定　　价**　38.00 元